LE

PÉRIL NATIONAL

PARIS

TYPOGRAPHIE GEORGES CHAMEROT

19, rue des Saints-Pères, 19

LE PÉRIL NATIONAL

PAR

RAOUL FRARY

Ouvrage couronné par l'Académie française

QUATRIÈME ÉDITION

PARIS

LIBRAIRIE ACADÉMIQUE

DIDIER ET Cⁱᵉ, LIBRAIRES-ÉDITEURS

35, QUAI DES AUGUSTINS, 35

1882

PRÉFACE

Nous oublions tout, mais rien ne s'efface plus
vite que le souvenir de nos humiliations. La
guerre de 1870 n'a pas laissé dans les esprits une
trace aussi profonde qu'on se plaisait à l'affirmer.
Quand les Prussiens nous envahissaient, nous écrasaient, nous réduisaient à merci, il semblait que
les douleurs de cette année terrible nous eussent
transformés et vieillis. Quelquefois une journée,
une heure d'angoisse, suffit à blanchir les cheveux
d'un homme. Six mois d'invasion devaient produire sur la nation française un effet pareil. Rappelons-nous l'impression de ces effroyables nouvelles, batailles perdues, armées prisonnières,
villes bombardées, provinces occupées ; la journée
de Wissembourg, prémices de la défaite, Forbach
et Reischoffen, les combats près de Metz, qu'on
disait indécis, et qui aboutissaient au blocus, le

1

coup de foudre de Sedan ; puis les citadelles se rendant les unes après les autres, et enfin cette série qui achevait la guerre : la capitulation de Paris, la catastrophe de l'armée de l'Est, la retraite de Saint-Quentin, le désastre du Mans. Rappelons-nous notre étonnement, quand on nous dit que nous étions perdus, notre indignation, quand on nous parla de démembrer notre territoire, et combien fut cuisante cette amputation, la cession de l'Alsace-Lorraine. Qui de nous n'a pleuré avec Jules Favre et avec Thiers, n'a fait écho dans son cœur au cri de désespoir de M. Keller ? Faut-il évoquer aussi le spectacle que nous ont donné les vainqueurs installés à notre foyer, les préfets prussiens administrant une partie de la France, les soldats prussiens faisant l'exercice sur nos places publiques, les officiers prussiens buvant le champagne à la vue de Paris en flammes ? N'est-ce pas hier que nous lisions le *Moniteur allemand de Versailles* et les cruels articles du *Times ?*

Nous jurions alors de toujours penser à cette horrible épreuve. Comme il nous eût blessés, celui qui nous eût dit que nous saurions bien nous distraire et nous consoler, que les Allemands s'en iraient sans laisser plus de trace dans nos cœurs que dans nos champs, qu'au bout de peu d'années nous aurions d'autres soucis en tête !

Ainsi va le monde. Ceux qu'un grand malheur vient de frapper se font d'avance honneur d'un deuil éternel, et tiennent pour une injure toute allusion à la puissance calmante du temps et de la vie. Déjà plus qu'à demi apaisés, ils s'indignent encore qu'on les soupçonne de souffrir moins qu'à la première heure. Il faut que la convalescence du cœur soit bien avancée pour qu'on supporte même la pensée de guérir. Au sortir de nos désastres, nous n'admettions point que notre douleur pût s'assoupir, que cette humiliation laissât place à maint retour d'amour-propre, et que l'idée fixe de la revanche nous permît jamais de goûter pleinement les douceurs de la paix et de la sécurité. Nous promettions de tout subordonner au besoin de réparer l'honneur national. Que de sacrifices nous avons offerts à la patrie désolée! Pour elle, nous abandonnions nos préjugés et nos passions, nos ambitions et nos haines; nous voulions désapprendre tout ce qui atténuait le profit de cette cruelle leçon. Nous étions semblables à des enfants, ou plutôt à des hommes qu'une affreuse disgrâce éclaire sur leurs fautes et sur leurs défauts, qui croient puiser dans cette révélation accablante la force de se transformer, et qui prennent leur stupeur pour de la résolution. Nous commencions, pour nous et pour notre pays, une vie nouvelle; le passé était enseveli sous les ruines. Nous disions « Avant la guerre » comme Noé devait dire « Avant le déluge ». Ce cataclysme n'avait-il pas tout effacé, tout renouvelé?

Reportons-nous à cette époque déjà lointaine ; interrogeons-nous, et comparons nos sentiments d'alors à ceux d'aujourd'hui. On dirait qu'un siècle s'est écoulé. La blessure est cicatrisée, je parle de la blessure de notre cœur. Car, si l'honneur a été atteint, s'il y a eu de la honte à être ainsi battus et domptés, la honte subsiste tout entière. Si cette épreuve de notre faiblesse nous a mis en péril, le péril n'a point disparu. Si le démembrement nous a tous rapetissés, nous n'avons pas grandi. Mais nous n'y songeons plus. Nous ne sommes plus humiliés, nous ne sommes plus inquiets, bien que nous ne sachions pas au juste pourquoi nous sommes rassurés. L'Alsace-Lorraine n'est plus constamment présente à notre mémoire. L'empereur Guillaume peut passer ses troupes en revue à Metz ou à Strasbourg sans que sa présence sur notre ancien territoire nous donne la fièvre. Nous nous habituons à appeler nos voisins d'outre-Vosges ceux qui furent jadis nos voisins d'outre-Rhin. Le traité de Francfort, que nous avons signé la mort dans l'âme, le couteau sous la gorge, notre croissante résignation l'a peu à peu ratifié. Quelques années avant la guerre, je causais avec un vieillard, qui avait vu 1814 et 1815, et qui me parlait avec chaleur de la nécessité de reconquérir nos frontières naturelles : « Nos frontières naturelles, m'écriai-je, c'est un mot qui nous laisse froids — Oui, répliqua-t-il tristement, ce qui nous

enflammait, vous laisse froids. Il y a un abîme
entre notre génération et la vôtre. » Je souris.
Mais ce propos m'est revenu plus d'une fois à la
mémoire. Qui sait si le même abîme ne va pas se
creuser entre nous et la génération qui nous suit,
si le démembrement de 1871 ne laissera pas nos
fils aussi froids que nous l'étions en 1860, quand
on nous parlait des traités de 1815 et de la frontière du Rhin?

Ce n'est pas cette crainte qui m'a mis la plume
à la main. On n'a pas le droit d'exiger d'une
grande nation qu'elle demeure inconsolable, quelque abaissement qu'elle ait souffert. Mais on peut
lui demander de ne pas se rassurer trop tôt. Se-
couons la honte, mais gardons l'inquiétude, où
ne la bannissons qu'à bon escient. Ne pensons plus
à la guerre passée, puisque c'est un souvenir importun, puisqu'à ceux qui remuent ces cendres
le pays crierait volontiers : « A quoi bon? » Mais
il faut peut-être penser à la guerre future, sinon
probable, du moins possible. La prévoyance n'est
pas un vain souci, quand il s'agit de l'existence
même d'un peuple. Chose remarquable : les écrivains et les orateurs qui se plaisent à prédire une
révolution, un bouleversement social, le retour de
la Commune, ne manquent point d'ajouter : « Cette
fois, c'en serait fait de la France. » Pourtant, nous
avons déjà subi de pareilles crises : les hommes
en ont cruellement pâti; la nation n'en a pas été

accablée. Ni la Ligue, ni la Fronde, ni la Terreur, ni les journées de Juin, ni la Commune, ne nous ont fait déchoir de notre rang. Mais on ne dit guère : « Si nous étions encore une fois battus, si une fois encore l'Allemand vainqueur remaniait la carte de France, fixait sans appel la quantité d'or dont il faudrait nous saigner pour nous tenir à terre, ne serait-ce pas bien plus sûrement la mort de notre patrie ? » Cette hypothèse vaut qu'on s'y arrête, qu'on la discute, qu'on ne l'écarte qu'après avoir tout pesé. Pascal dit : « Je trouve bon qu'on n'approfondisse pas l'opinion de Copernic : mais ceci ! Il importe à toute la vie de savoir si l'âme est mortelle ou immortelle. » En politique, cette question de vie et de mort est aussi grosse qu'en morale la question de l'immortalité de l'âme. Je comprends qu'on se soucie médiocrement de tel article de la Constitution, qu'on reste neutre entre la protection et le libre-échange : mais ceci ! De même qu'une foi sincère illumine tous les sentiers de la vie, et sert de règle à toutes les actions du croyant ; les passions et les intérêts qui dominent la foule des humains lui paraissent bien futiles, et il voit comme un néant tout ce qui nous émeut ; de même la crainte d'exposer la France à une telle fin changerait le cours de toutes nos idées, et nous ferait regarder d'un autre œil les querelles des partis. Quand les hommes se disputent, il n'est que de crier au feu pour les mettre d'accord.

Certes je ne crois pas qu'il faille sonner le tocsin : le péril n'est sans doute pas si proche. On ne voit ni flamme ni fumée. Mais calculons les chances de l'avenir, et la raison contraindra peut-être notre imagination distraite et rétive à nous représenter l'incendie qui consumerait nos travaux, qui ferait disparaître l'objet de nos luttes présentes.

Ce n'est donc pas de notre revanche qu'il s'agit dans ce livre, mais de notre sécurité, de notre existence. On n'y parlera point de laver des affronts à demi oubliés, ni de réparer des pertes dont nous semblons d'ailleurs avoir pris notre parti, mais on recherchera les moyens d'éviter un nouveau désastre, et d'abord on exposera les motifs de le craindre.

On se piquera surtout de dire la vérité, sans détour ni fausse honte. Peut-être est-ce à tort que nos ennemis, et aussi nos amis, nous accusent de pousser plus loin que personne la vanité nationale. Tous les peuples méritent ce reproche, car chaque peuple est à beaucoup d'égards une société d'admiration et de félicitation mutuelles. Mais il n'en est pas à qui le mensonge ait coûté aussi cher; il n'en est pas qui doive autant se repentir de s'être flatté et laissé flatter. Aussi un bon citoyen peut-il prendre un mâle plaisir à ne rien taire, à ne rien atténuer de ce qui nous enseignera la prudence, la défiance de nous-mêmes, et au besoin cette humilité dont le christianisme n'a fait

une vertu que pour les hommes, mais dont l'histoire bien comprise fera peut-être une vertu pour
les nations.

Les lecteurs qui tiennent à ce qu'on ne parle de
notre pays que sur le ton du panégyrique, ceux
qui n'admettent pas qu'un Français avoue les
torts, les faiblesses, les défauts de la génération à
laquelle il appartient, peuvent dès à présent fermer ce livre. Ils y trouveraient trop de quoi s'in-
digner. D'ailleurs on ne se flatte pas de leur ôter
leurs illusions. Serait-ce même un bien ? Il y a des
gens qui aimeraient moins la patrie s'ils ne la
voyaient plus grande et plus respectée qu'elle
n'est. Dissiper leur erreur, ce serait donc porter
atteinte à leur patriotisme. Mais le présent ouvrage s'adresse aux hommes qui aiment la France
d'un amour assez éclairé, assez sain, assez robuste
pour regarder virilement un avenir qu'on n'é-
cartera pas en fermant les yeux.

LIVRE PREMIER

—

LES GUERRES NATIONALES

LIVRE PREMIER

LES GUERRES NATIONALES

CHAPITRE PREMIER

L'UTOPIE PACIFIQUE

Parmi les hommes de ce temps, les uns regardent
la guerre comme un fléau d'ancien régime, que fera
bientôt disparaître le progrès des mœurs, des idées et
de l'industrie ; les autres estiment que c'est un mal
dont la prochaine extinction n'est nullement certaine,
mais auquel il ne faut ni trop songer ni trop se préparer, sous peine de le provoquer. D'autres y voient
une loi de notre nature, et n'aperçoivent aucun motif
de ranger la paix perpétuelle parmi les dons que l'a-
venir réserve au genre humain. D'autres enfin vont
plus loin encore ; ils ne se contentent pas de croire que
l'abolition définitive de la guerre n'a rien de vrai-
semblable ; ils tiennent qu'elle n'a rien de désirable.

Ce vaste problème est intéressant à examiner, mais
il serait téméraire de le vouloir résoudre : qui se flatte
de deviner comment vivront, comment penseront
nos arrière-neveux ? Certaines découvertes changent

la face des choses et bouleversent les relations internationales. Celui qui trouverait l'art de diriger les
ballons, ou de voyager en l'air de quelque façon que
ce fût, ferait beaucoup pour la suppression des frontières, et peut-être même porterait une atteinte indirecte au régime de la propriété individuelle. Il ne faut
jurer de rien. Mais on se moquerait d'un homme qui
négligerait le soin de sa santé, sous prétexte que la mé-
decine inventera un jour des remèdes contre toutes les
maladies et des moyens infaillibles d'allonger la vie
humaine. Il est permis de tout espérer, mais en attendant il faut bien s'accommoder de ce qui est, et
songer aux périls présents. Les plus séduisants utopistes ne laissent pas de vivre comme la foule des
mortels : ce que nous supprimons dans nos rêves ne
nous gêne pas moins dans la réalité.

On dit communément que les mœurs s'adoucissent.
Il est vrai qu'on a supprimé la torture et les sup-
plices raffinés ; la peine de mort rencontre d'éloquents
adversaires. Mais jamais on n'a autant célébré l'adou-
cissement des mœurs qu'à la veille de la Révolution
française, et la Révolution française paya ses conquêtes de plus de sang que n'en versèrent les conquérants les plus insatiables. On préludait à la Terreur par des idylles sentimentales : aucun vœu n'a
été mieux exaucé que celui du critique malin qui souhaitait de voir entrer un loup dans les bergeries de
Florian. Le bel élan qui, en 1848, entraînait tous les
cœurs vers un idéal de fraternité, aboutit aux journées
de juin. L'antiquité n'offre rien de plus terrible que
l'histoire de la semaine où finit la Commune. La bête
féroce qui est au fond de l'homme se laisse assoupir :
on n'a pas encore su la tuer. Elle a ses réveils soudains,
qui d'âge en âge se ressemblent merveilleusement.

Ce n'est pas de quelques années, ni même de quelques siècles, que date cet amour du genre humain qui enivre les plus nobles âmes. Marc-Aurèle a là-dessus d'admirables paroles, dont les Germains de son temps ne se seraient pas moins moqués, s'ils les avaient connues, que leurs descendants ne se sont moqués de la proclamation de M. Victor Hugo. Ce qui était pour la philosophie ancienne le rêve des esprits d'élite fut pour le christianisme un sentiment fondé sur les dogmes essentiels de la religion. Le Christ voulait qu'il n'y eût plus qu'un seul troupeau et qu'un seul pasteur ; il donnait à ses disciples la mission d'enseigner tous les peuples. Nous n'avons pas dépassé l'ampleur de cette charité universelle : l'utopie humaine aura-t-elle plus de succès que l'utopie divine ? Du temps où le mot chrétienté ne désignait qu'une Église étroitement unie sous la houlette pontificale, la chrétienté fut déchirée par bien des guerres, et les évêques n'étaient pas toujours les derniers à endosser la cuirasse. Pourtant les liens de fraternité ne manquaient pas à ces peuples qui se confondaient dans une même croisade, qui se mêlaient aux portes de Rome, sur le chemin de Compostelle ou sous les murs de la Cité Sainte. Les ordres religieux, les ordres de chevalerie étaient des instruments d'union ; le clergé régulier et séculier formait comme un organe commun à ce grand corps. Se battait-on moins pour cela entre chrétiens ?

Mais nos aïeux étaient barbares, et nous sommes civilisés. Phrase à double tranchant, que nos petits-neveux retourneront sans doute contre nous. Il faudrait prouver que les progrès de la civilisation sont toujours marqués par un affaiblissement de l'esprit guerrier : qui oserait le soutenir pour le passé ? Dira-

t-on que l'idée d'en finir avec la guerre est une révélation récente, dont les apôtres ont le droit de compter sur le succès ? Qu'ont-ils donc trouvé de nouveau ?
Il y a bien un peu de naïveté dans l'éloquence de ceux
qui découvrent que la guerre est une chose horrible,
et qu'elle enlève les enfants à leurs mères. La nou-
veauté consisterait à tirer de cette observation incontestable une conclusion pratique. Que faire pour y
parvenir? Rabaisser la gloire des conquérants ? C'est
quelquefois la consolation des vaincus ; c'est surtout
le passe-temps des rhéteurs. Déjà Boileau traitait
Alexandre de fou, et forgeait des vers d'ailleurs assez
plats sur la rage qui porte les hommes à s'entre-dé-
chirer, tandis que les ours respectent les ours. Enseigner aux peuples l'amour de la paix, et en faire
l'un des articles d'un catéchisme obligatoire? Tout
le monde ne croit pas à la vertu des catéchismes. Il
faudrait du moins que toutes les nations se missent
d'accord pour graver cette douce morale dans le
cœur des enfants.

Rien ne contribue plus à nourrir l'illusion pacifique,
si c'est une illusion, que l'espoir du prochain
triomphe de la cause démocratique dans tout l'univers. Les partis internationaux se figurent volontiers
que leur victoire apaisera soudain toutes les querelles.
Cela tient peut-être, dirait un sceptique, à ce que l'on
croit aimer les autres peuples à force de haïr une
partie de ses concitoyens. Ce fut d'ailleurs l'idée maîtresse de la Sainte-Alliance, et le rêve de Metternich,
car les Metternich ont aussi leurs rêves.

Quelques optimistes affirment qu'à force de perfectionner les engins de guerre, on finira par rendre la
guerre impossible, parce qu'elle deviendrait trop
meurtrière. Ce n'est là qu'un propos de table. Il y a

bien longtemps que les armes s'améliorent ; on ne tue pas pour cela plus de monde. Les anciens s'égorgeaient à l'arme blanche. Maintenant on se tue à distance, on s'éparpille et on se met à l'abri. Comparez le chiffre des morts au chiffre des combattants, dans les batailles des Romains et dans les nôtres, vous verrez que le plomb et la poudre coûtent moins de vies humaines que le fer et l'acier.

Dans certains banquets, on boit volontiers aux États-Unis d'Europe. Ce mot séduit, parce qu'il rappelle un grand et heureux exemple. Mais les États-Unis d'Amérique ont traversé une rude crise, bien qu'à Richmond on parlât le même langage qu'à Washington, bien que les généraux du Sud eussent été longtemps les camarades de ceux du Nord. Dans les États-Unis d'Europe, il n'y aurait plus que des guerres civiles, mais il y en aurait sans doute. Ajoutons que cette fédération tant prêchée par des esprits généreux veut être précédée de quelques révolutions qui ne contribueraient peut-être pas à dompter les mauvais instincts de la nature humaine.

Ne peut-on pas du moins constituer des tribunaux d'arbitrage international ? De temps en temps quelques philanthropes invitent les gouvernements à entreprendre cette belle œuvre. Il nous semble même que des Assemblées politiques ont accueilli avec faveur ce vœu charitable. On n'est pas pour cela entré dans la voie ainsi tracée. Il y a bien quelques procès jugés par des tiers, mais ce sont des procès dont l'enjeu n'est pas assez gros pour soulever les passions. Quand une querelle plus grave s'émeut, on a recours à d'autres moyens pour trancher le litige. Les arbitres en pareil cas risqueraient d'être maltraités, s'ils ne mettaient eux-mêmes la main sur la garde de leur épée.

Orc'est justement l'épée qu'il s'agit de supprimer. La procédure serait difficile à fixer, et l'exécution des arrêts se heurterait à maint obstacle. Au moyen âge, d'après les Assises de Jérusalem, ce code exemplaire de la féodalité, quand les barons rendaient la justice, les plaideurs mécontents appelaient de leur sentence en les appelant au combat. Cela pourrait bien arriver encore, le jour où les nations réunies formeraient une cour suprême, surtout si les membres de cette cour se trouvaient en désaccord, et le Dieu des armées serait chargé de dire le dernier mot, commé au temps où on lui rendait un culte plus officiel.

Mais, dit-on, les peuples se rapprochent : les chemins de fer rendent les voyages plus faciles et plus fréquents ; ils abrègent les distances ; le télégraphe les supprime. Les relations internationales sont de plus en plus actives. Les expositions universelles sont les fêtes communes du monde civilisé. Les congrès se multiplient. L'union des postes est un commencement de fédération. Déjà les capitaux n'ont plus de patrie. Les intérêts matériels contribuent plus vite et plus sûrement que le progrès des sentiments moraux à réunir les membres dispersés de la famille humaine, à rendre par conséquent la paix de plus en plus nécessaire, la guerre de plus en plus rare.

Tout cela est vrai, sauf la conclusion, qui est contestable. Les petites républiques de la Grèce étaient bien voisines les unes des autres, le voyageur traversait plusieurs territoires en un jour. Les Grecs avaient une même langue, une même littérature, beaucoup d'institutions communes, telles que les jeux publics, l'oracle de Delphes, le tribunal des amphictyons. Tous ces liens ne les empêchèrent pas de se battre entre eux avec acharnement, tant qu'ils furent libres. Leurs

haines n'étaient pas moins âpres, pour être des
haines de voisins et de frères. On en peut dire autant
des républiques italiennes du moyen âge. Les ingé-
nieurs ne feront peut-être jamais que Paris et Berlin
soient aussi proches que Thèbes et Athènes, que Pise
et Florence, ces constantes ennemies.

Le développement des intérêts matériels rend les
guerres plus coûteuses en apparence, non en réalité.
On dépense davantage, parce qu'on est plus riche,
mais on ne souffre pas plus. Dans les temps à demi
barbares, les maux infligés étaient à la fois plus violents et plus circonscrits : cela fait compensation.
Les régions envahies étaient livrées à la dévastation,
le reste du pays s'en ressentait peu. Aujourd'hui l'invasion cause une ruine moins complète et plus générale. De tout temps il a existé de grands intérêts pacifiques ; de tout temps aussi les passions belliqueuses
ont eu leurs heures de triomphe. Il ne faut pas croire
non plus que les rivalités commerciales fortifient les
sentiments d'amitié entre les peuples. C'est là un
thème oratoire, un lieu commun pour les faiseurs de
toasts. La guerre des tarifs se fait parfois à coup de
canon, quand les décrets ne suffisent pas. On l'a déjà
vu ; on peut le voir encore.

La plupart des hommes ne fondent pas leur opinion
sur une étude attentive des faits et des arguments,
mais suivent un courant général qui les entraîne.
Y a-t-il un grand courant d'idées et de sentiments
qui entraîne aujourd'hui les peuples vers l'abolition
de la guerre et l'établissement de la paix universelle?
Ce courant, s'il existe, est-il durable ?

Nous reconnaissons sans difficulté que le rêve pacifique est fort à la mode ; pour beaucoup de gens, c'est
presque un dogme. Ceux qui croient le plus ferme-

ment à l'extinction du fléau admettent, il est vrai, qu'on n'y parviendra qu'après quelques bouleversements préliminaires. C'est comme si l'on disait qu'il n'y aura plus de tremblements de terre, après qu'une dernière secousse, violente mais providentielle, aura jeté toutes choses dans un état d'équilibre stable. Ainsi en 1793 les plus fervents et les plus sincères apôtres de la fraternité humaine croyaient conquérir une sorte de paradis terrestre dans la lutte qu'ils soutenaient si vaillamment contre l'Europe. Quelques-uns d'entre eux vécurent assez pour rabattre de leurs illusions.

Mais admettons l'existence et la force de ce courant; rien ne prouve qu'il doive durer. Les sentiments populaires, en tant qu'ils dérivent d'une croyance religieuse, d'une doctrine philosophique, d'une découverte scientifique, suivent de loin les croyances, les doctrines, les découvertes. Les idées nouvelles font leur chemin avec une extrême lenteur. Il faut qu'elles remportent une pleine victoire dans les régions les plus élevées de l'atmosphère intellectuelle, avant qu'elles commencent à inspirer la conscience publique. Elles sont d'abord le privilège de quelques rares esprits, puis elles pénètrent par degrés, et non sans résistance, dans l'enseignement supérieur, dans l'enseignement secondaire, dans la littérature. Quand elles arrivent à dominer l'opinion, elles risquent fort d'être déjà réfutées ou dépassées aux yeux des hommes qui sont les éclaireurs du genre humain. Quand elles parviennent à l'empire, leurs titres sont déjà contestables. A l'heure même de leur triomphe ceux qui voient de loin peuvent prédire leur défaite lointaine, mais assurée. Aussi les tribuns, qui se prennent pour les avant-coureurs des peuples en marche, sont-ils souvent en retard sur les penseurs.

Les théories politiques et sociales qui exercent le plus d'influence sur le grand nombre, comme sur les écrivains populaires de notre temps, ont pour base commune la philosophie du xviiie siècle, philosophie que les spiritualistes de l'école de Cousin continuèrent lorsqu'ils croyaient la combattre. Le principe de toutes les doctrines qui ont échauffé les précurseurs, les auteurs et les continuateurs de la Révolution française, c'est que l'homme est partout semblable à l'homme. Tous ont exagéré la puissance de l'éducation, et méconnu celle de l'hérédité. Tous ont tenu plus de compte des lois que des mœurs. Ils ont pensé que les barrières qui séparent et distinguent les hommes sont chose artificielle. Ils ont conclu de là qu'il était facile de rétablir l'égalité et de fonder la fraternité, et que notre espèce atteindrait le but marqué par Dieu ou par la nature, le jour où régneraient l'harmonie et la justice : l'harmonie qui remplace la rivalité par l'amour, la concurrence par la coopération; la justice qui assure à chacun la satisfaction de ses besoins légitimes et qui atténue incessamment les inégalités incessamment produites par la naissance, par l'éducation, par la diversité des tempéraments et des caractères, par tout ce qu'on appelle le hasard ou la Fortune.

Ces belles idées d'harmonie et de justice n'étaient pas étrangères au christianisme, mais le christianisme se débarrassa peu à peu de ce qu'elles avaient d'exigeant et d'impérieux en les reléguant au ciel, et leur livra l'éternité pour soustraire le temps à leur domination. Les philosophes du xviiie siècle et les législateurs de la Révolution furent moins accommodants. La Révolution établit l'égalité politique, mais non l'égalité sociale. Les amis de la logique se mirent à rêver une société nouvelle, où les hommes seraient véritablement frères, où nul ne serait privé de sa part de bonheur. L'un des premiers dogmes de cette religion moderne est évidemment la suppression de la guerre, car la guerre est la négation la plus complète des principes d'harmonie et de justice, puisqu'elle nourrit la haine et couronne la force.

Les théoriciens qui défendaient le vieil ordre de choses contre les menaces de ces doctrines nouvelles tinrent bon sur le terrain de la propriété et de l'héritage, parce qu'il y avait là de grands intérêts à protéger ; mais ils ne songèrent pas à soutenir la légitimité ou la nécessité de la guerre. Là-dessus ils étaient au fond de l'avis de leurs adversaires ; aucun motif pressant ne les portait à regimber. Conservateurs et socialistes étaient également convaincus de l'unité de l'espèce humaine, de l'égalité naturelle et de la similitude primitive des hommes ; les uns et les autres tournaient leurs regards vers une sorte d'idéal ou d'âge d'or où les hommes seraient unis d'un bout du monde à l'autre par les liens d'une mutuelle tendresse. Les uns et les autres admettaient que le mal c'est la lutte, que le bien c'est l'union, et que par conséquent le progrès social consiste à remplacer autant que possible la lutte par l'union. Entre les disciples de Voltaire et de Montesquieu et les disciples de Rousseau et de Diderot, la différence consiste plus dans le choix des moyens que dans le choix du but.

D'autres écoles philosophiques ont surgi sous nos yeux, et se sont à peu près rendues maîtresses des hautes régions de l'intelligence. Leur influence ne se fait pas encore sentir dans la région des sentiments, et elles ont peu de prise sur les peuples. Car, si l'ignorant retarde sur le savant, même chez celui-ci, le cœur retarde sur la tête. Un homme peut être convaincu du néant d'une doctrine et soumettre à cette doctrine sa sensibilité et sa volonté. C'est pour cela que les religions se survivent si longtemps. Quand elles n'imposent plus la foi, elles donnent encore l'émotion, elle commandent encore à la conscience. Mais l'arbre mort s'abat tôt ou tard ; l'édifice ruiné s'émiette. Les forces morales qui n'ont plus de racines dans l'intelligence se dissipent et disparaissent peu à peu. Les facultés arriérées de notre âme suivent lentement, mais sûrement, la faculté maîtresse. La morale d'aujourd'hui tient à la métaphysique d'hier, mais la morale de demain sera fille de la métaphysique d'aujourd'hui.

Or la métaphysique d'aujourd'hui, c'est la théorie de l'évolution et de la sélection par la concurrence vitale.

Pendant bien des siècles, les théologiens, les philosophes et les poètes qui contemplaient le spectacle de la nature, n'y ont vu que des preuves de la sagesse et de la bonté de Dieu. Les animaux surtout étaient à leurs yeux d'admirables machines, qui glorifiaient par leur perfection l'ouvrier divin. On se récriait sur l'ingénieuse disposition des organes, même quand ces organes étaient des instruments de mort, et sur l'étonnante précision des instincts, même quand c'étaient des instincts carnassiers. Racine résume tout une longue étape de l'esprit humain quand il fait dire à Joas :

> Dieu laissa-t-il jamais ses enfants au besoin ?
> Aux petits des oiseaux il donne la pâture,
> Et sa bonté s'étend sur toute la nature.

Assurément ce grand poète, en plaçant ces paroles

dans la bouche d'un enfant, ne songeait pas à ce qu'elles ont de réellement enfantin. Il n'est pourtant pas difficile de remarquer que chaque couple produit plusieurs couvées par an, que les petits sont naturellement appelés à vivre plusieurs années, et que, si le nombre des oiseaux reste à peu près stationnaire, c'est que la plupart sont victimes du froid ou de la faim, de leur faim ou de la faim d'autrui. Et que dire de ces oiseaux dont la pâture consiste précisément en une multitude innombrable d'insectes, ou en quelques douzaines d'oiseaux plus faibles? Voilà donc un Dieu dont la bonté livre à l'hirondelle des milliers de mouches, et au milan des volées d'hirondelles! c'est ainsi que les plus beaux génies, de Cicéron à Fénelon, se sont moqués, avec presque tout le genre humain, de l'Être suprême, lui accordant innocemment des louanges dont l'athéisme le plus amer n'égalerait pas l'inconsciente ironie.

Il est vrai que certains théologiens ont attribué au péché d'Adam les malheurs des bêtes, grossissant ainsi à l'infini la responsabilité de nos premiers parents. Ici ce n'est plus seulement la bonté de Dieu qui est tournée en ridicule, c'est sa justice. Car, si l'on peut admettre que le fils reçoive du père, avec l'existence, toutes les charges qui y sont attachées, comment comprendre que la faute de l'homme retombe, de par la volonté divine, sur des êtres qui ne lui doivent rien? Quoi! l'agneau serait mangé par le loup, parce que le premier père des moutons était, non un pécheur, mais l'esclave d'un pécheur!

L'Anglais Buckland, estimé comme géologue et comme théologien, imagina que les animaux se dévorent entre eux pour s'épargner les ennuis de la vieillesse et les longues tortures de la maladie, tant il est vrai que la bonté de Dieu est partout visible à qui sait la chercher ! A ce compte, ce sont les lions et les aigles qui ont à se plaindre, puisque l'ordre de la création les expose sans défense aux infirmités qu'amène le grand âge. Mais revenons aux choses sérieuses.

Il y a seulement quelques années, un naturaliste anglais, voulant expliquer par l'unité d'origine l'unité de plan qu'on découvre dans le règne animal, remarqua que les races domestiques varient rapidement et largement, grâce au choix raisonné que font les éleveurs, ne laissant se reproduire que les individus doués au plus haut degré de certaines qualités. Il supposa que la nature pouvait agir de même, que la force des choses pouvait exercer, elle aussi, une sélection, que cette sélection, avec l'aide des siècles, pouvait créer des races, des espèces, des genres, des familles. A l'appui de cette hypothèse, il produisit des arguments et des faits assez nombreux, assez bien liés, assez frappants sinon pour imposer la conviction, cela n'est pas de notre compétence, du moins pour renouveler le vieux fond des idées humaines.

La théorie de la concurrence, et du progrès par la concurrence, avait été esquissée par les économistes. Elle a été élevée par Darwin, par les émules et les disciples de Darwin, à la hauteur d'une philosophie de la création.

Ce n'est pas une philosophie souriante et bénigne que celle qui met au concours le privilège de vivre et d'engendrer, condamnant tous les vaincus à une prompte mort ou au célibat forcé. C'est à beaucoup d'égards la légitimation du droit de la force, pourvu qu'il soit bien entendu que la force n'est pas seulement la grosseur du corps et la vigueur des muscles, mais aussi, selon les espèces, le bravoure, l'adresse,

l'agilité, la vigilance, la prudence, la sobriété, et
même le dévouement à la famille, à la tribu, à la
chose publique. D'ailleurs la philosophie se pique
d'expliquer les choses, non de réjouir le cœur des
poètes ou de consoler les âmes sensibles et tendres.
Enfin ce n'est pas le darwinisme qui fait de notre
globe le théâtre d'un immense et perpétuel carnage,
mais il montre comment de ce carnage même sort le
progrès, comment la mort corrige avec une sorte de
discernement la folle prodigalité de la vie semant à
pleines mains les germes dans un monde borné, comment le sacrifice incessant de ces innombrables ébau-
ches appelle à l'existence des chefs-d'œuvre d'une
perfection croissante. On peut répondre à ceux qui
trouvent cette doctrine impie : puisqu'il a plu à Dieu
de décider qu'au banquet de la vie il y aurait beaucoup
d'appelés et peu d'élus, sa providence est-elle moins
admirable et sa justice plus douteuse, s'il fait servir
cette rigueur au développement de son ouvrage, que
s'il l'emploie à se divertir ou à châtier le péché d'A-
dam? Les poètes auront-ils le droit de gémir si on leur
dit que les magnifiques couleurs dont se parent les
oiseaux, les insectes et les fleurs, ne sont pas un tableau composé par le créateur pour réjouir les yeux
distraits et indifférents des hommes, mais le résultat
accumulé des conquêtes qu'une amoureuse rivalité a
fait faire à des milliers de générations ?

Quoi qu'il en soit, cette idée de la concurrence vitale, que l'illustre Max Müller a pu appeler une nouvelle catégorie de la pensée, s'est emparée des sommets
de la science et de la philosophie. De là, elle descen-
dra, elle descend lentement dans les vallées où la multitude humaine s'agite et s'émeut. On peut prévoir que
le système de Darwin sera ébranlé dans beaucoup de

ses détails; peut-être même sera-t-il réfuté. Il n'en aura pas moins accompli une sorte de révolution dans l'univers intellectuel. Il en restera au moins quelques parties. Ni les savants, ni les philosophes, ni les moralistes, ni les hommes d'État ne pourront désormais perdre de vue cette loi de la nature que l'homme est seul à violer, quoiqu'il ne la viole ni régulièrement, ni impunément, et en vertu de laquelle toute espèce tend à se multiplier jusqu'à ce qu'elle soit douloureusement limitée par la guerre ou la famine. On n'oubliera pas que c'est l'hérédité qui amasse et conserve tous les éléments du progrès dans le règne animal, et le rôle de l'hérédité se montre plus grand à mesure qu'on recule les bornes de nos connaissances physiologiques. Enfin, quoi qu'on pense des causes qui ont donné au lion ses griffes, à l'aigle ses serres, on aura pendant quelque temps admis que ces avantages ont été acquis par une longue série de tâtonnements, de luttes et de sacrifices, et l'on ne pourra s'empêcher d'avoir présentes à l'esprit toutes les raisons qui portent à voir dans la victoire le résultat du labeur de longues générations. Ce n'est pas en vain qu'aura été enseignée au monde cultivé une philosophie d'où dérivent si aisément ces deux propositions : « La guerre est pour l'humanité la forme la plus achevée de la sélection; la force est de la vertu accumulée. »

D'ailleurs ces idées commencent à pénétrer profondément les classes dirigeantes de certains pays. Les docteurs allemands s'en servent pour justifier et glorifier l'esprit envahissant de la race germanique. La philosophie de M. de Bismarck est un mélange de christianisme inconséquent et de darwinisme inavoué, et M. de Bismark pense pour des millions d'hommes. Il en serait de même chez les Anglais, si les Anglais n'é-

taient pas, comme les anciens Romains, naturellement
exempts du besoin d'excuser leurs conquêtes.

Comme on ne fait que depuis peu usage des ressources de la statistique, comme la physiologie est
d'hier, la philosophie de l'histoire est encore dans
l'enfance. Quand cette science sera sortie de la période
des déductions téméraires, de l'âge des romans et des
épopées, on cherchera quelle influence la guerre, soit
qu'on s'y prépare, soit qu'on la fasse, exerce sur le
moral des nations. Alors on opposera aux calculs des
économistes qui ne voient que du travail perdu, des
calculs qui pour être moins faciles ne seront pas moins
solides. Les vertus que développe la paix sont-elles tout
l'homme? Les races qui n'ont su défendre ni leur liberté, ni leur existence, n'étaient-elles pas inférieures
aux races qui les ont asservies ou supplantées? Les
grandes invasions, où les esprits superficiels ne voient
que le triomphe de la barbarie, ne sont-elles pas bien
souvent une régénération? N'a-t-on pas eu raison de
dire que, sous un régime de sécurité absolue, le genre
humain deviendrait un marais stagnant? Quelle est,
en un mot, la part de la guerre dans le progrès? Cette
question a de quoi tenter les historiens à venir. Le
moment n'est pas venu d'y répondre. Il y a tant de
faits à comparer, tant de résultats à analyser, tant
d'arguments à peser et d'illusions à détruire! Bornons-
nous à faire remarquer qu'en ce moment même les
Européens s'empressent à mettre la main sur le reste
du monde, et qu'aucun scrupule ne les fait hésiter
dans cette conquête de plus en plus rapide.

Supposons la conquête achevée. Les peuples d'Afrique et d'Asie qui n'ont été ni détruits, ni asservis, sont
entrés dans le grand courant de la civilisation occidentale. Partout les terres incultes sont occupées ou

défrichées. On a enlevé au désert tout ce qu'on pouvait prendre sur lui. Une longue paix répand ses bienfaits sur tout le genre humain; les nations sont unies et même un peu mêlées. Le monde est plein : qu'arrive-t-il?

Ou bien l'accroissement de la population s'arrête de lui-même, ou bien la guerre intervient, et les races fortes envahissent le domaine des races faibles. En vain alléguera-t-on les progrès de l'agriculture. Ces progrès ont une limite; la fécondité du sol n'est pas infinie ; d'ailleurs il faut bien conserver une certaine marge, à cause de l'inégalité des saisons. Le jour où l'homme demandera à la terre tout ce qu'elle peut produire, une mauvaise année amènera une famine terrible. Il ne servirait de rien d'établir des greniers d'abondance ; car, tant qu'il y aurait un superflu, la population continuerait de croître.

Toute espèce tend à se multiplier indéfiniment. Cette loi est implacable. Ce qui en suspend l'action est un mal. Ce qui y soustrait les races humaines est une forme de l'un de ces deux fléaux, le vice et la maladie, un symptôme de décadence morale ou de décadence physique. Viendra-t-il un temps où la continence sera de nouveau élevée au rang des vertus les plus respectables, où le célibat sera de nouveau en honneur, mais un célibat sans religion, sans espérance ultraterrestre, sans la compensation de l'amour divin et des fiançailles de l'âme avec son sauveur ? Faisons un effort d'imagination. Représentons-nous un état social où l'humanité tout entière imiterait la bourgeoisie française du XIXᵉ siècle, ou la noblesse du XVIIIᵉ. Si on limite la fécondité des mariages, quelle corruption ! Si l'on condamne les cadets à la stérilité, quelle oppression ! Ce sera une triste société que celle où l'amour conjugal sera rigoureusement soumis à la loi de l'offre et de la demande.

Assurément nous en sommes encore loin. Mais qu'est-ce que la paix perpétuelle ? Un idéal. Nous avons le droit d'interroger l'idéal, de le forcer à nous dire ce qu'il promet et ce qu'il cache. Les pacifiques s'écrient : « Tous les hommes deviendront frères ; les peuples s'embrasseront ; on ne tuera plus personne ; on ne forgera plus que des socs de charrue ; on ne fondra plus que des statues et des machines. » A merveille ! Et après ? Savez-vous comment Proudhon résume le système de Malthus ? Proudhon ne peut pas toujours être cité. Ce qui est clair, c'est qu'à force de vivre en paix, les hommes finiront par se gêner un peu les uns les autres, et que la terre ressemblera à une ville bloquée sans espoir de délivrance. On ne pourra pas coloniser la lune, ni essaimer dans les étoiles. Il faudra ménager les ressources du genre humain, et le mot de bouche inutile recevra un sens nouveau. Les économistes et les hommes d'État de cet âge d'or auront à choisir entre les trois régulateurs de la production : la débauche, la peste et la guerre. Ou plutôt la force des choses choisira, à moins qu'elle n'use des trois à la fois. Cherchez bien : il n'y a pas d'autre issue ; car, si jamais les hommes doivent être assez dégoûtés de la vie pour ne pas souhaiter de la transmettre à beaucoup d'enfants, ou assez dégénérés pour être naturellement peu féconds, un pareil avenir n'a rien qui nous tente ; ce n'est pas la peine d'y courir si vite.

Laissons cette hypothèse, bien qu'elle s'impose, et accordons aux ennemis de la guerre qu'un jour il n'y aura plus que des luttes pacifiques. Les luttes pacifiques, qu'est-ce que cela ? Vous pensez d'abord à une

exposition qui commence par des fêtes et finit par un
déluge de croix. Regardez-y de plus près. Vous verrez
que la plupart des humains qui meurent de faim, de
froid, de consomption, tombent victimes des luttes
pacifiques de l'industrie. La concurrence tue plus de
gens que la guerre, tue plus lentement, n'épargne ni
les enfants ni les femmes. Aussi nous promet-on la
fin de la concurrence et l'avènement de l'harmonie.
Mais, si une race est à la fois plus pacifique, plus patiente et plus sobre que les autres, si le Chinois est
une machine qui coûte moins à établir que l'Européen, et qui consomme moins de combustible pour
produire un travail donné, comment l'Européen se
défendra-t-il, le jour où le dernier canon aura été
installé sous verre dans un musée d'archéologie ?
Cette question n'est pas si futile que le croiront quelques lecteurs ; consultez là-dessus les Californiens,
qui la trouvent déjà brûlante.

Dans notre civilisation, si imparfaite qu'on la
trouve, le monde appartient aux hommes qui ont à la
fois la science, la discipline et un système nerveux qui
permette d'aller au feu. Dans la civilisation que rêvent les amis de la paix, le monde sera aux peuples
qui transformeront avec le moins de frais possible une
certaine quantité de riz en une certaine quantité de
travail, s'ils joignent à cette supériorité économique
le mérite physiologique qui distingue les habitants et
surtout les habitantes du Céleste-Empire, et un parfait mépris pour toutes les délicatesses dont nous ne
pouvons nous passer. Quand la justice enfin triomphante exigera que l'Anglais et l'Allemand cèdent la
place au Chinois, l'Anglais et l'Allemand jetteront
un regard d'envie sur le temps où il y avait des frontières gardées par des douaniers, défendues par des

soldats, et ils trouveront que le droit du plus brave avait du bon. Admettons que les loups apprennent à paître l'herbe des champs; encore ne se laisseraient-ils pas resserrer dans leurs pâturages par l'envahissement des moutons, sans se rappeler que le Créateur, dans sa bonté, leur a donné des dents plus longues, des muscles plus forts et des nerfs mieux trempés. Vers le milieu du XXII° siècle, si tout marche d'ici là au gré des apôtres de la fraternité universelle, quelques hardis novateurs feront de singulières découvertes. Ils soumettront l'idée de la justice à un nouvel examen, et proposeront peut-être à l'humanité un idéal bien différent de celui qui fait l'orgueil du XIX° siècle.

En attendant cet avenir où nous logeons nos rêves, la guerre est un accident que tout le monde prévoit, une épreuve à laquelle tout le monde se prépare. Les peuples qui sont le mieux décidés à ne pas donner le branle ne sont pas ceux qui se mettent le moins en garde. Chacun proteste de son amour pour la paix, mais personne ne croit la paix suffisamment gardée par l'amour qu'elle inspire. Prenons les choses comme elles sont; on fait de la philosophie pour tous les temps, et de la politique pour le temps où l'on vit. Que la formation des États-Unis d'Europe et même des États-Unis du globe soit possible ou chimérique, désirable ou fâcheuse, ce n'est encore qu'une idée. Occupons-nous des faits. Il peut être intéressant de conjecturer ce que sera la paix future : voyons d'abord ce qu'est la guerre de nos jours.

CHAPITRE II

L'ENJEU DE LA GUERRE MODERNE

Une révolution s'est accomplie sous nos yeux, la plus grave peut-être des temps modernes : au dix-neuvième siècle, les guerres sont redevenues nationales.

A cet égard, nous avons d'un seul coup reculé de quinze cents ans.

Presque toutes les guerres de l'antiquité sont des guerres nationales. Les républiques de la Grèce, Rome et Carthage luttaient pour l'existence, pour l'existence de tous et de chacun. Un peuple prenait un autre peuple corps à corps. Les résultats de la défaite étaient terribles ; les prisonniers étaient presque toujours vendus comme esclaves. Le mot latin qui veut dire esclave, *servus* venait, disait-on, de *servare,* conserver. On donnait au captif la vie pour faire de lui une bête de somme ; on l'épargnait comme un cheval. Les femmes et les enfants n'étaient pas mieux traités. Toute ville prise était saccagée ; hommes et choses devenaient la propriété du vainqueur ; les dieux même étaient emmenés en servitude. Quand les forces étaient à peu près égales, ou quand la résistance du faible était héroïque, on pouvait faire la paix. Mais c'était l'exception. Rome n'a jamais fait la paix. Elle donnait des lois en donnant une trève. Avant d'asservir les individus, elle asservissait la nation. Dans les premiers temps, elle importait et absorbait les habitants des cités soumises. Plus tard, elle s'emparait de l'administration, c'est-à-dire de l'exploitation du pays conquis. Par politique, non par humanité ni par modération, elle voulait bien s'y prendre à plusieurs fois; elle tuait un peuple par degrés; elle marquait les étapes de la domination, imposant d'abord le démembrement, le tribut, la vassalité. Mais elle n'oubliait jamais son but : faire du monde son domaine.

Dans ces conditions, tout citoyen était soldat; le service obligatoire et universel était une loi naturelle, car chacun combattait pour défendre sa maison, sa vie, sa liberté, la liberté de ses enfants, la pudeur de sa femme. Il semble que la grandeur du péril dût inspirer à ceux qui étaient menacés une valeur désespérée, rendre la conquête impossible. L'histoire ancienne est pleine de résolutions héroïques. Les exemples abondent d'assiégés s'ensevelissant sous des ruines. Il y eut bien des Sagontes : toutes n'ont pas laissé un nom fameux. Mais, comme la guerre appelait tout le monde sous les armes, une bataille perdue moissonnait quelquefois la jeunesse d'un pays. Des populations entières s'enfermaient dans une ville, et bientôt la faim domptait les cœurs ; pour un peu de pain, les survivants tendaient la main aux chaînes. D'ailleurs les conquérants habiles offraient des capitulations qui semblaient supportables, divisaient les vaincus en leur faisant des conditions différentes, ou achetaient des traîtres. La trahison joue un bien plus grand rôle dans les guerres antiques que dans les guerres modernes. Enfin, comme il n'y avait pas de grandes nationalités constituées, on pouvait assaillir de petites peuplades l'une après l'autre, ou s'emparer assez facilement des États d'un prince que haïssaient la plupart de ses sujets : ceux-ci craignaient peu un changement de maître. Les peuples une fois déchus de la liberté se laissaient prendre comme des troupeaux qui passent de main en main. Entre la tyrannie d'un gouverneur royal et celle d'un proconsul romain, ce n'était pas la peine de choisir. Rome du moins promettait l'ordre et la paix.

Une fois l'empire romain établi, la condition des vainqueurs se rapprocha de celle des vaincus. Ceux-ci entrèrent peu à peu dans la cité, mais la cité cessa d'être un camp. L'état militaire devint un métier. Aussi les légions, malgré leur discipline, finirent-elles par céder à l'invasion des barbares. Les armées plièrent sous les peuples.

Au moyen âge, les guerres nationales devinrent très-rares. On peut citer la conquête de l'Angleterre par les Normands, la lutte des Espagnols contre les Maures, les Croisades. Mais, quand Philippe-Auguste faisait la guerre à Richard Cœur-de-Lion, ou même Charles V à Édouard III, ce n'étaient là que des querelles de princes. La grande masse de la population en souffrait beaucoup, mais s'y intéressait peu. La noblesse seule, avec les milices de quelques villes, prenait part aux combats. La résistance aux Anglais ne devint véritablement nationale qu'au temps de Jeanne d'Arc. Encore faut-il ajouter que ce qui souleva un commencement de passion populaire, c'est que la foule finit par rejeter sur les Anglais la responsabilité des maux effroyables qu'elle endurait depuis trente ans, et dont une bonne part était due à la rivalité des Armagnacs et des Bourguignons. Au xvie siècle, la nation ne s'émut que des guerres de religion. Louis XII, François Ier, Henri II, menaient ou envoyaient en Italie et en Flandre des gentilshommes et des mercenaires. Ce n'est qu'au xviie siècle qu'on mit sur pied des armées véritablement recrutées dans le peuple. De Hugues Capet à la Révolution, bien des provinces furent perdues ou gagnées. L'histoire nous·retrace les péripéties de chaque lutte ; elle néglige le plus souvent de nous apprendre quelle impression le dénouement produisit sur les gens que la paix faisait changer de maître. Louis XI s'empare de la Franche-Comté, qui dépendait de l'Empire, et non du royaume de France ; Charles VIII cède la Franche-Comté ; Louis XIV la prend, l'abandonne, la reprend et la garde. Que pensaient les Franc-Comtois de ces révolutions ? Savons-nous seulement comment l'Alsace upporta sa réunion à la France ? Quand on cherche le rôle des peuples dans les guerres entre puissances chrétiennes, on voit que les habitants des villes prenaient souvent parti avec passion, non les habitants des campagnes. C'est que les villes avaient à défendre des libertés, des institutions, leur commerce et leur industrie. Les paysans subissaient les ravages de la guerre et bénissaient apparemment la paix, quelle qu'elle fût.

Comme les armées étaient relativement peu nombreuses, il suffisait qu'une guerre devînt nationale d'un côté sans l'être de l'autre pour que le peuple envahi fût à peu près sûr de prendre le dessus. Les Lombards l'emportent sur Frédéric Barberousse. Les Flamands tiennent tête aux rois de France et aux ducs de Bourgogne. Les Suisses repoussent l'invasion autrichienne d'abord, l'invasion bourguignonne plus tard. Les Hollandais résistent victorieusement à toutes

les forces de l'immense monarchie espagnole. Dans
leurs luttes continuelles avec les Écossais, les Anglais
sont toujours vainqueurs, et toujours chassés. Avec
un armement si simple, les tisserands de Bruges ou
de Gand pouvaient faire du jour au lendemain d'excel-
lents fantassins; un archer de village valait souvent
bien plus qu'un chevalier bardé de fer et nourri sous
le harnais.

La guerre se faisait lentement. Une bataille gagnée
avait pour résultat de permettre un siège, et certaines
contrées renfermaient plus de forteresses que de
bourgs. Une armée moderne conquerrait la Belgique
en huit jours, sauf Anvers. Au XVIIe et au XVIIIe siècles,
on mettait des années à en arracher quelques lambeaux.

Pour juger nos aïeux, il importe de ne jamais perdre
de vue ce caractère princier des anciennes guerres.
Le patriotisme était peu puissant. Même là où nous
le voyons éclater, il ne ressemblait guère à ce qu'il
est aujourd'hui. Un Breton sous Louis XIV détestait
les Anglais ; mais la perte de l'Alsace l'eût probablement laissé froid. Celui qui passait à l'ennemi pouvait
se reprocher de trahir le roi, mais pensait peu à la
France. Le Connétable de Bourbon a-t-il eu des re-
mords? François Ier l'avait si injustement traité ! Sait-
on qu'il fut encouragé dans sa défection par sa belle-
mère Anne de Beaujeu, cette régente modèle de qui
le nom est resté si estimé ? A coup sûr elle ne conce-
vait pas à notre façon les devoirs d'un Français envers
son pays. Le grand Condé ne paraît pas avoir porté
bien péniblement l'alliance de l'Espagne. Bossuet dit
dans son oraison funèbre : « Le premier argent qu'il
reçut d'Espagne avec la permission du roi, malgré les
nécessités de sa maison épuisée, fut donné à ses amis,

encore qu'après la paix il n'eût rien à espérer de leur secours. » Se figure-t-on aujourd'hui un général français, ancien déserteur, recevant de l'argent de la Prusse avec la permission du Président de la République, pour en gratifier glorieusement les complices de sa trahison ?

Nous lisons avec indignation les compliments que Voltaire prodiguait à Frédéric, quand Frédéric battait nos armées. Les plus chauds admirateurs du philosophe ne plaident là-dessus que les circonstances atténuantes, non sans embarras. Un homme qui aurait écrit de pareilles lettres à Guillaume Ier, en 1870, serait déshonoré sans rémission. Il y a un siècle, si peu d'années avant la Révolution, on en souriait. Cela n'empêchait pas que les officiers fussent bons, et les soldats dévoués. Mais ce qui est chez nous du patriotisme, était alors de la fidélité. Veut-on une autre preuve du changement des idées ? Demandez à un petit-fils d'émigré, quelque haine qu'il ait vouée au nouveau régime, si le retour de la Terreur ferait surgir une nouvelle armée de Condé au service et à la solde de la Prusse.

Voici un exemple qui montre bien la différence du patriotisme à la fidélité. Pendant la guerre de Sept-Ans, les colons du Canada se battirent en héros contre les Anglais. Le traité de Paris les fit sujets de Georges III. Pendant la guerre de l'indépendance américaine, Georges III n'eut pas de meilleurs soldats. Ceux qui, en petit nombre, prirent parti pour les Américains, c'est-à-dire pour la France, furent excommuniés par le clergé, qui cependant est resté le défenseur résolu et courageux de la langue, des mœurs, des libertés du Canada français. Mais la cession régulière du pays donnait à la fidélité une direction nouvelle ; le pa-

triotisme, tel que nous l'entendons, eût été plus inflexible.

Être conquis, il y a cent ans, c'était devenir le sujet
d'un autre prince; aujourd'hui, c'est devenir le citoyen
d'une autre nation. La distance est plus grande qu'il
ne semble au premier abord. Changer de maître est
peu de chose ; on en peut croire l'âne de la fable.
Qu'importait à un bourgeois de Lille d'appartenir au
roi de Madrid ou au roi de Paris? Encore le citadin
pouvait-il tenir à ses chartes, à ses franchises. Mais
le villageois souhaitait la paix avant tout, puis un gouvernement paisible, qui maintînt l'ordre sans exiger
trop d'impôts. Le plus souvent il ne s'apercevait de
rien ; conquis ou non, il dépendait toujours de son
seigneur. Sentait-il profondément l'humiliation d'être
cédé, livré, vendu? Souffrait-il cruellement de se voir
enlever sa nationalité ? Pas plus, sans doute, qu'il
n'en était fier avant de la perdre. Il connaissait à peu
près l'histoire de son canton ; que savait-il de l'histoire de la monarchie? Quelle blessure faisait-on à son
orgueil ? L'obligeait-on à changer de religion, de
langue, de mœurs, de lois? Donnait-on brusquement
un nouveau cours à des sentiments qui lui fussent
chers? Était-il contraint d'arracher de son cœur des
passions enracinées, et d'y planter soudain d'autres
passions? Savourait-il à son foyer l'amertume d'un exil
sur place ? Baissait-il la tête à la vue d'un drapeau jadis détesté, d'un uniforme qui avait été pour lui celui
de l'ennemi, et qui devenait celui du maître ?

Interrogeons, autant que nous le pouvons, la conscience des hommes de chaque siècle, de chaque pays,
de chaque condition. Demandons à chacun d'eux ce
que c'est pour lui que la patrie, que la nationalité;
démêlons les idées claires ou confuses que désignent

ces mots. Quelle diversité dans les réponses! Pour un Romain, la patrie est tout; hors des lieux où planent les aigles, il ne trouverait pas que cela valût la peine de vivre. La patrie, c'est la religion, la famille, la liberté; loin d'elle, il cesserait presque d'être un homme. Adressons-nous à un sujet de Charles le Téméraire : il ne nous comprend même pas. Noble, il ne connaît que son duc, bourgeois que sa commune, vilain que son clocher. Le paysan espagnol, en face des Maures, est un héros; le paysan bourguignon ne compte pas. Le Gantois se fera tuer pour ses franchises, mais Artevelde l'engagera aisément à quitter l'allégeance de Philippe de Valois pour celle d'Édouard III ; il ne lui en coûtera pas plus de revenir au suzerain qu'il a renié. Les Hollandais, qui ont lutté avec une merveilleuse constance contre la tyrannie de Philippe II, n'avaient pas songé à trouver mauvais que les hasards de l'hérédité fissent d'eux les sujets d'un duc de Bourgogne, d'un archiduc d'Autriche, d'un roi d'Espagne. Ils ne manquaient pourtant ni de courage, ni de fermeté ; ils se querellaient fort entre eux, dans un temps où il leur était bien indifférent que leur souverain seigneur habitât Dijon, Bruges ou Madrid, parlât le français, l'allemand ou l'espagnol.

On ne peut pas dire que le patriotisme soit né tel jour, à telle heure. Mais c'est un sentiment dont la force et le caractère ont infiniment varié selon les temps et les pays, avec l'état social et la condition intellectuelle. Il a eu ses progrès et ses décadences, ses éclipses et ses retours. Dans Homère, Hector est un héros patriote: il dit au devin qui cherche à l'éloigner du champ de bataille : «Le meilleur de tous les présages, c'est de combattre pour sa patrie. » C'est que, du temps d'Homère, la défaite, c'est la mort pour les hommes, l'esclavage pour les femmes. Pyrrhus égorgera Priam, et Andromaque deviendra sa servante. Dans la chanson de Roland, on parle souvent de la « douce France »; le héros mourant craint que son épée ne tombe aux mains des infidèles, et que la France n'en soit « honnie ». Le Roland de la poésie est un chevalier, un raffiné d'honneur; c'est surtout un chrétien; la France qu'il aime et pour laquelle il meurt, c'est l'empire de Charlemagne, c'est la chrétienté. Les Sarrasins refoulés et oubliés, ce patriotisme ira s'effaçant des esprits; il faudra que peu à peu l'idée de la France prenne un autre corps et une autre âme.

Le patriotisme n'est tout à fait lui-même que quand le nom de la patrie représente à notre imagination une personne vivante, un grand être dont nous sommes les membres, qui a ses triomphes et ses humiliations. Tel est si attaché au sol natal que la nostalgie le tuerait. Mais il ne sera pas touché au cœur si l'État dont il est citoyen est déshonoré, mutilé, réduit en vasselage. Il ne suffit donc pas qu'on aime les lieux où l'on a vu le jour, où l'on a été élevé; c'est l'amour du pays. L'amour de la patrie est quelque chose de plus. L'amour du pays fait parfois déserter le soldat; l'amour de la patrie, à mille lieues du foyer natal, le soutient dans la lutte et le console dans la mort. Le pays est un milieu tout matériel qui ne se transporte pas, qui ne s'abstrait pas en un symbole; la patrie s'incarne dans un drapeau. Elle tient tout entière dans un mètre de calicot, dans une carte grande comme la main. Parmi les Alsaciens-Lorrains, les uns sont restés au pays; les autres s'en sont arrachés pour conserver leur patrie.

Les passions religieuses ont merveilleusement servi

à faire naître et grandir le patriotisme chez certains peuples ; chez d'autres elles l'ont parfois tenu en échec, et momentanément étouffé. L'amour de la liberté ne se confond pas non plus avec le patriotisme. Le moujik russe était un patriote. Si les Allemands étaient plus libres que nous, la pensée de devenir Allemands nous causerait-elle moins d'horreur ?

Les nations européennes se sont formées les unes après les autres ; elles n'ont pas toutes à la fois pris conscience d'elles-mêmes. L'Espagne naquit à la fin du xvᵉ siècle de ces deux grands évènements : l'union des couronnes par le mariage de Ferdinand et d'Isabelle, et la conquête de Grenade ; l'Espagne fut grande au xviᵉ siècle. La Hollande naquit de l'insurrection qu'à la fin du xviᵉ siècle soulevèrent les bourreaux de Philippe II ; la Hollande fut grande au xviiᵉ siècle. L'Angleterre soutint par des guerres longues et coûteuses la révolution de 1688, qui la délivrait d'une dynastie catholique appuyée sur la France : le patriotisme anglais date surtout de 1688. Ensuite viennent cent ans de luttes heureuses et de gloires presque sans mélange, le siècle héroïque de la Grande-Bretagne, qui va d'Hochstett à Waterloo, de Marlborough à Wellington. L'Allemagne est une création de Napoléon Iᵉʳ ; elle lui doit son existence nationale, les passions qui ont fait son unité, qui font sa force. C'est le dernier né des grands peuples ; c'est aussi le plus grand à cette heure.

C'est au cours du xixᵉ siècle que beaucoup de nations se sont révélées à elles-mêmes et au reste du monde. L'Allemagne et l'Italie ont rassemblé leurs membres épars. Les Hongrois ont séparé la couronne de Saint-Étienne de la couronne impériale. Les Roumains se sont affranchis. Les Slaves du Sud ont tout à coup découvert qu'ils existaient. Nos aïeux et nos pères connaissaient les Croates comme corps de troupe ; qui prenait garde à leur qualité de Slaves ? L'entrée des Bulgares dans l'histoire a été presque aussi subite que bruyante. Un avenir prochain nous réserve peut-être de nouvelles surprises. Les causes de ce grand mouvement sont diverses, mais faciles à pénétrer. Un mot les résume, le progrès ; progrès de la liberté, progrès des moyens de communication, progrès de l'instruction et de l'intelligence. Devenus plus libres, les hommes qui commencent à s'occuper de leurs propres intérêts souffrent impatiemment d'être noyés au sein d'une population étrangère. Les relations plus actives, les voyages plus fréquents, détachant leurs regards du clocher, leur apprennent à se rapprocher des hommes de même race et de même idiome, à se distinguer de ceux qui parlent et qui pensent autrement. Enfin, le jour où ils se mettent à lire, livres et journaux leur révèlent qu'ils ont des droits, un passé, et, s'ils le veulent, un avenir. Les écoles, bien plus que la religion, ont réveillé les sujets endormis de l'empire ottoman. Le prêtre enseigne parfois la résignation ; le maître d'école, même sans le savoir et sans le vouloir, enseigne infailliblement aux opprimés la révolte. C'est la renaissance littéraire du commencement de ce siècle qui a fait sentir aux Italiens l'amertume de la domination autrichienne, qui leur a rendu insupportables leurs maîtres du dehors et du dedans. Le roman, la poésie, l'histoire, Manzoni, Pellico, Cantu, n'ont pas moins agité les esprits que ne firent les Carbonari et les démocrates.

D'autre part, les progrès de la centralisation bureaucratique ont appesanti l'oppression étrangère. L'aristocratie servait d'intermédiaire entre le souverain et le sujet ; elle était peu libérale, mais on se résignait mieux à sa domination familière et accessible qu'à celle des employés et des fonctionnaires, tyranneaux nomades, sans racines dans le pays, représentants odieux d'une puissance lointaine, instruments sourds d'une volonté inexorable. Une administration à la fois plus régulière et plus dure, sans pitié comme sans caprices, soulève plus de haine. Les maîtres d'autrefois se contentaient de dominer et d'exploiter ; les maîtres d'aujourd'hui prétendent assimiler et transformer. Ils interviennent sans cesse dans la vie locale, dans la vie privée ; ils font la guerre aux mœurs, aux coutumes, aux idées, à la langue même. L'Allemagne, en dix ans, a plus tracassé les Alsaciens pour les germaniser, que nos gouvernements en deux siècles pour les franciser. Être conquis, jadis, c'était recevoir un rude coup, mais on s'en remettait. L'orage passé, on n'était pas toujours opprimé. Maintenant une population à qui les hasards de la guerre enlèvent sa nationalité est vouée à une persécution continue, systématique, moins grossière et cent fois plus douloureuse qu'au temps où l'administration était moins perfectionnée. On contraint tout un peuple de retourner à l'école pour désapprendre tout ce qu'il savait, et apprendre tout ce qu'il ignorait. Ses souffrances se mesurent à ses vertus et à ses lumières ; chaque homme est incessamment atteint dans ses sentiments les plus généreux, dans ses idées les plus hautes. La religion de la patrie, comme toute autre religion, coûte d'autant plus à abjurer qu'on en comprenait mieux la beauté, qu'on en goûtait mieux les douceurs, et c'est aux plus nobles âmes que la persécution inflige les plus cruelles tortures.

Ainsi la conquête est un désastre plus redoutable

pour nous que pour nos pères ; l'enjeu de la guerre est donc plus sérieux aujourd'hui qu'il n'était jadis. Mais une cession de territoire n'atteint directement que les habitants du territoire cédé. L'indemnité pèse d'un poids égal sur tous les vaincus.

Ici encore nous voyons que le progrès de la civilisation, qui rend la guerre plus douce, rend aussi les conséquences de la défaite plus terribles. L'antiquité connaissait l'usage des tributs. Rome notamment s'en servait avec autant de rigueur que d'habileté pour tenir à terre ceux qu'elle avait abattus, et pour continuer dans la paix l'œuvre de ses légions. Une si lourde charge était pour qui la subissait une cause de faiblesse perpétuelle. Encore pouvait-on s'en affranchir à tout risque en reprenant les armes. Dans les temps modernes on a parfois stipulé des indemnités de guerre, qui pouvaient être un fardeau gênant, mais non durable. Ce n'était qu'un trou à boucher. Le vainqueur n'exigeait pas beaucoup d'un adversaire épuisé. Comme presque tous les gouvernements vivaient au jour le jour, le trésor du vaincu n'offrait jamais qu'une assez maigre proie.

Aujourd'hui nous avons le crédit. Cette belle invention des emprunts permet aux hommes d'État de faire payer aux fils les travaux de leurs pères. Elle permet aussi aux vainqueurs de faire payer aux fils la défaite de leurs pères. Quand les Allemands nous ont pris cinq milliards, nous leur avons bien compté cette rançon ; mais nous ne l'avons pas tirée de notre caisse, qui était à peu près vide. Entre eux et nous s'est placé un intermédiaire, le public européen, qui a fourni la somme en échange d'une rente perpétuelle d'environ trois cent millions. Ainsi l'Allemagne a reçu cinq milliards ; mais ce que nous avons payé, ou plutôt ce que nous payons, c'est un tribut perpétuel de trois cent millions. Ce mot de tribut nous eût révoltés ; l'indemnité semblait plus acceptable. Pourtant l'indemnité de guerre, quand elle atteint de pareils chiffres, est un tribut perpétuel que le vainqueur capitalise ; quant au vaincu, il ne peut pas même s'en affranchir par une nouvelle invocation au Dieu des armées. Il n'y saurait échapper que par la banqueroute ou l'amortissement. Par la banqueroute il se ruine lui-même ; quant à l'amortissement, on n'y songe guère : c'est du roman.

Grâce au crédit, le tribut moderne, déguisé sous le nom d'indemnité de guerre, est plus écrasant que le tribut ancien. La chaîne dont Rome garrottait Carthage a été perfectionnée comme tout le reste.

Le vainqueur cherche dans l'indemnité trois choses : une compensation pour ses dépenses et ses pertes, une amende infligée aux vaincus, une garantie pour l'avenir. Les lois pénales et civiles admettent bien l'amende et les dommages-intérêts. Mais c'est un tiers, juge impartial, qui en fixe le taux. Dans un traité de paix, c'est le gagnant qui évalue les frais du procès, qui apprécie le préjudice causé par la faute du perdant, qui décide à combien de milliards une fois donnés, ou à combien de millions par an, le battu doit être taxé pour le crime qu'il a commis en se laissant battre. Il faudrait supposer chez des gens tout chauds de la lutte et tout enflés de la victoire une singulière modération pour que dans ce règlement de compte la balance ne fût pas faussée ; l'épée de Brennus n'est pas devenue plus légère avec le temps. Mais l'indemnité est quelque chose de plus : une garantie pour l'avenir. Outre la réparation et la peine, il y a la caution, qui doit ôter au vaincu non-seulement la tentation, mais le moyen de recommencer. Cette caution, c'est sa ruine. On lui coupe le nerf de la guerre ; on le met, autant que possible, hors d'état de reconstituer ses forces offensives et défensives. Ç'a été le dessein de l'Allemagne en 1871 ; ç'a été le but que visait M. de Bismarck. Il ne l'a manqué que par erreur ; beaucoup de ses compatriotes ont pensé et même ont dit, quelques années plus tard, que l'erreur n'était pas irréparable.

Le système inauguré par le traité de Francfort a donc fait du crédit public un danger de plus pour les nations qui ont l'habitude de payer leurs dettes. On n'intente de procès qu'aux gens solvables, et il n'y a que les riches qui aient peur au coin d'un bois. Ce n'est sans doute pas un motif suffisant pour envier l'heureux destin des empires qui sont, comme la Turquie, à l'abri des grandes extorsions. Mais cela prouve tout au moins qu'une grosse fortune exige de fortes assurances. Le pauvre seul a le droit d'être imprudent.

Les conséquences de la défaite sont infinies. Il faudrait un volume pour indiquer les plus graves et les plus visibles. Le soldat qui fuit, l'officier qui néglige son devoir, le général qui accepte une tâche au-dessus de ses forces, le diplomate qui provoque l'orage ou qui n'en signale pas l'approche, l'homme d'État qui ferme les yeux au péril ou qui déclare témérairement la guerre, seraient plus courageux, plus modestes, plus vigilants ou plus sages, s'ils entrevoyaient les maux qu'ils déchaînent sur leur pays, dans le présent et dans l'avenir. Nous avons naturellement la vue courte, et nous oublions l'enchaînement des causes et des effets. Si les Italiens qui, vers la fin du xve siècle appelèrent les Français et les Espagnols, avaient pu apercevoir, comme dans une lanterne magique, l'im-

mensité des misères matérielles et morales que, par
ce crime, leurs descendants devaient souffrir pendant
plus de trois cent cinquante ans, de Fornoue à Cus-
tozza, ils auraient frémi d'épouvante. Si leur âme immortelle est condamnée au spectacle des choses humaines, quelle longue et terrible malédiction est
tombée sur elle, pendant cet espace de temps, comme
une grêle ! Ils ont entendu la clameur des barbares
montant à l'assaut des plus belles cités de la Péninsule, le pas des chevaux foulant le pavé des temples,
les hurlements des mourants, le cri des femmes ou-
tragées ; ils ont vu la lueur des incendies, les ruines
amoncelées, les villes dépeuplées, les campagnes dé-
sertes. Puis d'autres horreurs les ont frappés. Du
pied des Alpes aux rivages de la mer Ionienne, le silence de la servitude, l'insolence rapace des gouver-
neurs étrangers, la bassesse croupissante des princes
indigènes ; la noblesse se dispersant dans le monde
entier au service des nations vivantes, la bourgeoisie
végétant dans une médiocrité apathique, le peuple
foulé, abruti, affamé ; les arts et les lettres tombés
des hauteurs du siècle de Léon X dans la décadence
et la puérilité des âges suivants ; l'âme même de l'Italie captive, flétrie, rongée par les vices de l'esclavage ;
les sombres fureurs de l'impuissance révoltée, les
hontes mornes de l'impuissance résignée. Sous les
yeux du plus égoïste des ambitieux, du plus léger des
hommes d'État, étalez soudain le tableau de leurs
œuvres, déroulez la liste généalogique des misères
sorties de leur faute, race féconde et pullulante ; l'é-
goïste pleurera de compassion et l'étourdi s'abîmera
dans une méditation profonde.

Est-il vrai que Louis XV ait poussé la fameuse ex-
clamation : « Après moi le déluge ! » Si ce mot n'est

sorti de ses lèvres, il sort de toute sa vie. Pourtant il craignait les peines de la vie future. Supposons qu'un archer de la justice surnaturelle l'ait été chercher dans sa tombe pour lui faire suivre le convoi de la monarchie ramenée de Versailles à Paris, les têtes des gardes du corps portées sur des piques devant le carrosse royal, pour lui montrer l'envahissement des Tuileries au 20 juin et au 10 août, puis la guillotine en permanence sur la place qui portait le nom de place Louis XV, des milliers de victimes, depuis Louis XVI jusqu'à Mme Dubarry, entre les mains du bourreau ; quelle réponse de la destinée : « Le voilà, le déluge ! » On rapporte que Louis XI fit mettre les fils du duc de Nemours sous l'échafaud de leur père, pour que son sang coulât sur eux. Ce qu'aurait fait le tyran de la légende, l'histoire le fait aussi ; mais, plus juste, ce sont les pères qu'elle arrose du sang et des larmes de leurs fils.

On n'a jamais assez présente à l'esprit cette loi impitoyable qui enchaîne les effets aux causes, les misères d'une génération aux fautes de la génération précédente. Tout peut se réparer, dit-on. Non, tout ne se répare pas, et d'ailleurs la réparation coûte si cher, elle exige tant d'efforts ! Le temps et la peine qu'on dépense à sortir du gouffre eussent produit bien d'autres fruits, si on les avait employés autrement. Il faut bien qu'on se relève, quand on est tombé ; mais, tandis qu'on se remet sur pied et qu'on reprend ses esprits, les rivaux continuent de courir, et bien souvent la chute laisse des blessures ou incurables, ou infiniment lentes à guérir. Moins indulgente que le clergé catholique, la force des choses, cette justice sévère d'un Dieu sourd, n'absout pas un peuple pour une confession murmurée dans l'ombre, pour

un repentir d'une heure et une promesse d'amen-
dement peut-être illusoire. Qui sait d'ailleurs si jamais
un seul peuple se serait résigné à une confession sincère ?

Un jour viendra sans doute, où les philosophes et
les politiques sauront remonter à la source lointaine de
tous les effets présents, et dresseront le bilan d'un État
en démêlant l'origine de chaque article du passif.
Dans la somme des maux innombrables dont chaque
fraction de l'humanité est affligée, on fera la part des
mauvaises lois, des mauvaises actions, des mauvais
exemples, des mauvaises théories. La part des mauvaises guerres sera souvent la plus grosse. Si les soldats
d'une armée vaincue avaient toujours conscience de ce
qu'ils rapportent avec eux dans les plis de leur drapeau humilié, il y a des journées après lesquelles pas
un ne voudrait aller dormir ailleurs que sur le champ
de bataille. En 1871, nous avons donné aux Allemands
cinq milliards, et l'on n'évalue pas à moins d'un mil-
liard l'augmentation d'impôts que la guerre et la défaite nous obligent à supporter tous les ans. Qui nous
dira à combien d'ouvriers ces milliards auraient donné
du travail et du pain, à combien de ménages ils auraient assuré l'aisance, combien de progrès aurait
fait accomplir un meilleur emploi de ces sommes
énormes? Qui mesurera ce que la cession de l'Alsace-
Lorraine a infligé de souffrances aux habitants du territoire cédé? Qui nous apprendra à combien de familles
et d'individus cette rupture de l'équilibre européen
fera perdre tôt ou tard la vie, la liberté, le bonheur?
Un si grand désastre ouvre un compte à la fatalité :
quand sera-t-il fermé ?

Nous laissons de côté ce que coûte la guerre, même
heureuse; nous parlons seulement de ce que coûte la

défaite. Certes, jusqu'à ces dernières années, le Dieu des armées ne nous avait pas, en somme, trop durement traités. Considérons cependant la guerre de Sept-Ans, une des plus malheureuses que nous ayons soutenues. La génération qui y assista en porta assez gaiement la honte. On connaît le mot de Voltaire sur le Canada : « Quelques arpents de neige. » La paix nous ôta notre empire colonial, l'Inde, le Canada, la Louisiane. Si nous avions gardé ces possessions immenses acquises par le labeur et l'héroïsme de tant de généreux pionniers, qui peut affirmer que notre histoire n'aurait pas pris un autre cours? Imaginons l'extension de notre commerce, un si vaste débouché ouvert à notre activité, des milliers de Français trouvant dans ces contrées lointaines l'emploi de leur ardeur au lieu de la gaspiller dans des compétitions stériles, faisant souche de cultivateurs riches et libres au lieu de languir dans l'ombre des bureaux et dans la fièvre des luttes mesquines, peuplant un nouveau monde au lieu de procréer dans les miasmes de Paris des rejetons rares et chétifs. Que de révolutions nous eussions peut-être évitées! Que de richesses matérielles et morales nous avons certainement perdues!

Sans essayer de soulever le voile de l'avenir, sans chercher ici de quels lendemains nous menacent nos dernières défaites, contemplons la destinée d'un peuple vaincu. On connaît à peine le nom des batailles qui ont à plusieurs reprises livré l'Irlande aux Anglais. La dernière seule, celle de la Boyne, tient quelque place dans l'histoire, parce que c'était un épisode d'une lutte européenne. Ce qu'on sait, c'est que depuis des siècles il y a sans cesse dans l'Ile-Sœur des millions de misérables, et de temps en temps des affamés par centaines de mille. Si le voyageur qui parcourt avec pitié cette belle contrée attristée par l'homme, ces villes où fourmillent les mendiants en haillons, ces campagnes semées de chaumières immondes, peuplées de mangeurs de pommes de terre à qui la pomme de terre fait souvent défaut, si ce voyageur remontait à la source du fleuve fangeux qu'il regarde couler, il verrait des Celtes qui se querellent au lieu de défendre la patrie en danger, des roitelets jaloux ou indolents qui refusent ou négligent de se concerter contre l'envahisseur, des chefs incapables qui livrent bataille au hasard, sans réflexion ni prudence, et des soldats frappés d'une panique folle, qui s'enfuient pour sauver leur vie, sans songer à la vie que leurs fautes sans nombre et leur frayeur d'un instant préparent à leurs fils, à leurs petits-fils, à leurs arrière-petits-fils, jusqu'à la trentième génération et au-delà.

Ces guerres de conquête appartiennent au passé; on ne verra plus rien de pareil. En sommes-nous bien sûrs? De combien d'années date le dernier partage de la Pologne? Connaît-on l'histoire de la Circassie, et les effroyables détails de l'exode récent de ce peuple? Sur toutes les routes, sur tous les sentiers de l'empire ottoman, on peut encore trouver les os des compagnons de Schamyl, les os de leurs femmes et de leurs enfants. Et parmi ceux qui n'émigrèrent pas en Turquie, combien furent transportés dans les provinces intérieures de la Russie, pour y périr promptement de faim et de misère?

Il est vrai que les nations civilisées ne se croient plus le droit d'être si barbares que quand elles ont affaire à ceux qu'elles appellent des barbares. Mais on découvrira peut-être que la vraie barbarie, c'est la faiblesse, et que la victoire, étant la marque d'une grande supériorité intellectuelle et morale, donne à qui l'obtient le droit de considérer son adversaire abattu comme un être d'une espèce inférieure. Il nous semble que cette théorie a des chances de fortune en Allemagne. Elle dérive naturellement d'une philosophie qui montre dans la lutte pour l'existence et dans l'élimination des vaincus les conditions du progrès.

L'enjeu de la guerre s'est donc beaucoup accru ; il s'accroîtra encore à mesure que les peuples se trouveront plus serrés les uns contre les autres, plus gênés par la petitesse du globe. Il n'est pas de gouvernement, il n'est peut-être pas de nation qui ne sente le péril, bien que peu de gens le mesurent. De là cette émulation d'armements, qui fait de la paix même une lutte si onéreuse. De là le service universel. L'état militaire a d'abord été une vocation, puis une charge limitée à ceux que le sort atteignait. Le fardeau est devenu plus égal, sans devenir léger. On le répartit mieux ; on ne l'a pas encore rendu aisé à porter.

C'est la Prusse qui a donné l'exemple, qui a fait une institution durable de ce qui jusque-là n'avait été qu'une nécessité passagère. Elle s'est ainsi assuré l'avantage de n'avoir que des guerres nationales, et cet avantage était immense. Les succès de Frédéric II furent le miracle du génie. Les succès de Guillaume Ier n'ont rien de prodigieux ; c'est la récompense longuement attendue d'un calcul exact et d'un labeur patient. On sait que la réforme militaire qui s'est accomplie en Prusse au lendemain d'Iéna est due en partie à Napoléon Ier. En interdisant aux vaincus l'entretien d'une armée nombreuse, il leur suggéra l'idée de faire passer rapidement toute la jeunesse sous les drapeaux. Ne pouvant plus avoir une grande armée, la cour de Berlin militarisa la nation, qui s'y prêta volontiers, parce qu'elle se sentait à la fois humiliée, opprimée et menacée par surcroît d'une oppression encore plus pesante. Après Napoléon, c'est à Scharnhorst que l'Europe doit cette innovation, et Scharnhorst lui-même était l'élève du prince de Lippe, un petit souverain et un excellent général du XVIIIe siècle, qui fit dans ses modestes États l'essai obscur d'une des plus grandes et des plus terribles révolutions qu'ait subies l'humanité.

Pour que la réforme réussît, et fût poussée jusqu'au bout, pour que l'œuvre entreprise en 1808 fût continuée jusqu'à nos jours, il fallait un gouvernement solide, constant dans ses vues, économe dans la pratique ; il fallait un peuple docile, à la fois énergique et résigné, éprouvé par d'affreux malheurs, bientôt ranimé par de brillants succès, capable de se prêter à de grands desseins et de faire de grands efforts sans s'en vanter avant l'heure. La Prusse a travaillé sourdement à conquérir le premier rang ; elle n'a pas cherché à faire peur avant de frapper un coup décisif ; admirable exemple d'un orgueil qui sait se contenir tant que la prudence l'exige, et qui ne s'étale que quand ses débordements intimident plus qu'ils n'avertissent.

L'exemple une fois donné, il faut bien que tout le monde le suive. Dans cette Europe où tous les peuples sont à peu près égaux par le cœur, le nombre est une chance que nul ne peut négliger. Grâce à l'obligation universelle, ce ne sont plus des armées qui sont en présence, ce sont des nations. Toutes les classes de la société, toutes les portions du territoire sont également intéressées dans la partie ; chaque famille craint pour son chef ou pour ses rejetons les plus florissants. La guerre devient ainsi un fléau bien plus terrible que naguère. Est-elle pour cela un fléau plus facile à éviter? On parle de la paix avec plus d'amour, mais avec un amour plein d'anxiété. Cette préparation continuelle donne aux gouvernements et aux peuples une sorte de vertige; la guerre finit par fasciner ceux qui ne cessent d'y penser.

Nous parlerons plus loin des motifs particuliers qui nous doivent tenir en éveil. Mais, sans entrer dans le détail, nous remarquons que les guerres nationales, pour être les plus coûteuses, ne sont pas les plus rares. Nous ne voyons pas qu'au temps où les armes étaient une carrière même pour les simples soldats, l'opinion publique fût plus excitable. On ne forçait guère la main à nos rois. Les souverains absolus, quand ils se prenaient de querelle, apparaissaient comme les instruments du courroux divin. Aujourd'hui ce sont les peuples mêmes qui se provoquent, mais aussi ce sont les peuples mêmes qui se haïssent, qui se redoutent, qui se gardent rancune. En prenant à tant d'égards la place des rois, des grands, des ministres, de l'aristocratie, ils en ont pris les passions et les faiblesses; ils ont souvent, avec autant de promptitude à la colère, avec autant d'orgueil et d'envie, moins de lumières, une vue moins nette du péril. Ils ont moins le sentiment de la responsabilité, car dans les foules chacun est responsable, et nul ne croit l'être. Le progrès de la démocratie et l'intervention chaque jour plus impérieuse de l'opinion dans le gouvernement ne sont donc pas des garanties de paix. Le service obligatoire ne saurait nous rassurer. Ce qui est vrai, c'est que maintenant, quand on a peur, on a plus peur, parce que tout le monde est menacé. Mais on hait plus fortement. Les courants deviennent plus irrésistibles, non plus constants. La démocratie d'Athènes, au temps de sa splendeur, était plus prompte que l'aristocratie lacédémonienne à courir aux armes.

Les modernes conquêtes de la civilisation ont précisément pour effet de rendre dans certains cas les déclarations de guerre plus faciles. Rappelons-nous ce qui s'est passé sous nos yeux en 1870 : Louis XIV, dans l'ivresse de sa toute-puissance, n'aurait pas jeté si légèrement les dés. Un bruit se répand soudain, et d'un bout du pays à l'autre court un frisson de colère. Sous l'ancien régime, les cours en présence auraient échangé des notes diplomatiques ; on se serait expliqué à loisir ; les courriers de cabinet, allant et venant avec une heureuse lenteur, auraient donné le temps de réfléchir. Bien des passions alors se calmaient entre deux messages. On y regardait à deux fois avant de se croire et de se dire prêt. D'ailleurs tout se débattait à huis-clos, et les hommes d'État n'étaient pas échauffés par la présence et les cris d'une multitude frémissante. De nos jours, dès que la rumeur fatale a circulé, tout le monde s'en empare, la répète, la commente, l'envenime ; l'opposition interroge le gouvernement, prête à l'accuser de faiblesse s'il se montre prudent, d'arrogance s'il se montre ferme. Un ministre des affaires étrangères lance une déclaration sous le feu de ses adversaires, et déjà grisé par cette atmosphère de la tribune qui monte au cerveau comme l'odeur de la poudre. Aussitôt la presse se jette sur le sujet qu'on livre à ses discussions. La presse enfle tout ; elle agrandit les passions ; elle change l'inquiétude en panique, le mécontentement en fureur, la confiance en témérité, l'impatience en frénésie. Elle peut rendre impossible une guerre nécessaire, et inévitable une guerre absurde. Cette puissance moderne, qui fait tant de bien et tant de mal, grossit les courants de l'opinion publique par une sorte de crue qui emporte tout. Elle joue le rôle des prédicateurs de la Ligue, des clubs de 93, des démagogues de l'ancienne Grèce. Quand elle ne dissipe pas une erreur, elle en fait un dogme. Quand elle ne calme pas une tempête, elle en fait une trombe. Si la presse est disciplinée et asservie, comme en Allemagne, elle permet à qui la mène de donner à un peuple une fièvre qui, pour être artificielle, n'en est pas moins chaude. Quand elle est libre et divisée, elle peut exciter entre les partis une émulation qui les oblige à enchérir l'un sur l'autre dans le sens de la folie du jour. En Angleterre, si la presse ministérielle est belliqueuse, il est à peu près sûr que la presse opposante sera pacifique ou réciproquement. En France, s'il souffle un vent de chauvinisme, l'opposition de plume et de parole poussera le gouvernement à l'heure où il faudrait qu'elle le contînt, sauf à le blâmer quand il aura commis des fautes irréparables, quand il se sera trop avancé pour reculer.

Qu'on ne vienne pas nous dire que c'est la nation, que c'est le Parlement, et non le pouvoir exécutif, qui décide de la paix et de la guerre. Cela est bon quand il s'agit de conquérir le Tonkin ou d'attaquer les Albanais. Mais entre deux grandes puissances voisines, jalouses, toujours inquiètes, la partie peut être engagée, la paix irrévocablement compromise, avant que les Chambres aient eu le loisir de délibérer.

La presse fait peut-être moins de mal que le télégraphe. Le télégraphe semble avoir été inventé pour supprimer la réflexion et pour abolir la prudence. Aux circonlocutions polies et aux discussions verbeuses qui faisaient la.gloire de la diplomatie ancienne, il.substitue les assertions nettes, les interrogations brèves, les réponses tranchantes. Le style des vieilles chancelleries était ouaté et capitonné : le style des télégrammes est sec et dur comme le métal ; les dépêches sonnent comme deux lames. qui se croisent. Les malentendus sont plus fréquents et plus funestes; les esprits s'aigrissent en quelques heures. Au siècle dernier, un courrier portait à petites journées une demande d'explications; maintenant le fil électrique, conducteur de la foudre, porte et rapporte des défis.

Ce qui aggrave le mal, c'est qu'on est persuadé, peut-être à tort, que l'offensive est fort avantageuse. On craint d'être surpris, et l'on sautera étourdiment dans la lice pour n'y être pas devancé. Il est vrai qu'en 1866 et en 1870 celui qui a porté les premiers coups a eu sur-le-champ le dessus; rien ne prouve que ce soit là une règle sûre. Mais, tant que la nation entière sera la réserve de l'armée, le moindre bruit de guerre rendra obligatoires des préparatifs immenses et précipités qui ne laisseront guère de place au repentir. On ne met pas deux grands peuples en l'air pour continuer à échanger de graves arguments ; on s'explique mal après un tel branle-bas.

Nous n'entendons point par là excuser des fautes dont l'énormité ne souffre pas de circonstances atténuantes. Un gouvernement n'a pas le droit de se croire prêt quand il ne l'est pas, ni de faire une folie sous prétexte que le pays le laisse aller ou même le pousse en avant. Ce qui importe, c'est qu'on sache bien que l'abréviation des distances et des temps, résultat de la civilisation moderne, expose à des orages plus vite formés, auxquels on échappe plus ma-

laisément. Le climat politique est devenu, de tempéré,
tropical.

Le caractère national des guerres contemporaines
rend le vainqueur plus exigeant et le vaincu plus responsable, au moins en apparence. Lors du traité
d'Aix-la-Chapelle, Louis XV dit qu'il voulait faire la
paix en roi, non en marchand. Ce mot a pris rang
dans l'histoire ; dans notre enfance, on nous le donnait encore à admirer. Mais c'est le propos d'un
prince qui tient peu de compte de ce que la guerre
a coûté à ses sujets. C'est le désintéressement d'un
joueur d'échecs qui n'aurait sacrifié, pour gagner la
partie, que des pions et des pièces en bois. Aujourd'hui les peuples n'entendent pas se payer de gloire ;
ils veulent infliger une peine, et recevoir un dédommagement. M. de Bismarck, quand on essayait, il y a dix
ans, d'éveiller en lui quelques sentiments généreux,
se retranchait derrière la colère de ses concitoyens. Il
disait vrai, quoiqu'il n'eût pas besoin d'avoir la main
forcée. Comme nul ne croira jamais avoir fait une
guerre injuste, le vainqueur se prendra toujours pour
un justicier, croira toujours dicter la paix du haut
d'un tribunal. Le condamné ne sera plus un homme
qu'on humilie, un gouvernement qu'on renverse,
mais une nation qu'il faut mutiler, rançonner, pressurer, pour qu'elle pâtisse, pour qu'elle sente jusque
dans ses moelles la verge qui la châtie.

CHAPITRE III

Puisque l'enjeu de la guerre s'est accru, il faut se préparer plus sérieusement que jadis, sous les peines les plus terribles. Mais cette nécessité dérive des conditions de la guerre moderne autant que des périls de la défaite.

Autrefois chacun des belligérants, en cas d'insuccès, avait du temps et beaucoup de réserves. Autrefois le vainqueur avançait lentement. Le plus souvent une victoire ne procurait que la liberté de faire un siège. Une petite ville bien fortifiée était le prix d'une campagne heureuse. La prise de Namur suffisait à la gloire d'une année, et offrait aux poètes lyriques une matière qu'ils jugeaient riche. Nos rois ont bien des fois tiré l'épée; ils ont, par eux-mêmes ou par leurs lieutenants, subi bien des défaites. Cependant nous n'avons presque jamais été envahis, sauf dans nos luttes contre les Anglais. Pendant plus d'un demi-siècle, on vit toute une série d'armées françaises s'aller perdre en Italie, sans que notre pays en souffrît beaucoup. Les règnes de Louis XII, de François Ier et d'Henri II furent peut-être les plus prospères de notre histoire monarchique. Quand on ne lit que le récit des guerres d'Italie, on est tenté de croire que la France devait être épuisée; mais ces milliers de combattants que nous enlevait de l'autre côté des Alpes le fer ou la fièvre, étaient en grande partie des Allemands, reîtres et lansquenets, des Suisses, des aventuriers italiens. Notre noblesse seule se prodiguait; le corps de la nation ne subissait point de saignée douloureuse ou accablante; il ne souffrait que de l'accroissement des impôts. Encore une favorite coûtait-elle plus cher qu'une campagne.

Aussi nos pères étaient-ils peu émus des dangers que les désastres extérieurs faisaient courir à leur pays. L'équilibre européen pouvait être gravement dérangé sans que les Français, sauf peut-être un petit nombre d'hommes d'État, fussent en proie à l'inquiétude. Les guerres de l'ancienne monarchie n'ont pas laissé de souvenirs populaires. Les défaites ont été vite perdues de vue. La nation n'a pas gardé l'impression d'une de ces catastrophes qui auraient dû, à ce qu'il semble, marquer leur empreinte sur l'esprit français. Si l'on a si aisément oublié, c'est que le coup n'avait pas été rude. Nos manuels d'histoire, tout pleins de victoires et de revers, répondent sans doute bien mal à la vie réelle des générations qui ont passé à côté de ces grands évènements avec une sérénité voisine de l'indifférence.

Les gouvernants eux-mêmes, s'ils faisaient des calculs à longue échéance, ne mettaient cependant pas l'organisation de l'armée au premier rang de leurs soucis. En temps de paix, les rois étaient bien plus occupés d'étendre leur autorité, d'étouffer la résistance de la noblesse ou des Parlements, et surtout de remplir leurs coffres toujours vides. La question financière tient dans notre histoire une plus large place que la question militaire; nous connaissons mieux le nom

des surintendants que celui des secrétaires d'État à
la guerre. Louvois est une glorieuse exception, mais
c'est une exception. Il y eut pourtant un moment,
après les hontes inouïes de la guerre de Sept Ans, où
les idées de réforme qui nous possèdent aujourd'hui
travaillèrent chez nous les esprits éclairés, car il était
dans la destinée de la France et de la Prusse de se
punir et de se réveiller l'une l'autre de leur torpeur
alternative. Hâtons-nous de dire que cet effort est
sorti de notre mémoire. Nous ne voyons dans les
années qui ont précédé la Révolution que ce qui a
préparé la Révolution. M. de Guibert a mieux échappé
à l'oubli par les lettres de Mlle de Lespinasse que par
un traité de tactique, qui, cependant, fut un titre plus
sérieux à l'attention de la postérité, si nous en croyons
les juges compétents. Si cet élan patriotique de la fin
du règne de Louis XV et des premiers temps de
Louis XVI a laissé si peu de traces dans les esprits,
c'est qu'il était inspiré par le désir de venger de grandes humiliations, non par le besoin d'écarter de grands
périls.

On avait jadis tant de ressources, même dans la
défaite ! Assurément la France était bien moins peuplée
sous Louis XIII que de nos jours. Mais, lorsqu'on mettait en ligne des armées de vingt ou trente mille hommes; on pouvait en refaire une dizaine avant que la
matière manquât. Comme l'ennemi occupait peu de
terrain, le recrutement n'était jamais entravé par lui.
La multiplicité des sièges, la lenteur des opérations, la
difficulté des approvisionnements, faisaient perdre au
vainqueur plus de monde par les maladies que par le
feu, de sorte que le vainqueur fondait pendant que le
vaincu se relevait. D'ailleurs celui-ci pouvait, en un
besoin extrême, changer le caractère de la lutte, la ren-

dre tout à coup nationale par un appel éloquent au sentiment populaire. Trois fois les Espagnols, en prenant Saint-Quentin sous Henri II, Amiens sous Henri IV, Corbie sous Louis XIII, semblèrent s'ouvrir la route de la capitale, et jetèrent l'alarme dans Paris; trois fois ils s'arrêtèrent comme effrayés de leur succès. Avaient-ils aperçu, derrière les armées dispersées et les remparts abattus, l'ombre menaçante d'un adversaire alors invincible, le peuple se levant contre l'envahisseur? La Fronde qui nous désarmait ne nous fit perdre qu'une partie de nos conquêtes. La guerre de la succession d'Espagne ne fut pendant sept ou huit ans qu'un long enchaînement de désastres. Mais les Pays-Bas espagnols, une bande de terrain qu'aujourd'hui l'on franchirait en trois jours, occupèrent les alliés et amortirent la fougue d'Eugène et de Marlborough. Sous Louis XV, tant de honteuses défaites laissèrent intact notre territoire européen. Même après les revers qui marquèrent l'année 1793, malgré la guerre civile, la Convention fit tête, et se mit en mesure de reprendre l'offensive.

Depuis Napoléon, les choses ont bien changé. Seuls avant lui les Suédois, Gustave-Adolphe et ses lieutenants, puis Charles XII, avaient eu cette promptitude et cette ardeur à courir sur les capitales ennemies, comme l'oiseau de proie qui saute aux yeux de sa victime. Ils avaient en somme assez mal réussi. La prudence exigeait qu'on cheminât pas à pas. Les routes étaient mauvaises, les approvisionnements difficiles; on n'avait pas assez de réserves pour garder ses communications. Les petites armées d'autrefois, dès qu'elles poussaient une pointe un peu hardie, se sentaient perdues en pays hostile; un soulèvement sur leurs derrières, une surprise de cavalerie, pouvait les couper et les compromettre ; une mauvaise saison les ruinait.

Bonaparte inaugura l'ère des invasions à fond. Ses troupes étaient nombreuses et ses victoires complètes. Il ne laissait pas respirer ses vaincus ; il avait assez de réserves pour assurer au besoin une retraite d'ailleurs peu probable. Il n'eût cependant pas entièrement bouleversé les conditions de la guerre, si les armées n'étaient devenues bien plus considérables, . car le génie ne se transmet pas aux imitateurs. Mais il y a maintenant bien moins de forteresses. Comme il est aisé désormais, grâce à la portée des canons, de bombarder les villes sans travaux d'approche, toute place qui n'est pas très-solide n'est qu'une souricière. L'assaillant peut avancer plus vite, investir ou masquer le petit nombre de points dont il n'est pas maître, et se répandre comme un déluge. Les populations sont presque partout trop riches et trop denses, et les communications trop faciles, pour qu'il soit possible de faire le désert devant un conquérant, pour qu'on ose seulement l'essayer. Ainsi au XVIIIe siècle la partie se jouait en détail, et le perdant pouvait demander dix fois sa revanche : dans la seconde moitié du XIXe siècle on est assommé d'un coup, et l'on peut n'avoir pas une seule revanche à tenter.

Tout contribue à prouver la nécessité d'une préparation plus complète. La guerre se fait plus vite ; elle se déclare aussi plus vite, et s'engage sans retard. Dans l'antiquité, les Athéniens et les Thébains prenaient les armes et marchaient à l'ennemi en quelques heures ; il le fallait bien, car une armée thébaine pouvait être en quelques heures aux portes d'Athènes, et réciproquement. Les Romains des premiers temps de la République formaient un peuple de soldats toujours prêts à quitter au premier signal le Forum ou la charrue; car les Sabins ou les Étrusques, les Samnites ou les Volsques descendaient de leurs montagnes ou sortaient de leurs cités avec la soudaineté d'un orage. Nous sommes presque revenus à la condition des anciens. Grâce à la vapeur et à l'électricité, grâce à la centralisation du pouvoir et à l'organisation des forces militaires, nos grands États se touchent sans être séparés comme il y a cent ans par ces lignes de forteresses qui amortissaient tous les chocs. Il y a encore des forteresses, mais on les tourne si vite! Un peuple peut maintenant se jeter sur un peuple comme un homme se jette sur un homme, et le prendre à la gorge.

Ces masses armées, qui dépassent les hordes d'Attila et de Gengis-Khan, ont besoin d'une stricte discipline, comme ces machines immenses, chefs-d'œuvre de l'industrie moderne, dont toutes les pièces sont ajustées avec tant de précision, maintenues avec tant de force, géants qu'un nain conduit d'un doigt, mais chez qui le moindre faux mouvement produit sur-le-champ ou la paralysie ou l'explosion. Il importe que les gouvernements aient un corps d'officiers pour encadrer cette multitude, que chaque recrue ait sa place marquée d'avance, que la mobilisation se fasse avec une promptitude extrême et un ordre parfait. La machine doit se mettre en branle sans retard, et rouler sans frottement, bien qu'on ne puisse la faire manœuvrer d'avance, sinon dans quelques-uns de ses rouages, et dans des conditions qui répondent mal aux nécessités de l'action réelle. Et quels magasins pour armer, équiper, approvisionner cette foule! Dix légions romaines entrant en campagne exigeaient moins de matériel qu'une seule division française. Il était plus facile de fabriquer des arcs ou des balles de fronde que des cartouches à percussion centrale, et une pique est plus vite forgée qu'un chassepot.

Si la préparation de la guerre est aujourd'hui plus nécessaire et plus compliquée, elle doit aussi être plus générale. Quand on ne mettait aux prises que des armées, il suffisait de préparer des armées. Maintenant il faut préparer la nation. Nous ne parlons pas seulement des services accessoires, inconnus à nos pères, comme les chemins de fer qui doivent hâter la mobilisation, faciliter l'entrée en campagne ou la résistance à une invasion, permettre un changement de front, un mouvement tournant, une prompte retraite sur un camp retranché ou sur une ligne de défense. Nous ne parlons pas des télégraphes, du service médical, des fournitures de vivres, du recrutement animal de la cavalerie, de l'artillerie, du train. Nous parlons de la préparation intellectuelle et morale autant que technique des hommes appelés à combattre, c'est-à-dire de toute la portion virile de la nation.

Il suffisait aux gouvernements d'autrefois que les militaires de profession fussent instruits, exercés et entraînés. Le reste de la population importait peu. On avait toujours le loisir d'enlever un homme à la charrue, par la persuasion ou la force, et d'en faire un soldat. Sous le drapeau il prenait l'esprit de corps; on lui inculquait assez vite les habitudes et les connaissances dont il avait besoin pour faire son devoir. D'ailleurs on ne soupçonnait pas que l'éducation de la jeunesse et la direction donnée à l'esprit public eussent grande influence sur la fortune des armes et sur la destinée du pays. Si Louis XIV faisait chanter sa gloire, c'est qu'il aimait l'encens; il ne pensait pas que les chefs-d'œuvre de la littérature officielle fussent

des engins de guerre. L'épître de Boileau sur le passage du Rhin ne ressemble pas plus aux *Élégies* de
Tyrtée ou aux *Perses* d'Eschyle par le but que par la
forme. Dans le concert de louanges qui retentissait
sans cesse autour du Roi-Soleil, on ne trouve pas une
note qui eût pour objet d'éveiller un sentiment belliqueux ou patriotique dans l'âme d'un soldat ou d'un
paysan.

Hier encore on voyait dans les recrues une matière
informe, que le caporal instructeur devait dégrossir
et façonner. On ne s'inquiétait point des sentiments
que le futur grenadier apportait dans la caserne :
pourvu qu'il fût docile, le reste regardait ses chefs.
La vie militaire et la vie civile étaient séparées par un
large fossé ; on ne passait pas alternativement de
l'une à l'autre ; on ne s'exerçait pas dans l'une à remplir les devoirs de l'autre. La guerre était un métier
pour le soldat plus que pour l'officier, qui pouvait être
un homme de cour, et qui habitait Paris ou Versailles dans l'intervalle des combats. Le sergent La Ramée
était toujours sergent et toujours La Ramée ; le duc de
Saint-Simon n'était colonel que pendant la campagne ; dès que son régiment était rentré dans ses quar-
tiers, il regagnait son poste d'observateur, et prenait
des notes sur ses contemporains, ou briguait l'honneur
de tenir le bougeoir au coucher du roi.

Le service obligatoire a comblé le fossé. Tout citoyen valide est doublé d'un soldat ; tout soldat est
appelé à rentrer prochainement dans la vie civile,
pour en sortir soudain si la patrie a besoin de son
bras. De là, la nécessité d'un entraînement universel
et périodique. Un bon ministre de la guerre doit savoir ce que valent, non-seulement les hommes actuel-
lement entretenus sous les drapeaux, mais aussi ceux

qui labourent la terre, ceux qui travaillent dans les usines, ceux qui sont assis derrière un comptoir. Il est probable qu'on ne s'arrêtera pas au point où l'on est arrivé, qu'on apercevra de mieux en mieux les rapports étroits qui lient un bon système d'éducation publique à un bon système de défense nationale. A cet égard, les anciens nous ont laissé des exemples dont il y a peut-être à profiter. Sparte, il est vrai, était trop exclusivement dominée par des préoccupations belliqueuses ; mais les Athéniens, qui ne passent point pour avoir donné dans le même excès, élevaient cependant leurs fils en vue de leurs futures obligations militaires. Il en était de même à Rome. On s'étonnera un jour que chez les peuples modernes les maîtres de l'enfance aient tenu si peu de compte des devoirs de la jeunesse.

Dans un siècle où l'on ne peut faire la guerre sans pousser sous les drapeaux tout ce qu'il y a de robuste dans la population virile, dans un siècle où l'instruction militaire, étant universelle, doit être rapide pour n'être pas ruineuse, les gouvernements accorderont une large part de leur attention à l'hygiène des corps et à l'hygiène des âmes. Montesquieu disait que la vertu est le ressort des gouvernements républicains. On dira et on prouvera qu'elle est le ressort d'une organisation militaire qui embrasse toute la nation. Quand un peuple devient une armée, un pays devient un camp ; l'idée du devoir s'élargit et se transforme. « Il faut faire non des bacheliers, mais des hommes, » s'écriait un ministre aux applaudissements de tout le pays. Mais qu'est-ce qu'un homme ? Un travailleur, un citoyen et un soldat.

LIVRE II

L'INVASION GERMANIQUE

LIVRE II

L'INVASION GERMANIQUE

CHAPITRE PREMIER

ROMAINS ET GERMAINS

Les Germains font irruption dans l'histoire la framée à la main. Leur première apparition est un débordement. Un instinct irrésistible les a toujours poussés vers les pays où le soleil est plus chaud et la terre plus grasse, vers les pays où croît la vigne. Ceux de nos concitoyens qui se consolent de tout avec des phrases, compareront nos voisins du nord-est à des animaux de proie. Il ne faut pas médire des animaux de proie; ne l'est pas qui veut. Si un Dieu présidait à la transmigration des âmes, s'il demandait à l'agneau qui meurt sous les dents du loup, à la colombe qui se débat entre les serres de l'épervier, sous quelle forme il leur plaît de renaître, l'agneau aimerait mieux être loup, et la colombe, épervier, que de revenir au monde du côté de ceux qu'on mange.

D'ailleurs les Gaulois et les Germains ne forment pas deux espèces différentes. Ce sont deux rameaux de la race aryenne. Les Gaulois sont arrivés les premiers

en Occident; ils ont pris possession de la meilleure
terre; c'est la bonté de la terre qui les a fixés, qui les
a adoucis lentement. Entre Brennus et Arioviste, la
différence est petite. Nos pères étaient blonds. Ils ai-
maient les aventures, la guerre et le butin; ils ont envahi l'Espagne, l'Italie, la Bretagne, même les vallées
de l'Elbe et du Danube, où ils s'établirent sans doute
aux dépens de quelques peuplades primitives, dont
l'archéologie préhistorique nous fera le portrait. Ils
ont pillé Rome et Delphes, et ravagé l'Asie-Mineure.
On ne voit pas que la civilisation de Rome et de la
Grèce leur ait inspiré beaucoup de respect. Quand ils
se sentaient trop nombreux, quand ils trouvaient leur
pays trop froid, quand ils éprouvaient le besoin de se
distraire, ils allaient demander à leurs voisins des
terres, et le reste. L'invasion des Gaulois n'a rien à
envier à celle des Teutons et des Cimbres.

Nous sommes entrés les premiers dans le monde civilisé; mais nous y sommes entrés par la porte basse,
en vaincus et presque en esclaves. César n'est pas un
apôtre; ce n'est pas par des discours qu'il nous con-
vertit. Si l'introduction des mœurs romaines dans
notre pays fut un bienfait, ce fut un bienfait chèrement
acheté. Nous eûmes à supporter toutes les douleurs
et toutes les humiliations de la conquête. Puis vint la
décadence graduelle, tantôt lente et tantôt rapide,
par laquelle tous les peuples soumis à Rome payaient
la paix qu'elle leur donnait. Ces fiers Gaulois, qui
avaient menacé le monde, et qui jadis ne craignaient
que la chute du ciel, devinrent incapables de se défendre. Ils ne passaient plus la mer et les montagnes
en quête d'aventures, mais la Gaule se dépeuplait.
La ruche n'envoyait plus d'essaim; elle se vidait. La
barbarie avait été féconde; la civilisation était stérile.

Les cœurs et les corps étaient également atteints. On n'admettait même plus l'idée de se sauver soi-même, de vivre sans maîtres. L'empire se retirant, Clovis, avec une poignée de Francs, poussa devant lui jusqu'à ce qu'il heurtât d'autres Germains. Quelques siècles avaient changé la plus belliqueuse des nations en un faible troupeau, à qui il fallait des chiens pour le garder des loups, ces chiens fussent-ils eux-mêmes un peu loups.

Quand les Allemands d'aujourd'hui comparent leurs ancêtres aux nôtres, ils se gonflent d'orgueil. Nos historiens patriotes répondraient volontiers par la satire de la barbarie et le panégyrique de la civilisation. Sachons pourtant l'avouer : en ce qui regarde les premiers siècles de notre ère, les Allemands ont raison. Il valait mieux être un demi-sauvage, vêtu de peaux, buvant l'hydromel dans une hutte enfumée, mais libre, mais fier, mais brave, qu'un élégant sénateur romain, tremblant de peur au milieu de ses esclaves, esclave lui-même, hier d'un proconsul, demain d'un Goth. Ces Gaulois dégénérés, habiles rhéteurs, poètes raffinés et médiocres, qui consultaient leurs évêques sur le choix de leurs maîtres, et qui se demandaient seulement s'ils porteraient les clefs de leur ville aux Francs idolâtres ou aux Visigoths ariens, ce sont peut-être nos aïeux, mais ce ne sont pas des aïeux dont nous ayons à nous vanter.

Les Germains firent donc ce qu'avaient fait les Gaulois, mais ils le firent plus tard et plus longtemps : ils envahirent les pays voisins. L'histoire des invasions germaniques va des Cimbres et des Teutons à Charlemagne. Les Cimbres et les Teutons, redoutables éclaireurs d'une armée qui devait mettre tant de siècles à forcer la barrière, furent, dit-on, chassés de leurs demeures par un débordement de la Baltique. Cette excuse en vaut bien une autre, s'il faut une excuse en pareil cas. Ils remportèrent de grands succès, mais ils devaient mal finir. Eussent-ils pris Rome, ils n'auraient pas plus que les Gaulois du temps de Manlius résisté à la fois au ciel de l'Italie et au fer des Italiens. Le vieux monde n'était pas encore gâté.

Quelques années après Marius, César trouva encore les Germains en marche; mais il alla les chercher plus loin. Il détruisit la bande d'Arioviste, qui était entré en Gaule appelé par des Gaulois; il extermina les Usipiens et les Tenctères, qui arrivaient par le Nord; il passa le Rhin et prit l'offensive. Les victoires de César marquent un temps d'arrêt dans l'invasion. Pendant un ou deux siècles, les rôles semblent changés : ce sont les Germains qui défendent leur indépendance. Sous Auguste, ils se firent encore craindre dans la vallée du Danube, et faillirent percer les Alpes Orientales; puis, jusqu'à Marc-Aurèle, ils luttèrent surtout pour leur propre liberté, presque toujours sur leur propre territoire. Drusus était un conquérant, Varus un proconsul. Cependant Rome renonça à l'offensive, se bornant à garder ses frontières. Elle avait atteint la limite de sa force expansive. Pour en finir avec la résistance des Germains, il eût fallu augmenter le chiffre des légions, envoyer des colonies sur un sol ingrat, sous un climat trop rude; il eût fallu plus de persévérance que n'en pouvait obtenir une entreprise désapprouvée par Auguste et par Tibère. On laissa donc les Barbares du Nord à eux-mêmes; on se contenta de punir leurs agressions, et de souhaiter qu'ils fussent toujours divisés; leur union faisait peur.

Tacite exprime et justifie ce vœu et cette inquiétude. Ce grand homme vit l'empire au comble de sa puissance : il fut consul sous Trajan. La Germanie, dont on parlait comme d'une vaste contrée, était peu de chose au prix des immenses domaines de la Ville éternelle. Telle province soumise à la paix romaine, la Gaule ou l'Espagne, égalait la Germanie par l'étendue, la dépassait par la population et par la richesse. Que pouvait craindre la civilisation, ayant à la fois pour elle l'ordre et le nombre? Pourtant ce génie clairvoyant signala le péril. Les prévisions mélancoliques que Tacite laissait échapper n'étaient pas tout à fait un paradoxe, même de son temps. Rome doutait déjà d'elle-même; elle se sentait vieillir; la conscience de ses vices lui révélait la force de ses ennemis. Mais ce n'était encore qu'une crainte vague. L'historien des Césars, si pénétrant qu'il soit, n'est pas un Jérémie. Chez les peuples les plus présomptueux, on entrevoit l'avenir, on le devine à demi longtemps avant d'y croire; le sort avertit sans éclairer; il y a des présages qui passent presque inaperçus, remarqués seulement de quelques esprits profonds, et aussi de quelques badauds, pessimistes par tempérament; la foule y reste indifférente. Plus tard seulement, quand l'orage a éclaté, quand on écrit sur des ruines la philosophie du désastre, ces signes précurseurs reviennent à la mémoire, et les avocats de la Providence se chargent une fois de plus de démontrer que, dans ses plus terribles colères, elle n'a jamais volontairement trompé ni surpris personne.

C'est dans la *Germanie* de Tacite que les Allemands modernes vont chercher les titres de noblesse de leur race. Ils se fondent sur cette satire indirecte de la mollesse romaine pour exalter les vertus de leurs ancêtres. Ils trouvent dans cette peinture de la vie barbare le tableau d'une vie patriarcale et innocente;

ils en feraient volontiers une bucolique. D'autres, au contraire, qui ont pour cela leurs raisons, jurent que Tacite n'a dépeint qu'un amas de brigands. M. Guizot, qui enseignait l'histoire avec impartialité dans un temps où le souvenir de vingt-trois ans de guerre et de deux invasions n'avait laissé que peu d'amertume dans le cœur des Français (nous étions encore trop contents de nous), M. Guizot a établi, par de nombreuses et piquantes citations empruntées aux modernes voyageurs et missionnaires, que la plupart des traits signalés par les historiens de l'ancienne Germanie, marquent tout simplement l'état barbare et l'état sauvage ; les Sicambres ressemblaient fort aux Iroquois. Le meilleur commentaire de Tacite, ce sont les romans de Cooper.

Mais les Iroquois ont disparu ; les Sicambres ont donné à presque tous les peuples des rois et des nobles. Cette différence veut être expliquée. Il ne suffit pas de montrer que les naturels de l'Amérique devaient être détruits, comme ils l'ont été, par la poudre, le rhum et la petite-vérole, engins de guerre que l'antiquité n'a point connus. Sans doute les Romains n'avaient point sur leurs voisins l'avantage des armes à feu. Mais ne pouvaient-ils les corrompre et les empoisonner par le contact de leur civilisation, comme le contact de la nôtre corrompt et empoisonne tant de barbares modernes ? Il y avait donc chez les Germains un principe de résistance qui a manqué aux Mohicans. Une race ne parvient pas à dominer le monde pendant de longs siècles, si elle ne porte en elle de quoi justifier sa grandeur. Un succès d'un jour peut être dû à l'effort d'une heure de fièvre ; un succès durable n'est dû qu'à la vertu.

Oui, les Germains étaient vertueux, comme les Ro-

mains l'avaient été, non pas sans doute à la façon et
au gré des philosophes, des moralistes et des théologiens. Leur vertu n'avait rien de tendre ni de chrétien ; ce n'était ni l'amour de l'humanité, ni l'amour
de la justice, ni le culte pur et désintéressé de ce que
nous appelons le vrai, le beau et le bien; c'était quelque chose de dur et de fort, de farouche et de redoutable. Mais c'était de la vertu, du moins aux yeux de
l'historien, qui cherche les raisons des évènements,
qui n'a pas le droit de rapporter au hasard les grandes révolutions, et qui se fait un devoir de motiver les
arrêts du Destin.

La vertu, chez un être quel qu'il soit, c'est ce qui
lui permet d'atteindre la fin que lui marque la nature
ou la société. La vertu du cheval, c'est la docilité, la
vitesse ou la force; la vertu du chien, c'est la fidélité,
la vigilance, le courage, le flair. La vertu du législateur, c'est ce qui lui inspire de bonnes lois ; la vertu
du magistrat, c'est ce qui lui dicte des jugements con-
formes au droit. La vertu donne à chaque espèce, à
chaque variété, la victoire sur ses rivales. Si l'on con-
sidère le monde comme un champ de bataille que se
disputent les peuples, on admettra que les plus vertueux sont par définition ceux qui conservent et élar-
gissent leur domaine, ceux chez qui chaque génération
assure le développement des générations suivantes.

A ce point de vue, les deux vertus les plus précieuses
sont la fécondité et la bravoure ; la fécondité permet
de réparer les pertes, de lutter contre les causes acci-
dentelles ou permanentes de destruction ; la bravoure
permet de repousser les attaques et de prendre l'offensive. La fécondité sans la bravoure ne sert qu'à
perpétuer les races esclaves ; la bravoure sans la fécondité ne procure qu'une domination éphémère. Il va

sans dire que nous parlons d'une fécondité saine, d'une bravoure constante et enrôlée au service de la cause commune. A quoi bon faire pulluler des êtres chétifs? A quoi bon s'entretuer héroïquement?

L'homme peut enfermer ses désirs, ses ambitions, ses passions dans l'enceinte de sa propre vie ; il peut être égoïste, ne point se soucier de ce que deviendront ses enfants, les enfants de ses proches et de ses concitoyens. Il peut prévoir sans trouble que les fils des étrangers seront assis en maîtres à son foyer, posséderont la terre où il a vécu, que ses fils et ses neveux seront réduits à servir, à végéter ou à disparaître. A celui qui dit, tout haut ou tout bas : « Qu'importe le temps où je ne serai plus ! » on ne sait parfois que répondre. On ne le convaincra pas de son erreur ; on ne refera pas son éducation ; on n'éveillera pas dans son âme des sentiments dont la racine est desséchée. Tout au plus lui pourra-t-on demander s'il est bien sûr de ne pas moissonner lui-même ce qu'il aura semé. Mais l'historien, le philosophe, l'homme d'État, ont les yeux fixés sur l'avenir ; c'est pour l'avenir qu'on fait des lois, qu'on plante et qu'on bâtit ; c'est en vue de l'avenir qu'on élève les générations nouvelles. La politique et la morale voient, dans ce qui est, le germe de ce qui sera, dans le jour présent le résultat de la veille et la cause du lendemain. Elles visent au bonheur, non pas au bonheur de quelques-uns pendant quelque temps, mais au bonheur du plus grand nombre possible pendant le plus long temps possible. La morale subordonne les satisfactions personnelles et immédiates aux satisfactions durables et collectives; la politique subordonne l'intérêt des individus à l'intérêt de la nation, l'intérêt passager à l'intérêt permanent. L'homme est vertueux quand il connaît cette subordination et y conforme sa conduite.

Nous voilà bien loin d'Arminius et d'Alaric : le héros Chérusque, le conquérant Goth entreraient malaisément dans le cadre d'une définition qui convînt à notre siècle. Mais, dans la lutte pour l'existence, il n'est pas nécessaire d'être très-vertueux, il suffit d'être plus vertueux que ses compétiteurs. Sans doute les Germains ne raffinaient point sur le devoir. Ils n'avaient probablement aucune idée des droits de l'État. Leur patriotisme même était inconscient, capricieux, indiscipliné. Leurs passions étaient fougueuses ; ils se ruaient au plaisir avec furie. Ils avaient de violentes querelles d'homme à homme, de tribu à tribu, de sanglantes rivalités ; on peut, à la lumière de la pure morale et de la politique moderne, faire leur satire aussi bien que leur éloge. Mais ils gagnèrent la partie parce que chez eux les femmes étaient chastes et les hommes braves.

La domination romaine a dépeuplé l'ancien monde. Des colonnes d'Hercule aux rives de l'Euphrate, de la Clyde aux cataractes du Nil, cette grande machine pneumatique fait le vide pendant des siècles. Un amas de peuples est devenu un troupeau. La Gaule de Vercingétorix sera la proie de quelques milliers de barbares ; l'Espagne, qui a usé tant d'armées consulaires, se laissera prendre à qui voudra, Visigoths, Suèves, Vandales. Les plus forts d'entre eux, les Visigoths, n'ont pas su défendre la Gaule du sud contre Clovis ; une bataille les a rejetés de la Loire aux Pyrénées. L'Italie est presque déserte. La Grèce n'a plus que des bourgades. L'Égypte, cette fourmilière, se change en solitude ; Thèbes aux cent portes est la capitale des ermites. L'Illyrie et la Pannonie, qui furent pour Rome une réserve, ayant été conquises les dernières, seront occupées par des Slaves, et cela sans bruit et sans lutte; ils y entreront comme dans une maison abandonnée.

Cette dépopulation n'est pas la conséquence de l'invasion des barbares: elle en est la cause. Il n'y avait plus de soldats, parce qu'il n'y avait plus d'hommes. La domination romaine a étouffé dans l'humanité l'instinct de la conservation et l'instinct de la reproduction; elle a fait baisser le prix de la vie. Elle a suspendu les effets de cette loi universelle en vertu de laquelle toute espèce tend à multiplier. Elle a été pire que la peste et la famine. L'homme complet est citoyen, soldat et père. Rome a supprimé le citoyen; elle a fait du service militaire un métier qu'on fuyait; elle a dégouté ses sujets de la paternité. Attila fut dans la main de Dieu un marteau moins lourd.

Ce n'est pas que les empereurs aient mal gouverné de parti-pris, ni que leur tyrannie ait été si sanguinaire qu'on l'imagine, ni que les guerres civiles aient fait d'irréparables ravages. Mais les mœurs étaient corrompues; la famille se dissolvait, les caractères étaient amollis; sous la main du pouvoir absolu, l'homme dégénéré s'aplatissait. Il y a eu de plus cruelles oppressions; il n'y a jamais eu si peu de résistance. En outre, Rome, et c'est peut-être là son plus grand méfait, a concentré la vie dans les villles; elle a supprimé les campagnes. Ces monuments dont nous admirons les ruines pompeuses, ces temples, ces thermes, ces arcs-de-triomphe, ces amphithéâtres, sont le témoignage de la plus désastreuse des révolutions, la substitution des villes aux peuples. Le plus heureux résultat de l'invasion des barbares fut au contraire de rendre aux campagnes la prééminence, et de refaire des villages.

En présence de cette raréfaction de l'espèce humaine, nous voyons les Germains multiplier, grâce à la bonne constitution de la famille. A cet égard, il n'y a point de contestation sérieuse. Les désordres des Mérovingiens sont une exception royale, dont les résultats ne se firent pas attendre. Tacite là-dessus est formel, précis. On a beau dire qu'il veut piquer les Romains par le contraste ; il aurait perdu sa peine, si on avait pu le démentir. Déjà César louait les Germains de leur puberté tardive, de leur continence longtemps gardée. Tacite fait l'éloge des femmes. Elles n'apportent point de dot. Elles sont véritablement les compagnes de leurs époux ; elles sont fidèles ; elles sont courageuses ; aussi sont-elles respectées : « C'est une honte chez ces peuples de borner le nombre de ses enfants. » Tacite a vu et signalé le secret de la chute de Rome, de la victoire finale des Germains ; la stérilité volontaire a été vaincue par la fécondité naturelle.

Quant à la bravoure, elle n'a pas chez les Barbares le même caractère que chez les Romains, et c'est là, au temps de César, un avantage pour les derniers. Mais leur vertu militaire alla déclinant de César à Honorius, si bien qu'à l'heure de la grande invasion elle était réduite à peu de chose. Le soldat romain doit surtout sa valeur au sentiment du devoir. Il entre dans la légion par patriotisme ou par obéissance ; ce n'est qu'au moment des guerres civiles qu'il y reste par intérêt. Il vaut surtout par la discipline, c'est-à-dire, selon l'étymologie de ce mot, par l'instruction. Il reçoit ses officiers de la loi ; il leur est attaché par un serment religieux, par la crainte de la honte et du châtiment. Quand cet attachement devient personnel, quand les chefs des armées ne sont plus des magistrats, la décadence va commencer. Du temps de Sylla et de César, le légionnaire a encore les vertus que donne le respect des dieux et des lois ; il a déjà le zèle qu'inspire le dévouement à un homme. Aussi n'y eut-il peut-être jamais de meilleures troupes que celles de Sylla et de César. Mais cette excellence ne pouvait durer ; elle supposait de grandes guerres et de grands généraux. La véritable force d'un système militaire ne doit pas reposer sur des conditions exceptionnelles. L'exception use ce qu'elle exalte, et les succès qu'elle procure risquent d'énerver les peuples, comme un accès de fièvre épuise un homme.

La guerre fut presque toujours pour les Romains une nécessité, le service militaire une charge. Ce fut d'abord un impôt qu'on payait tous les ans pendant la jeunesse, puis un métier qu'on faisait parce qu'on y était contraint. Quand l'empire fut constitué, la nécessité cessa d'apparaître à tous les esprits : les frontières étaient trop éloignées pour que le peuple s'intéressât vivement aux luttes que soutenaient les armées. Les expéditions devinrent plus pénibles et moins productives, car on n'avait plus affaire qu'à des barbares pauvres, dans des pays âpres. Dans l'intervalle de ces campagnes ingrates, le soldat fut condamné à la vie des camps, la plus corruptrice de toutes quand elle n'est pas la plus triste. Bientôt il n'y eut plus de peuple romain ; puis il n'y eut plus de peuple italien. Les légions se recrutèrent dans les provinces, et le recrutement devint plus difficile à mesure que les provinces se civilisaient. Enfin on fut obligé de recourir aux barbares et d'acheter chez eux des hommes pour les combattre ; cette première invasion retarda peut-être l'autre, mais la rendit plus inévitable. Ainsi la séparation de la vie militaire et de la vie civile devenait de plus en plus complète. Les soldats cessaient d'être des citoyens comme les autres, d'être des Romains, d'être des Italiens, d'être des sujets de l'empire. Ils ne défendaient plus leurs foyers, ni la grandeur de leur patrie, ni rien qui leur fût cher, hors le drapeau.

Le Germain naît guerrier. La guerre est quelquefois pour lui une nécessité; elle est toujours un besoin et un goût. Quand il devient homme, il ne prend pas la toge virile, mais le bouclier et la framée. Illettré toute son éducation tend à faire de lui un brave; pauvre, il n'attend de plaisir que de la victoire. Dans cet état social, la seule distinction qu'on puisse rechercher se gagne le fer à la main. Même au beau temps de Rome, le patron est surtout un jurisconsulte et un avocat; ses clients le suivent au Forum. En Germanie le patron est un capitaine : ses clients sont des compagnons d'armes; ils mettent leur ambition à recevoir de lui une part du butin, leur honneur à se faire tuer pour lui. A mesure qu'on s'éloigne du siècle de César, le Romain a moins de goût pour la guerre, le Germain en a davantage, car il a plus de chances de se tailler un domaine dans cet empire moins bien défendu, de ramasser des richesses dans le pillage de ces villes désarmées. Il aime toujours à se battre; il commence à rêver quelque chose de plus que la joie du triomphe et les dépouilles d'une troupe vaincue : les dépouilles d'une nation opulente et de belles terres dans un pays fertile.

Enfin chez les Germains l'homme a toute sa valeur. Il n'est pas enchaîné par des lois minutieuses, écrasé par un despote ou par des fonctionnaires tout-puis-

sants, tenu en sujétion par une noblesse héréditaire
ou par une noblesse de palais. Il s'élève par le courage ; il ne tombe que par la lâcheté. Il ne flatte pas
et il n'est pas flatté ; il n'opprime pas et il n'est pas
opprimé. Il y a bien une aristocratie, mais elle est au
concours ; il y a des patrons et des serviteurs, mais
la relation qui les unit ennoblit le dévouement. Hors
ce lien qui le relève, que la paix relâche, que rom-
prait une fuite honteuse, le Germain est maître de
lui-même. Il habite à l'écart avec sa famille ; il n'est
pas gêné par une multitude de prescriptions diverses,
arrêté à chaque pas par une interdiction légale, tenu
en lisière par des magistrats, astreint au travail par
l'impôt, humilié dans son ignorance par des voisins
plus savants, dans sa pauvreté par des voisins plus
riches. Il est roi dans sa maison et cent fois plus libre
que l'Athénien qui délibère sur l'Agora, que le Romain qui fait des lois au Forum. L'homme civilisé ordonne parfois, obéit sans cesse ; le barbare veut et
agit à son gré. C'est une race d'origine germanique,
la race anglo-saxonne, qui a inventé la liberté véritable, la liberté moderne, vers laquelle nous tendons
par des efforts presque toujours vains, enchaînés que
nous sommes par tant de superstitions gauloises et de
préjugés romains, sans cesse prêts à accepter la domination des druides, des nobles, des légistes et des
rhéteurs.

Quant à la religion des anciens Germains, elle paraît avoir subi de profonds changements pendant les
siècles même dont nous nous occupons. César dit
qu'ils n'ont pas de prêtres, qu'ils n'ont pas l'habitude
des sacrifices, qu'ils ne croient qu'aux dieux visibles
dont ils ressentent les bienfaits : le soleil, la lune, le
feu. Tacite leur attribue des prêtres, à qui appartient

la police des assemblées, et parle de quelques autres
dieux, mais il remarque qu'ils ne bâtissent point de
temples et qu'ils repoussent l'idolâtrie. La race tudesque a naturellement moins de goût que les peuples du Sud pour le culte des images; elle n'a pas
subi jusqu'au bout l'influence de Rome.

Nous pouvons conjecturer que la mythologie germanique ressemblait fort à la mythologie scandinave,
si bien faite pour exalter le courage. Car le guerrier
qui meurt en combattant entre au Walhalla, séjour
délicieux; cette vision a autant enflammé les adora-
teurs d'Odin que les disciples de Mahomet. L'idée d'un
paradis des braves était étrangère à l'antiquité gréco-
romaine. Tyrtée n'en parle point dans les beaux vers
où il célèbre la gloire de ceux qui tombent sur le
champ de bataille. Homère fait dire à Achille dans les
enfers : « Ne cherche pas à me consoler, Ulysse ; j'aime-
rais mieux être le serviteur d'un laboureur pauvre que
de régner sur tous les morts.» Lucain s'écrie : « Heureux de leur erreur, ces peuples du Nord que ne presse
point la plus forte des craintes, la crainte de mourir.»
Les Grecs et les Romains ont eu le mépris de la mort,
parce qu'ils avaient le sentiment du devoir ; les Germains et les Scandinaves ont connu, comme les mar-
tyrs chrétiens, l'enthousiasme et l'ivresse de la mort,
ouvrant les portes du ciel.

L'invasion devait donc réussir ; elle eût réussi même
si les peuples germains n'avaient été jetés en avant par
le choc des Huns. L'empire allait toujours s'affaiblissant et se dépeuplant ; la décrépitude était sans remède. Car, bien que le triomphe du christianisme dût
modifier les mœurs privées, l'esprit public n'en fut
point amélioré, et les vices du gouvernement continuèrent de s'aggraver. Le mal était plus grand sous

Théodose que sous Constantin. Le christianisme perdit plus à devenir impérial que l'empire ne gagna à devenir chrétien.

Il est à remarquer que les peuples barbares qui s'établirent les premiers ne purent conserver leur part. Trop éloignés de leur source, trop brusquement transplantés dans un sol amollissant, ils fondirent vite au soleil. Les Vandales en Afrique, les Ostrogoths en Italie, furent hors d'état de résister à un retour offensif des Romains d'Orient. Les Visigoths ne défendirent guère la Gaule méridionale. En Espagne, ils devinrent presque Romains ; l'islamisme en eut bon marché. Les Burgondes furent bientôt absorbés par les Francs.

La seconde couche germanique, représentée par les Francs, les Lombards et les Anglo-Saxons, eut plus de solidité. Encore faut-il reconnaître que les Francs de l'Ouest furent soumis par ceux de l'Est, que les Lombards furent conquis à leur tour, que les Anglo-Saxons passèrent sous la domination des Danois d'abord, et plus tard des Normands francisés. Il ne manqua sans doute aux Scandinaves que le nombre pour supplanter leurs devanciers, et pour venger sur les Germains baptisés l'injure de Thor et d'Odin.

Les Carolingiens ont eu le double honneur de mettre fin à l'invasion et de fixer la race germanique dans ses nouveaux comme dans ses anciens domaines. Pépin d'Héristal assure l'ascendant des Francs de l'Ostrasie, et soumet les Neustriens dégénérés. Charles Martel arrête les Arabes ; Pépin le Bref fait rentrer la Gaule du Sud sous là domination des hommes du Nord. Charlemagne conquiert l'Italie, fonde des marches chrétiennes au sud des Pyrénées, impose le baptême aux païens de la Germanie, achève la destruction des Tartares venus en Europe, et commence à refouler les Slaves.

Les Carolingiens sont des Germains ; le berceau de leur puissance, c'est cette vallée du Rhin où la race teutonique s'est si solidement établie. On s'est demandé si Charles Martel, qui sauva la chrétienté, n'était pas un adorateur de Thor. Charlemagne avait pour langue naturelle le tudesque. Charles le Chauve est le premier roi de France. Le serment de Strasbourg marque l'avènement à la vie d'une nation parlant un dialecte issu du latin. Ce texte précieux est l'acte de naissance du peuple français.

Le peuple français doit à l'invasion non-seulement son nom, mais son existence. Il est le résultat d'une combinaison dont les Barbares furent un élément essentiel. La civilisation gallo-romaine, par elle-même, était vouée à la stérilité. Il fallait, selon un mot fameux, que les peuples fussent broyés pour être mêlés, mélange nécessaire et fécond. Sans doute, dans notre pays, les nouveaux-venus furent en minorité. Mais ils furent le sel de la terre : ils créèrent la féodalité. La féodalité, qui devint plus tard si oppressive, fut d'abord un bienfait. Les villages naquirent autour des châteaux. Le conquérant, devenu seigneur, fut le protecteur des serfs. Les siècles du haut moyen-âge, qui de loin nous paraissent si troublés et si sombres, virent s'accomplir une des révolutions les plus heureuses et les plus surprenantes que l'histoire puisse constater ou deviner ; l'Occident se repeupla. A la fin du ixᵉ siècle, la France est déserte ; quelques bandes de Normands s'y promènent sans obstacle. A la fin du xiᵉ siècle, la France regorge d'habitants. Elle donne des maîtres à l'Angleterre, à l'Italie méridionale ; elle fournit sans peine à cette effroyable dépense d'hommes, la croisade. Ce grand fait, trop souvent méconnu, prouve d'une façon à nos yeux irréfutable que le régime féodal commença par rendre à notre race la vitalité que le régime romain lui avait enlevée. Or il paraît bien difficile de ne pas rapporter à l'invasion des Barbares l'origine de la féodalité, qui n'est autre chose que l'organisation de la société germanique sur un sol conquis.

Cet aveu ne doit rien coûter à notre patriotisme. Nous ne sommes ni des Gaulois, ni des Romains, ni des Germains; nous sommes des Français. Nous n'avons pas la prétention de former une race pure. Nos pères ne sont pas sortis de la terre où nous vivons : ils sont venus de partout, de l'Est, du Nord, du Midi. Nous descendons également des compagnons de Brennus, des soldats de César, et de ceux de Clovis ; toutes les racines de notre arbre généalogique nous doivent être également chères, également respectables. Si l'une d'elles avait manqué, les fruits et les fleurs en seraient changés ; nous ne serions pas ce que nous sommes. S'il dépendait de nous de purger notre sang de ce qu'il contient de germanique, ce serait une transformation, et probablement une décadence. Pourquoi rougirions-nous de déclarer que nous devons surtout aux Gaulois la gaîté, l'insouciance, certaines qualités sociales; aux Romains l'amour de l'ordre, le culte de l'unité, le goût de la logique, certaines qualités politiques et intellectuelles ; aux Germains et aux Normands le sentiment de la liberté individuelle, l'esprit d'aventure et d'entreprise, ce qu'il y a en nous de grave, de profond et de rêveur? N'attribuons pas à une telle énumération une rigueur et une exactitude qu'elle ne comporte pas ; ne nous flattons pas de doser les éléments de notre être. Cette ana-

lyse pourra être contestée par des arguments sérieux.
Mais on reconnaîtra du moins que les Gallo-Romains
étaient tombés dans une décadence effroyable, que
l'invasion germanique a modifié l'esprit de notre race,
que la fin de cette invasion a été marquée par la naissance d'une nation nouvelle, ardente, féconde, expansive, sur un sol que Rome avait rendu stérile.

On rapporte qu'à Versailles M. de Bismarck dit un
jour : « La race allemande est l'élément mâle de l'Europe. » Mot profond autant que menaçant. Nos vainqueurs se sont plu à nous traiter de Latins. Ils parlent volontiers d'Arminius ; ils se souviennent davantage d'Alaric, de Clovis, de Charles-Martel. Les éru-
dits et les philosophes d'outre-Rhin font de la conquête une sorte d'apostolat. Ne rions pas trop de
cette prétention. Les prétentions des forts ne sont jamais ridicules, bien qu'elles soient parfois odieuses,
elles sont souvent instructives. Il faut les examiner et
voir ce qu'elles ont de fondé dans le passé, de redoutable pour l'avenir.

CHAPITRE II

De Charlemagne à Guillaume Ier, du fondateur de
l'Empire d'Occident au fondateur de l'Empire d'Allemagne, les Germains ou Allemands ont cessé de me-
nacer l'Europe occidentale. Ils ont mis dix siècles à
reprendre la prépondérance, à redevenir un danger
pour leurs voisins du sud-ouest. Il n'est pas sans
intérêt de rechercher pourquoi la grande invasion a
été si longtemps interrompue.

Quand ils se répandirent dans le monde romain,
les Germains dégarnirent la rive droite du Rhin. La
race tout entière se mit en marche. La grande nation
des Goths, qui s'étendait jusqu'au Dniéper, s'était en-
fuie devant les Huns; les tribus de l'Est se rappro-
chèrent de la Gaule et de l'Italie, y entrèrent, s'y établirent. C'est ainsi que les Vandales passaient des
bords de la Baltique à ceux de la Méditerranée, que
les Burgondes quittaient les rives du Weser pour
celles du Rhône, que les Langobards arrivaient par
étapes de la vallée de l'Elbe à la vallée du Pô. Les
Suèves allaient fonder un royaume en Galice; les
Angles passaient la mer du Nord; les Saxons envoyaient
une colonie en Bretagne. Parmi ces peuples, les uns
ont laissé leur nom à leur premier séjour; il y a les

Saxons de la Tamise et ceux de l'Elbe, les Français de France et les Franks de Franconie ; les Suèves se retrouvent dans les Souabes. Les autres semblent avoir complètement émigré. Quoi qu'il en soit, un grand vide se produisit à l'Orient de la Germanie : les Slaves le comblèrent. Du côté de l'Ouest, ils s'étendirent, apparemment sans grande peine, jusqu'à l'Elbe ; du côté du Sud, ils occupèrent l'ancien royaume de Maroboduus, la Bohême et la Moravie, terre des Marcomans et des Quades. Ils disputèrent la Dacie et la Pannonie aux débris des Huns et à leurs héritiers les Avares, et plièrent plus tard sous l'invasion hongroise, mais sans disparaître. Ils colonisèrent la péninsule des Balkans, peuplèrent la Mésie, une grande partie de l'Illyrie, de la Macédoine et même de la Thrace.

Ce fut là une invasion considérable, quoiqu'elle ait fait peu de bruit, et qu'elle ait été probablement peu sanglante. Les Germains ne se donnèrent pas la peine de l'arrêter. Peu leur importait qu'on s'emparât du terrain abandonné par eux. Le flot suivait le flot, et ne le heurtait point. Jusqu'à Charlemagne, le courant des migrations humaines se porta vers le sud-ouest. Les Pépins et Charles-Martel, Charlemagne lui-même, prenaient des soldats en Germanie, pour les établir en Italie et en Gaule. Enfin il vint un temps où la grande fabrique de nations se trouva à court. Après les guerres de Saxe, la Germanie, d'ailleurs resserrée par les tribus slaves entre l'Elbe et le Rhin, devait renfermer une population assez rare. Le grand empereur n'eut donc pas beaucoup de peine à fixer chez eux ses compatriotes d'outre-Rhin. Il leur imposa le christianisme, une administration à peu près régulière, une civilisation nouvelle ; il donna une grande influence aux chefs du clergé chrétien, évêques et abbés. Il fit opérer à ce grand peuple, comme à une armée, une volte-face. Avant lui, les Germains regardaient l'ouest; après lui, ils regardent l'est.

Les Allemands du moyen-âge n'ont été ni moins féconds, ni moins actifs que les Germains de l'antiquité; mais leur fécondité a trouvé d'autres débouchés, leur activité d'autres objets.

L'agriculture, le commerce, l'industrie se développèrent. Aussi la population se multiplia-t-elle sans être plus gênée. On fonda des villes, on défricha des forêts, on dessécha des marécages, on força le sol à nourrir dix fois plus d'habitants. On peut croire qu'en Allemagne comme chez nous, les xie et xiie siècles furent marqués par un rapide accroissement de la population. Puis les Allemands finirent par être mal à l'aise; ils se remirent en marche. Mais par où déborder? La Gaule n'était plus une proie. Elle était d'ailleurs séparée des Teutons proprement dits par une large bande de provinces intermédiaires, débris de l'ancienne Lotharingie. La Lorraine, le Luxembourg, le pays de Liège, le Brabant, étaient habités par des Germains à demi francisés, nominalement soumis à l'Empire, mais qui subissaient davantage l'influence du roi de Paris. Les petits princes wallons et allemands fréquentaient volontiers la cour de nos Capétiens. Le nombre est grand de ceux qui se firent tuer dans nos rangs pendant nos guerres contre les Anglais.

Malgré son rempart de montagnes, l'Italie était plus en danger. Les Allemands s'y jetèrent plus d'une fois, sous les Ottons, sous les Henris, sous les Frédérics. Mais ils ne s'y établirent plus en colons. Les Italiens se défendirent; les Guelfes avaient des amis au nord des Alpes : les papes opposaient leurs prétentions à celles des empereurs, fomentaient en Allemagne l'anarchie et la guerre civile. .

Restait l'Orient ; restaient les bassins de l'Elbe, de l'Oder, de la Vistule, du Danube. Les Hongrois, après avoir menacé toute la chrétienté, s'étaient fixés. Les Slaves, divisés, médiocrement belliqueux, peu cultivés, étaient faciles à vaincre, à soumettre, à dépouiller. Grâce aux progrès de l'agriculture, les Allemands ne dédaignèrent plus ces terres froides et humides ; ils savaient maintenant en tirer parti. Chrétiens, ils faisaient œuvre pie en exterminant des païens. Le marteau de Thor se sanctifiait au service de l'Évangile.

Les Slaves semblaient voués à ce destin. Leur nom fut de bonne heure synonyme de servitude. Leur histoire les montre sans cesse opprimés ou dominés. Même quand ils s'organisent, ils ont besoin de chefs étrangers. La première fois qu'ils se font redouter, au vii⁰ siècle, c'est sous la conduite du Franc Samo. La Russie a été créée par des Scandinaves ; la Pologne éprouva assez vite le besoin d'aller chercher ses rois au dehors. Les Goths et les Huns ont passé sur les Slaves sans difficulté. Les Avares les écrasaient, les faisaient marcher devant eux à la guerre, dans l'attaque des villes, comme un blindage de chair humaine. Les Tartares à l'est, les Turcs au sud, les Allemands à l'ouest ont soumis des millions de Slaves. Mais le Tartare à son tour a subi le joug ; le Turc s'en va ; l'Allemand est resté.

Les Margraves de la maison d'Anhalt conquièrent pied à pied le Brandebourg ; ils fondent un État qui sous les Hohenzollern sera le noyau de la future Allemagne. Les chevaliers teutoniques, sur les bords de la

Baltique, s'emparent du pays qui deviendra la Prusse royale. Leurs émules, les porte-glaives, plantent dans la Livonie, l'Esthonie, la Courlande, un rameau germanique qu'on n'arrachera point. Rodolphe de Habsbourg bat le roi de Bohème : il crée l'Autriche. Les deux grands empires allemands sont nés de la défaite des Slaves. Les marchands ne sont pas moins entreprenants que les guerriers ; la Hanse étend sa domination commerciale sur le Nord ; elle règne à Bergen en Norvège, à Novgorod en Russie ; même au XVIe siècle, la cité de Lubeck fournit à Gustave Wasa le moyen de délivrer la Suède.

Les vrais conquérants allemands, au moyen-âge, ce ne sont pas les Ottons qui gouvernent l'Italie de loin ou en passant, ni les Hohenstauffen qui livrent de grandes batailles bruyantes, mais ces seigneurs moins fameux qui avancent pas à pas dans les plaines sablonneuses du nord, amenant avec eux de modestes laboureurs, race dure, féconde, patiente, avide. L'Autriche a dompté et administré ses Slaves ; le Brandebourg a supprimé ou absorbé les siens (1).

Cette invasion lente, mais durable, n'a pas affaibli la nation conquérante, comme la grande invasion de l'empire romain. Ce ne sont plus des aventuriers qui courent le monde en quête de butin, qui rajeunissent des races usées en s'y perdant, mais des propriétaires qui reculent peu à peu la borne de leur domaine, pour assurer un héritage à leurs cadets, étendant la main non sur les trésors des Césars, mais sur la motte de terre du païen. Le soldat de Clovis ou de Charles Martel

____

(1) Pour bien comprendre l'histoire de la Prusse, il faut lire l'excellent livre de M. Ernest Lavisse : *La marche de Brandebourg sous la dynastie ascanienne.*

s'installait dans la ferme d'un sénateur gallo-romain ;
son petit-fils y bâtissait un château, rassemblait autour
de lui un village ; ses derniers descendants sont des
marquis français, des grands d'Espagne ou des pairs
d'Angleterre ; ils n'ont plus rien de tudesque. Le soldat du margrave brandebourgeois, après avoir aidé à
massacrer des Wiltzes ou des Obotrites, construit une
maison de briques, abat une partie de la forêt voisine,
dessèche un marais, et enfonce dans le sol la race
allemande, la langue allemande, la patrie allemande.
Ainsi la grande invasion se continue dans une autre
direction, sous d'autres formes, avec d'autres résultats. A l'impétuosité germanique a succédé la ténacité
allemande. Les femmes sont toujours fécondes ; les
jeunes gens sont toujours prêts à partir, à prendre au
dehors ce qui leur manque chez eux. Mais leur ambition est moins vaste ; elle est aussi plus dangereuse.
Ils détruisent mieux les vaincus, car ils les remplacent.

Les Slaves finirent par s'organiser. La Pologne ré-
sista et fit barrière. Au sud-est la Hongrie n'était pas
facile à entamer. Les Turcs arrivaient, et remontaient
le Danube. La France, forte de son unité en face d'une
Allemagne en poussière, n'offrait pas une conquête
aisée. Au sortir du moyen-âge, la nation teutonique
se replie sur elle-même et se dévore. Les guerres religieuses l'arrosent de son sang. La guerre de Trente-
Ans surtout fut une longue boucherie. La population
décrut rapidement. Les peuples civilisés supportent
mal ces fléaux dont les barbares se riaient. Les femmes ne savent plus concevoir au bruit des armes, en-
fanter à la lueur des incendies.

D'ailleurs le Nord protestant, le Sud catholique,
semblaient séparés sans remède. L'Empire n'était
même plus une grande ombre. Les luthériens appe-

laient à leur aide l'étranger, Danois, Suédois, Français. La papiste Autriche s'appuyait sur les Espagnols, ou lâchait sur ses ennemis Allemands ses sujets non Allemands, hussards qui reprenaient le chemin des anciens Ougres, Croates qui vengeaient sans le savoir leurs frères Slaves opprimés ou supprimés.

Au xviiiᵉ siècle cependant la Prusse prit rang parmi les grands États. Au milieu de l'Allemagne divisée se forma et durcit le noyau de l'Allemagne unie. Les Hohenzollern ont changé le caractère national. Tout en élargissant leur domaine, ils ont refait l'éducation de leurs sujets. Ces rois hommes d'affaires ont poussé jusqu'à ses dernières limites l'art d'accomplir de grands desseins avec peu de ressources. Ils avaient un royaume peu étendu, médiocrement peuplé, pauvre ; ils ont eu une armée nombreuse et forte, toujours prête, un trésor toujours plein. Ils étaient durs, économes, persévérants. Ils ne se piquaient point d'une vertu chevaleresque, mais ils ont possédé plus qu'hommes du monde toutes les vertus utiles. Ils savaient attendre l'occasion, et la saisir. Ils ne s'endormaient pas dans les délices de la toute-puissance ; ils ne s'enivraient pas d'un vain faste ; ils ne se payaient pas de mots, quand venait l'heure de gagner et de prendre. Ils ne faisaient pas la guerre pour une idée, ni pour une croyance, ni par amour-propre, comme Louis XIV qui déclara la guerre à la Hollande pour venger son orgueil blessé, qui s'épuisa dans la guerre de la ligue d'Augsbourg pour s'être fait le champion du catholicisme en Europe, qui infligea à son pays les désastres de la guerre de la succession d'Espagne pour un petit-fils qui allait devenir étranger à la France. Les rois de Prusse sont des hommes nets et précis. Ils ne s'écrient pas : « L'État c'est moi ! » Mais ils ne pensent qu'à la grandeur de leur État, et pour eux la grandeur de l'État c'est un territoire toujours plus étendu, une armée toujours plus redoutable.

Rien de plus fort que ceci : un peuple belliqueux et docile, tout entier dans la main de son chef ; un chef habile et vigilant, tout entier à son devoir, sans passions, sans faiblesses, sans scrupules. Chose admirable, la Prusse jusqu'à nos jours n'a pas d'histoire intérieure. La noblesse n'est pas remuante, le clergé n'est pas envahissant ; le pouvoir absolu n'est pas égoïste. Les sujets ennoblissent leur obéissance en la donnant de bon cœur. L'administration est puissante ; on ne voit pas qu'elle soit, comme ailleurs, inquiète, fainéante ou corrompue. Dans la victoire, point d'éblouissement : après les prodiges de la guerre de Sept-Ans, Frédéric II, se sachant le plus grand général de son siècle, presque le seul, régna vingt-quatre ans en paix, et mena le partage de la Pologne comme une opération commerciale. Point de division dans la défaite : le roi battu à Iéna, humilié à Tilsitt, ne perd rien de son autorité.

Avec un territoire restreint, une population peu considérable, la Prusse faisait un tour de force, même après le congrès de Vienne, en se maintenant parmi les grandes puissances. Pour qu'elle devînt menaçante, il fallait que l'Allemagne éprouvât le besoin de l'unité ; Napoléon Ier lui donna ce besoin. Il fallait que la Prusse eût l'occasion de grouper autour d'elle le reste des Allemands ; Napoléon III lui fournit cette occasion. Après les Hohenzollern, ce sont les Bonaparte qui ont fait ce que nous voyons.

Avant la Révolution française, l'Allemagne était un chaos. On y trouvait de grands et de petits États, des monarchies et des républiques, des principautés laïques et héréditaires, des principautés ecclésiastiques et électives. Il y avait au-dessus des souverains l'empereur, auquel ils n'obéissaient pas, au-dessous d'eux la noblesse immédiate, qui ne leur obéissait guère. Il y avait aussi des étrangers possessionnés dans l'empire; le roi d'Angleterre avait le Hanovre, le roi de Suède la basse Poméranie, le roi de Danemark le Holstein et le Lauenbourg; l'Oldenbourg appartenait à un grand-duc de Russie. Beaucoup de nobles allaient servir au dehors; certains princes louaient leurs troupes aux Anglais, recevaient des pensions, et se faisaient protéger par les cours de Paris, de Londres, de Saint-Pétersbourg. Ces bizarreries ne choquaient personne. L'idée d'une patrie allemande ne troublait aucune cervelle. Le fameux baron de Trenck, un émigré prussien, propriétaire en Autriche, avait un fils dans l'armée prussienne, un autre dans l'armée russe, un troisième dans l'armée française. Dans ses Mémoires, il nous fait part de cet heureux arrangement comme de la chose la plus naturelle du monde. La littérature allemande s'était longtemps traînée sur les pas de la nôtre. Elle devint originale et grande, mais toute cosmopolite. Schiller est un ami de l'humanité; Gœthe et Hegel admiraient passionnément Napoléon. Il y avait bien deux grandes puissances également ambitieuses et jalouses, la Prusse et l'Autriche; mais ni l'une ni l'autre ne songeait à prendre pour allié le patriotisme germanique : il n'était pas né.

Ce ne sont pas les guerres de la Révolution qui l'ont fait naître. La République prit la rive gauche du Rhin; personne n'en fut scandalisé. Les Allemands de Trèves et de Mayence ne se sentaient pas humiliés de devenir Français; ils ne se plaignaient pas d'être séparés du corps national, parce qu'ils ne s'étaient pas sentis membres d'un corps national. On leur offrait la liberté ; on les débarrassait d'un gouvernement à la fois faible et absolu : que perdaient-ils ? Qui se fût ému des revers de la Prusse si avide et de l'Autriche si justement détestée ? Le premier consul commença à mettre de l'ordre en Allemagne ; il aida à séculariser les États ecclésiastiques, à supprimer les petits princes, à médiatiser la haute noblesse. Le chaos se débrouillait. Puis vint la confédération du Rhin, puis le démembrement de la Prusse et la formation du royaume de Westphalie, puis les annexions qui allaient jusqu'à Lubeck. Le patriotisme s'éveilla.

Sous cette main violente, toute l'Allemagne souffrait, et ses souffrances lui donnaient le sentiment de son existence, de ses droits, de son avenir. On semait les os de ses enfants par toute l'Europe, de Cadix à Moscou ; pour qui ? On lui apprenait que les vieilles institutions sont un léger obstacle, que les États faibles sont bons à supprimer, que la politique moderne favorise les grandes agglomérations. Elle se disait que, dans un temps où il n'y avait rien de stable, ces révolutions pourraient s'accomplir à son profit, et non plus à son détriment. A ceux que la France annexait, nous n'avions plus de libertés à offrir. Nous apportions une administration régulière et le code civil; mais cette administration ne faisait que rendre plus pesante la domination d'un maître sans frein et sans scrupules. Les bienfaits du code civil étaient lents, les rigueurs de la conscription immédiates. Ceux qui n'étaient pas réunis à l'Empire étaient écrasés de contributions, ruinés par le blocus continental, foulés par le passage et le séjour des troupes, exaspérés par les

exigences du vainqueur. La honte d'Iéna et de cette
campagne où les débris de l'armée prussienne fon-
daient misérablement, où les corps d'armée capitu-
laient en rase campagne et les places sans être assié-
gées, cette honte complète était une leçon à laquelle
on ne pouvait rester sourd. Un peuple qui a mieux
résisté comprend moins de tels enseignements, parce
qu'il se console plus vite. D'ailleurs les Français
n'évacuaient pas, ne donnaient pas quittance. En
1812, cinq ans après Tilsitt, nous occupions le nord
de l'Allemagne jusqu'au Niemen.

Il semble qu'une fatalité clairvoyante se soit ingé-
niée à tirer de tous les actes de Napoléon des conséquences funestes à son empire, funestes à la France.
Il fut plus dur pour la Prusse après une seule guerre
que pour l'Autriche qu'il avait tenue quatre fois sous
ses pieds, et, par là, il ne contribua pas peu à faire
de la Prusse une sorte de martyre allemande, à attirer
sur elle les regards du reste de l'Allemagne comme
sur l'État qui avait le plus pâti, qui devait le mieux se
venger, le mieux se donner à la cause commune. Il
interdisait à la Prusse l'entretien d'une armée nombreuse ; il la forçait ainsi à faire passer sous les drapeaux beaucoup d'hommes en peu de temps, à inventer le service obligatoire, l'instruction militaire rapide.
C'est grâce à lui que la philosophie allemande, jusque-là cosmopolite, devenait patriote avec Fichte, que
troublait et enflammait le roulement des tambours
français dans les rues de Berlin. C'est grâce à lui que
la poésie allemande, au lieu de rêver et de roucouler,
se mit à rugir. Il fit tomber les ministres routiniers,
les hommes d'État de la vieille école, courtisans timo-
rés et cérémonieux, et fit arriver aux affaires des réformateurs de génie, les Scharnhorst et les Stein. Enfin,

despote inflexible, il fit émigrer la liberté dans le camp des ennemis de la France, la Révolution dans le camp de Brunswick et de Cobourg. Et il ne voyait rien, ne comprenait rien, ne devinait rien. Il n'en avait pas fini avec l'Espagne, et il se brouillait avec la Russie. Pour s'aller perdre sous la neige, il enjambait quarante millions de vaincus frémissants.

Pour dominer, au moins faut-il diviser, acheter des amis, s'associer des intérêts. Napoléon crut qu'il suffisait de gagner quelques princes en arrondissant leurs domaines et en exhaussant leurs titres. Mais les peuples restaient insensibles à cette munificence. Qu'importait aux Bavarois, aux Wurtembergeois, aux Saxons, que leurs souverains devinssent rois? Ce n'était que monter en grade dans la servitude. Ces rois étaient des préfets, et les sujets n'étaient pas moins écrasés; comme d'ailleurs on ne voyait aucune fin à ces guerres éternelles, on s'attendait toujours à une catastrophe, et les dons du maître ne paraissaient pas définitifs ; on pouvait les perdre par sa chute ou par son caprice. Ses créatures mêmes n'attendaient la sécurité que de sa défaite.

Ainsi s'amassaient des trésors de haine dont nous n'avions pas, jusqu'à ces derniers temps, soupçonné l'immensité. Dans le grand mouvement de 1813, nous n'avons vu que le désir d'être libre ; nous n'avons pas senti tout ce qu'il y avait de rancune dans cette ardeur patriotique. Nous ne savions pas jusqu'à quel point étaient inséparables, dans le cœur d'un Teuton moderne, ces deux passions : aimer la patrie, détester la France. Napoléon tombé, notre pays ramené à ses modestes limites de 92, nous avons cru bonnement que le compte était réglé, qu'on avait recommencé, de l'autre côté du Rhin, à chérir les Français, comme c'est le devoir de tout peuple qui a du goût. Devant l'Allemagne de Kœrner et de Blücher, de Stein et de Jahn, nous en étions encore à l'Allemagne de Mme de Staël, terre bénie de l'idylle et de la métaphysique. Nous étions si fiers de notre épopée, que 1814 et 1815 n'étaient à nos yeux que des épisodes insignifiants, et nous chantions superbement nos victoires, persuadés que nos voisins avaient oublié leurs défaites, source de haine, et les nôtres, source d'espoir. Notre chauvinisme s'étalait avec une naïveté bruyante, comme si chaque nation n'avait pas le sien. Pendant que Béranger, Victor Hugo et tant d'autres canonisaient la légende napoléonienne et préparaient le retour des Bonaparte, l'Allemand tenace et lent remâchait nos affronts, refaisait ses calculs, se trouvait trop peu vengé. Ses historiens lui montraient dans la France l'ennemi héréditaire, le perturbateur incorrigible de la paix et du repos de l'Europe, toujours avide de lauriers, toujours prêt à intervenir dans les affaires d'autrui. Ils remontaient jusqu'à Conradin pour grossir la liste des griefs; ils exploitaient les ruines du Palatinat; ils réclamaient l'Alsace et la Lorraine. Ils nous rendaient solidaires de nos rois, dont nous vénérions si peu la mémoire; de notre empereur, qui nous avait si durement violentés.

Cette solidarité funeste, nous continuons à en porter le poids sans la comprendre. Nous oublions que la France est éternellement responsable de tout le mal que fait aux autres notre gouvernement, fût-il détesté chez nous. Nous disons et nous croyons que les peuples sont pour nous des frères, et que tous doivent s'entendre pour courir sus aux tyrans, comme si un tyran français n'était pas pour les Allemands, quand il les opprime, l'incarnation de la France.

La haine de notre pays fut donc, même après Waterloo, le sentiment le plus fort qui fermentât au fond des cœurs tudesques. Leipzig resta la grande journée, Blücher le héros national. Le mouvement libéral que 1813 avait déchaîné fut contenu et réprimé par les souverains, qui se souciaient peu de réaliser les espérances de cette heure d'enthousiasme. Mais les souverains n'en avaient que plus d'intérêt à entretenir les passions qui nous étaient hostiles. Pendant une longue paix, quelques graves incidents vinrent réveiller la flamme près de s'assoupir. En 1840, il y eut dans l'air une odeur de poudre. On chanta le Rhin allemand et le Rhin français. Les vers de Musset étaient admirablement faits pour raviver les vieilles rancunes. Ces belles insolences se paient cher quand on ne peut plus les soutenir. Ces couplets que nos pères s'en allaient chantant, et qui charmaient notre jeunesse, nous reviennent aujourd'hui à la mémoire comme une cuisante ironie.

1848 était une diversion. Cette fois nous donnâmes l'exemple de la révolution sans l'imposer ; nous étions contagieux sans être impérieux. Mais, comme si la Fortune se plaisait à tourner toutes choses contre nous, le résultat nous fut fatal. L'agitation, en Allemagne, aboutit à surexciter le désir de l'unité ; la Prusse, humiliée à Olmütz, se replia sur elle-même et prépara sa revanche ; l'avènement d'un Bonaparte ranima la défiance et fit que chacun se mit de nouveau à essayer la lame de son épée. Du jour où l'héritier du grand brouillon devint le maître d'un grand peuple, on se dit qu'il fallait s'attendre à tout, et l'on prit des précautions. Puis on conçut l'espoir de mettre à profit le désordre qui pourrait survenir. Les habiles ne haïssent pas l'eau trouble. Il fallait un Napoléon aux

Tuileries pour qu'un Bismarck conçût le plan d'une grande révolution, le fît accepter à son roi, l'imposât à son pays.

La Confédération germanique, qui renfermait deux grandes puissances et beaucoup de petits États, passait avec raison pour une institution défensive. L'Autriche et la Prusse avaient des intérêts distincts au dehors, des intérêts contraires au dedans, chacune des deux cherchant à agrandir aux dépens de sa rivale sa clientèle de menus souverains. En 1849 la couronne impériale fut offerte par les novateurs au roi de Prusse, mais les efforts qu'on fit pour le mettre à la tête de toute la nation allemande le placèrent seulement vis-à-vis de l'Autriche dans une situation difficile, d'où il se tira peu glorieusement. Quand Guillaume Ier prit pour ministre M. de Bismarck, celui-ci se proposa de procurer à la Prusse sa revanche, de grouper tous les États secondaires sous la domination de la cour de Berlin, et d'exclure la monarchie danubienne du concert germanique. Ce hardi politique avait pour lui la confiance de son maître, un Louis XIII qui a merveilleusement secondé son Richelieu, le concours d'un habile ministre de la guerre et d'un grand stratégiste, l'alliance de l'Italie, la faveur hésitante de Napoléon III, la faveur déclarée de la Russie et le fusil à aiguille.

Sadowa fut un coup de foudre. Nous fûmes surpris et effrayés, et cependant, après comme avant Sadowa, nous avons pris une large part au triomphe de l'idée allemande. En 1859, notre empereur affaiblit l'Autriche et créa l'Italie. Nous aurions mauvaise grâce à nous repentir de cette belle action ; ce sont nos fautes ultérieures qui en ont fait le point de départ de nos malheurs ; une conduite plus sage nous eût épargné tout regret. En 1863 une intervention généreuse, mais imprudente et stérile, dans les affaires de Pologne, irrite Alexandre et le jette dans les bras de son oncle. En 1866 Napoléon III repousse avec colère les avertissements de l'opposition, déclare la guerre aux traités de 1815, laisse faire M. de Bismarck. Puis il sollicite des compensations sans les exiger, et sa « politique de pourboire » inquiète l'Allemagne du Sud, qui se réfugie sous la protection de la Prusse. La longue aventure du Mexique nous paralyse. La seconde expédition de Rome empêche l'Italie de former avec nous une alliance que les souvenirs récents de Magenta et de Solferino rendaient encore naturelle et facile. Les pourparlers de M. Benedetti au sujet de la Belgique fournissent à notre futur adversaire un sûr moyen de tourner contre nous l'opinion anglaise. La sympathie de la cour des Tuileries pour la reine Isabelle et pour son fils entretient la vacance du trône en Espagne et rend possible la candidature du Hohenzollern. L'affaire du Luxembourg avertit l'Allemagne. Nous ne parlons pas des fautes commises à l'intérieur, de l'insuffisance de nos armements, de la faiblesse du pouvoir, qui cède précisément à l'opposition sur le point où elle avait tort, et qui n'exige pas d'une majorité habituellement docile les sacrifices nécessaires à notre sécurité.

On a beaucoup discuté la question de savoir sur laquelle des deux nations retombe la responsabilité de la guerre. On a prouvé que la Prusse s'y préparait, qu'elle avait mis toutes les chances de son côté, qu'elle devait donc la souhaiter. On a prouvé que le gouvernement prenait soin depuis longtemps d'ameuter les esprits contre nous. On peut affirmer qu'un piège nous a été tendu. Mais nous y avons donné ;

une pareille faute ne souffre d'autre excuse que la victoire. D'ailleurs le langage de M. de Gramont, en réponse à l'interpellation de la gauche, manquait de prudence et de mesure. Le retrait de la candidature Hohenzollern démontra que notre adversaire ne voulait pas prendre sur lui de nous attaquer, ni même de nous pousser ouvertement à bout. La promptitude que mit notre gouvernement à enlever la déclaration de guerre sans réflexion, sans un sérieux examen des griefs allégués, l'attitude allègre des hommes qu'on croyait dans la confidence du souverain, une série de mots fâcheux qui sont devenus historiques, tout contribua à procurer aux Allemands les bénéfices de l'état de légitime défense. Ils se jetèrent dans la lutte avec un élan patriotique qu'on ne peut qu'admirer. Vainqueurs, ils se crurent en droit de nous punir, et l'Europe ne le trouva point mauvais.

Nous avons souvent reproché à nos ennemis leur manque de générosité. Mais nous devions savoir, le jour où nous déclarions la guerre, que les Hohenzollern n'ont jamais été généreux, et qu'ils font la paix en marchands tout autant qu'en rois. Ce ne sont pas des philanthropes, mais des politiques, et la meilleure politique, pour qui dicte les conditions de la paix, c'est de profiter de tous ses avantages et de prendre toutes ses sûretés. Ce qui limite les exigences d'un vainqueur, c'est la crainte ; la crainte de pousser les vaincus au désespoir, et de provoquer une résistance à outrance qui puisse devenir dangereuse ; la crainte de scandaliser ou d'inquiéter les neutres au point d'amener leur intervention ; la crainte d'inspirer un ressentiment qui rende inévitable une guerre de revanche ; enfin la crainte de s'annexer un territoire difficile à garder, une population difficile à contenir.

Quant à la justice, elle est ici de peu de poids. Les hommes d'État ont coutume d'en parler beaucoup et de s'en soucier médiocrement. D'ailleurs rien n'empêche de lui rendre l'hommage que l'hypocrite rend à la vertu, et de l'invoquer à l'appui des exigences qui la violent. On peut même se faire illusion. Quand on est juge dans sa propre cause, on s'exagère sans peine le crime de l'agresseur. On prétend s'indemniser non-seulement du dommage qu'on a souffert, dommage malaisément appréciable, mais aussi du péril qu'on aurait pu courir. Ajoutons le chapitre des précautions, qui est fort élastique. Enfin, il faut l'avouer, la dureté avec laquelle Napoléon Ier traita la Prusse, donnait assez d'ouverture aux récriminations et aux représailles. On pouvait aller loin sans dépasser les rigueurs de Tilsitt.

En fait, la France accepta les préliminaires de Versailles sans chercher son salut dans le désespoir. L'Europe laissa faire. Les Alsaciens-Lorrains sont trop bien gardés pour se révolter d'eux-mêmes ; les Allemands se flattaient d'ailleurs, un peu témérairement, de rallier assez vite la plupart d'entre eux, grâce à la communauté d'origine et de langage. Quant au ressentiment que devaient inspirer des conditions si rudes, le vainqueur en a tout d'abord pris son parti. Il a voulu se mettre en mesure de le braver, il n'a pas songé à l'éviter.

Voyons maintenant ce que l'Allemagne a gagné. L'unité nationale a été complétée. Le roi de Prusse s'est fait empereur d'Allemagne. Ses vassaux du Nord et ses alliés du Sud sont devenus ses sujets. La guerre de 1866 était une sorte de guerre civile, où les Teutons luttaient contre des Teutons, et qui ne pouvait exciter beaucoup d'enthousiasme. Contre la France, toute la nation s'est sentie entraînée par un même courant. Trop souvent les défaites subies en commun divisent; les victoires remportées en commun rapprochent. Comme on était d'accord pour haïr le Français, on s'est trouvé d'accord pour aimer ceux qui le battaient. L'idée de la patrie germanique a grandi sur les champs de bataille; le jeune empire a reçu le baptême du sang. L'amour-propre satisfait ouvre les cœurs à la gratitude.

Le gouvernement est devenu plus fort. M. de Bismarck a eu longtemps à lutter contre le Parlement prussien; le Parlement allemand lui résiste moins.

Le territoire est plus étendu. La Prusse était une puissance de premier ordre en 1865, avec une vingtaine de millions d'habitants. Combien plus l'Allemagne en 1881, avec 45 millions, et cela quand la France et l'Autriche ont été diminuées! Sans doute la population alsacienne-lorraine ne fortifie pas beaucoup un État auquel elle est incorporée contre son gré. Mais c'est quelque chose de posséder les forteresses de Metz et de Strasbourg et la chaîne des Vosges, ce que M. de Bismarck appelait tout haut les clefs de notre maison.

L'organisation militaire est toujours en progrès. Nos milliards ont été en partie consacrés à des dépenses d'armement et de fortification. Le chiffre des hommes entretenus sous le drapeau va croissant; le chiffre des hommes exercés a cru bien plus encore. Une si terrible leçon devait engager tous les peuples d'Europe à grossir leur état militaire. Mais, au milieu de cet effort universel, ceux qui avaient l'avance ont dû la garder, si nul n'a fait plus et mieux.

On a pu créer une marine, capable de protéger le

commerce germanique ou de troubler le commerce d'un ennemi.

Les avantages moraux dépassent largement les bénéfices matériels. L'Allemand a grandi. Il a confiance en lui, il est fier de lui. Il se sent ou se croit supérieur à tous ses rivaux. Cet orgueil national est une force infinie, quand il est fondé sur de réels succès, quand il n'engendre pas, comme fait souvent la vanité, l'imprévoyance, la négligence, la paresse. L'armée surtout en est plus redoutable. Les généraux comptent sur les soldats, les soldats sur les généraux, les uns et les autres sur la victoire. Nous l'avons bien montré sous la Révolution et l'empire. Un Français avait alors conscience d'appartenir à la grande nation, de servir dans la grande armée. Il en était plus brave, et aussi plus intelligent. Un tel sentiment dilate le cœur et ouvre l'esprit. Les Allemands éprouvent aujourd'hui cette confiance féconde, sans qu'il s'y mêle rien de la fatigue qui finit par refroidir les lieutenants de Napoléon, de l'inquiétude qui les envahissait à la vue de ses entreprises sans bornes et des aventures où il se jetait avec une romanesque audace. Nos heureux voisins trouvent seulement que leur grandeur coûte trop d'argent.

L'influence de l'Allemagne s'est accrue autant que sa force. M. de Bismarck est devenu l'arbitre de l'Europe. Sa diplomatie a pris l'ascendant; son alliance a été recherchée par toutes les cours. Car il est puissant, on le sait habile, on l'a toujours vu heureux. Les Allemands du dehors se sont mis à tourner leurs regards vers Berlin; or les Allemands du dehors se comptent par millions. Les émigrés dispersés sur le sol de l'Amérique se fondent moins vite dans la population anglo-saxonne, qui jadis les absorbait en si peu de temps. On ne renonce pas aisément à une nationalité dont on a le droit de se vanter. Mais c'est surtout en Autriche que l'influence de cette parenté se fait de plus en plus sentir. Parmi les sujets de François-Joseph, ceux qui parlent la langue de M. de Bismarck pensent et agissent désormais en compatriotes de M. de Bismarck au moins autant qu'en sujets de François-Joseph. Sedan leur a fait oublier Sadowa. Les vainqueurs de 1866, ce sont les frères aînés des vaincus. Les deux peuples ont en commun la langue, la littérature, les souvenirs du moyen-âge et du saint-empire. On les mettrait difficilement aux prises. Dans leur lutte incessante contre les Slaves, les Teutons du sud se considèrent comme les pionniers de la race, comme les champions du nom. Ils ont derrière eux une réserve toute-puissante, et il leur suffit, pour prendre courage, de tourner les yeux vers le gros de l'armée à laquelle ils servent d'éclaireurs ; au besoin ils l'appelleraient à leur aide.

Ainsi l'Allemagne est aujourd'hui grande et forte par son territoire, par sa population, par son état militaire, par son union sous des chefs éprouvés, par les essaims qu'elle a lancés au dehors et qui se rattachent encore à elle.

Que va-t-elle faire ?

CHAPITRE III

LE RÊVE DE M. DE BISMARCK

Si l'on rassemblait tout ce qui a été écrit, en France
et à l'étranger, dans les livres et dans les journaux,
sur les intentions de M. de Bismarck, les idées de
M. de Bismarck, les plans de M. de Bismarck, il y
aurait de quoi occuper la vie d'un bénédictin. Jamais
homme d'État n'a plus exercé la sagacité des amateurs de conjectures, n'a plus inspiré les prophètes de
fantaisie, les révélateurs téméraires, les faiseurs d'al-
manachs politiques. Il n'est barbouilleur de papier
qui ne se charge d'expliquer par le menu la conduite
passée, présente et future du grand chancelier. Pour
le mieux pénétrer, on a recours à des indices singulièrement divers, comme les villageois qui se mêlent
de prédire le temps. On rapporte et on commente ses
plus futiles propos de table, on étudie à la loupe ses
discours et ses lettres. On découvre mille finesses
dans le moindre des articles que publie un journal
plus ou moins officieux de Berlin ou d'ailleurs. La
santé un peu capricieuse de l'ermite de Varzin prête
aux déductions les plus savantes, et la plus légère de
ses indispositions est une énigme dont l'Europe s'é-
vertue à trouver le mot.

Quelques démentis que les faits infligent aux pro-

nostiqueurs, de quelque ridicule qu'on se puisse
couvrir à les imiter, on ne saurait guère mieux
s'en défendre que de chercher à connaître le temps
qu'il fera demain, car le premier ministre de l'empereur Guillaume est assez puissant pour diriger l'a-
venir, ou assez intelligent pour le prévoir. Qu'il mène
ou qu'il suive, on a coutume de croire que la Fortune
l'accompagne. Même cette opinion est si répandue,
qu'il peut avoir plus d'intérêt à publier ses desseins
qu'à les cacher ; une menace de sa bouche effrayerait
plus qu'elle n'avertirait. Les minces bêtes de proie
chassent en silence ; le lion envoie devant lui son ru-
gissement, qui glace le cœur de ses victimes. Mais
M. de Bismarck n'est pas un esprit romanesque. Il ne
se pique pas comme Napoléon d'étonner le genre humain tous les ans. Il sait attendre son heure, se reposer ; il laisse venir l'occasion. En 1866, il chercha
querelle à l'Autriche ; en 1870, il se fit chercher querelle par la France. Depuis cette époque mémorable
de l'histoire d'Allemagne, le vainqueur s'est recueilli.
Faut-il croire que son ambition se borne à garder en
paix son butin ? Doit-on craindre qu'il ne prépare
quelque nouvelle entreprise ? S'il en est ainsi, comment une si longue préparation n'aurait-elle pas laissé
éclater au dehors quelques signes avant-coureurs de
l'orage ?

Si M. de Bismarck est véritablement un grand
homme d'État, sans rien de chimérique dans l'esprit,
il s'appliquera uniquement à donner aux besoins
réels du peuple dont il est le guide la satisfaction la
plus sûre et la moins coûteuse. La meilleure façon de
deviner les plans du chancelier serait donc de découvrir les besoins réels de l'Allemagne et les moyens
d'y pourvoir.

De tout temps les princes et les peuples ont aimé à étendre leur domaine. On peut être assez scrupuleux pour ne désirer que des conquêtes justes, assez humain pour ne souhaiter que des conquêtes pacifiques. On peut ne vouloir faire des conquêtes que sur la barbarie, que sur la nature, que sur le désert. Mais on veut des conquêtes. L'individu tend à s'enrichir; le corps politique tend à s'agrandir. Il y a bien des peuples philosophes qui se montrent contents de leur lot, et qui ne convoitent rien hors de leurs frontières. C'est qu'ils n'ont rien à espérer. Faites luire à leurs yeux l'espoir d'une annexion facile, vous verrez ce que deviendra leur philosophie. Certes ni la Belgique ni la Suisse n'aspirent au partage de nos dépouilles. Mais, sans doute, ni la Suisse ni la Belgique ne refuseraient le bienfait de leurs lois libérales, de leur gouvernement honnête et de leur tranquille neutralité à telle ou telle province que le sort des armes engagerait un vainqueur implacable à séparer de notre territoire. Quant aux grandes puissances, qui n'ont pas autant de motifs que les petites pour souhaiter le retour de l'âge d'or où la justice régnait sans opposition sur la terre, elles attachent l'idée de gloire à l'idée d'agrandissement ; c'est la tradition des rois, le préjugé des peuples et le point d'honneur des ministres.

Il n'en sera peut-être pas toujours ainsi. Le monde des espérances légitimes est d'autant plus vaste qu'on ne sait pas au juste à quel endroit il est borné par le monde des rêves chimériques. En attendant, voyons ce qui se passe. L'Angleterre s'étend, bien que le soleil ne se couche pas sur les États de la reine Victoria. La Russie s'étend, bien qu'elle renferme encore bien des terres incultes. C'est hier que l'Autriche recevait

avec une satisfaction peu déguisée la délicate mission
de forcer les chrétiens et les musulmans à vivre en paix
dans deux belles provinces; on dit qu'elle ira plus loin.
A peine l'Italie a-t-elle retrouvé son indépendance et
conquis son unité, qu'elle regarde au-delà de ses frontières, au-delà des mers, et songe à fonder quelque
colonie. L'Espagne jette les yeux sur le Maroc, annexe
les îles Soulou. La France tâte le grand désert et cherche la route du Soudan. La Hollande même a fait de
lourds sacrifices pour réduire les Atchinois, dont la
résistance acharnée marque peu de goût pour les douceurs de la civilisation. Les Américains des États-Unis
soutiennent la doctrine de Monroe avec tant d'ardeur,
qu'ils ont l'air de prendre le reste du nouveau continent pour un héritage promis à leurs fils. Chez eux,
ils rétrécissent sans cesse les réserves indiennes,
malgré les engagements les plus solennels.

Comment supposer que la nation allemande fasse
seule exception ? Les Hohenzollern ont toujours aimé
à gagner ; les Germains ont toujours aimé à s'étendre.
Les évènements des dernières années n'ont pas dû al-
térer ce trait de leur caractère. Le culte qu'ils professent pour leur grand homme d'État montre qu'ils
n'ont pas pris en haine la politique des conquêtes ; ils
n'ont pas été choqués par ce qu'il y avait de dur et de
violent dans l'annexion de l'Alsace-Lorraine. S'ils reli-
sent l'histoire pour y trouver des griefs contre leurs
voisins, ils y cherchent aussi de vieux titres à faire
valoir. Napoléon Ier s'est cru l'héritier de Charlemagne ; Guillaume Ier peut passer aux yeux de ses sujets
pour l'héritier de Frédéric Barberousse. Pourquoi l'empire allemand ne continuerait-il pas le saint-empire
germanique ? Le saint-empire avait pour feudataires
les Pays-Bas, le royaume d'Arles, l'Italie, sans parler

des royaumes du nord et de l'est, Danemark, Bohême, Pologne, Hongrie. Dans cet amas de souvenirs
on découvrirait au besoin des prétextes ; la logique
est si accommodante pour qui a la force et la volonté
de prendre ! Notre grand empereur a réuni la Hollande
à ses États en alléguant qu'elle n'était que l'alluvion
d'un fleuve français, le Rhin. Ce droit de suite pourrait s'appliquer aux personnes comme au limon des
cours d'eau ; le sol où un Allemand s'établit ne de-
vient-il pas un sol allemand ?

Autrefois, c'étaient surtout les princes qui cher-
chaient à agrandir leur domaine ; maintenant ce sont
surtout les peuples qui cherchent à agrandir leur
terrain d'action. Outre la gloire, les princes avaient
toujours besoin d'argent ; aujourd'hui les peuples ont
souvent besoin d'espace. La population de l'Europe
déborde sur les autres parties du monde, car elle s'accroît avec une extrême rapidité. Il y a bien eu dans
les âges passés des périodes d'accroissement, mais il
y a eu aussi des alternatives, des guerres longues et
désastreuses, des pestes vingt fois plus meurtrières
que le choléra. Dans certaines contrées, le manque
de sécurité, les vices de l'administration, la misère où
étaient tenues les classes rurales, l'insuffisance de la
nourriture, l'absence de soins pour l'enfance, d'hygiène pour toute la vie, mille causes diverses limitaient
ou suspendaient les effets de la loi de multiplication.
La civilisation a ôté ces barrières ; dans presque toute
la chrétienté, le chiffre des naissances laisse bien loin
derrière lui celui des décès. On a calculé pour tous les
peuples dont l'état civil est l'objet d'une statistique
régulière, en combien de temps la population doublerait, si l'accroissement se maintenait au taux actuel.
Cette période de doublement est d'une longueur fort

inégale. On l'a évaluée à cinquante ans pour la Russie, à cinquante-cinq ans pour l'Angleterre et pour la Prusse. Pour la France elle serait de cent quatre-vingt-trois ans. Nous aurons à revenir sur cette comparaison alarmante.

Quoi qu'il en soit, le territoire actuel de la plupart des nations européennes ne saurait suffire longtemps aux exigences de cette invasion intérieure. On n'a point de place à donner à tous les enfants qui viennent au monde. Il y a soixante ans, les économistes et les hommes d'état auraient eu recours à Malthus pour dénouer les difficultés que fait entrevoir ce progrès. Malthus établissait que la population tend à croître en raison géométrique, et les moyens de subsistance en raison arithmétique. En d'autres termes, tandis que la population augmenterait dans la mesure suivante : 1, 2, 4, 8, 16..... les moyens de subsistance augmenteraient ainsi : 1, 2, 3, 4, 5..... De là la nécessité d'une restriction apportée au mouvement de la population : contrainte morale ou préventive si les hommes s'interdisent la procréation d'enfants superflus; contrainte matérielle ou répressive, si l'imprévoyance générale expose les peuples aux fléaux qui rétablissent la balance : guerre, peste, famine.

On a contesté et la loi de Malthus et les conclusions de Malthus. Pour la loi elle-même, il nous semble qu'elle s'applique bien à certains pays, et qu'on ne peut différer d'avis que sur la proportion. Il y a longtemps que le sol anglais ne peut plus nourrir les habitants de l'Angleterre. Ils payent avec les produits de leur travail industriel les produits de l'agriculture étrangère; c'est comme une grande ville dont l'Amérique et la Russie sont la campagne. Quant aux conclusions de Malthus, les mœurs y répugnent partout où les mœurs ne sont pas en décadence. La stérilité volontaire peut écarter des causes de misère ; mais c'est une cause de faiblesse et un signe de corruption.

Deux moyens de conjurer le danger s'offrent aux nations européennes : l'émigration et l'échange. L'Angleterre pratique les deux. Avec le Dominion du Canada, l'Australie, l'Afrique méridionale, elle possède une réserve de terrain qui peut lui suffire pendant des siècles, à moins qu'on ne l'aide à l'épuiser. D'autre part, l'industrie britannique fournit un excédent qui permet d'acheter en abondance sur tous les marchés du monde le blé et la viande. La prépondérance maritime exclut toute chance d'isolement et de blocus. Nos voisins d'outre-Manche peuvent donc admettre sans inquiétude la vérité de la loi de Malthus, et dédaigner les tristes conseils de cet économiste morose.

Les Russes n'ont pas besoin de sortir de chez eux pour défricher des terres à la fois incultes et fertiles. S'ils se trouvaient à l'étroit en Europe, l'Asie centrale leur est ouverte. Les Espagnols sont encore au large. Les Français ont l'Afrique du nord ; d'ailleurs ils se marient peu et ont peu d'enfants. Les deux grands peuples qui ont le plus à craindre, ce sont les Italiens et les Allemands. Laissons de côté les premiers.

Il y a longtemps que la race germanique se sent gênée par sa fécondité. Nous sommes souvent obligés d'importer du blé ; nous manquons de viande. Or la population est plus dense en Allemagne que chez nous ; elle augmente bien plus vite, et le sol est en moyenne bien moins productif. Dans un pays froid, on n'a pas même la ressource de vivre de privations ; il faut beaucoup d'aliments. Un peuple fier, belliqueux, entreprenant, ne se résignerait pas longtemps à une nourriture insuffisante et grossière. Ce n'est pas seulement l'amour de la gloire, l'instinct des conquêtes, l'orgueil national, qui poussent les Allemands à déborder; ce sont aussi les lois physiologiques et économiques. C'est plus qu'une tendance, c'est une nécessité.

Pour compenser les bienfaits alarmants de la fécondité, l'Angleterre a l'émigration et l'échange; l'Allemagne peut-elle faire de même? Peut-elle devenir un pays de grande production manufacturière? Elle a fait, elle fait encore à cet égard de réels progrès. Mais elle ne saurait rivaliser avec la Grande-Bretagne; elle tient difficilement tête à la France, à la Belgique, aux États-Unis. Elle n'a pas assez de capitaux; ses ouvriers sont laborieux, mais ne se distinguent point par le goût. Les impôts sont lourds; nulle part on ne porte plus péniblement le fardeau d'un grand établissement militaire. Enfin il n'y a pas place dans le monde pour un nombre indéfini de nations industrielles. On ne peut pas faire prospérer plus de fabriques que n'en exigent les besoins du marché universel. Aussi les peuples qui ont l'avance la garderont-ils, à moins qu'ils ne subissent une terrible catastrophe ou une décadence effroyable. Encore se remet-on assez vite d'une catastrophe : nous l'avons prouvé. La décadence des mœurs n'atteint pas toujours la force productive et la vitalité commerciale.

Ici se pose une question sur laquelle nous glisserons légèrement. Est-ce qu'un État victorieux et redouté ne peut pas se servir de sa prépondérance politique au profit de ses intérêts matériels, s'ouvrir des débouchés par la crainte ou par le fer, s'assurer des bénéfices par des traités imposés, jeter le poids de son épée dans la balance des échanges? Cela viendra peut-être ; mais dans l'Europe actuelle l'heure de cette grande iniquité n'a pas sonné. Les tiers ne la laisseraient pas passer sans opposition, non parce que c'est une iniquité, mais parce qu'elle leur nuirait trop. L'Angleterre a trouvé bon qu'on nous prît l'Al-ᴸace-Lorraine, et qu'on nous fît payer cinq milliards. L'annexion ne la scandalisait point ; la rançon lui paraissait pourtant un peu grosse. Elle eût jeté les hauts cris si l'on avait exigé que nous fissions aux fabricants allemands des avantages particuliers. Un marchand ne tolère pas qu'on ruine ou qu'on accapare sa clientèle, s'il peut l'empêcher. D'ailleurs les économistes les plus autorisés démontreraient sans peine qu'un traité de commerce sans réciprocité blesse autant les intérêts de qui l'impose que les intérêts de qui le subit. Ce crime serait une faute.

Il ne semble donc pas que l'Allemagne puisse devenir aisément l'émule de l'Angleterre. Peut-être même les hommes d'État qui règnent à Berlin seraient-ils peu charmés d'une pareille transformation. Ils ne souhaitent probablement pas que l'influence des hommes d'argent fasse équilibre à l'influence des hommes de fer. Dans un pays qui s'enrichit rapidement, les villes ne tardent pas à dominer les campagnes ; la noblesse perd de son ascendant. Aujourd'hui l'accroissement de la population ouvrière en Allemagne offrirait un plus vaste champ à la propagande socialiste, et donnerait plus de force à la démocratie. Il est permis de croire que M. de Bismarck, tout en favorisant le progrès de l'industrie, serait fâché de voir son pays devenir par-dessus tout un pays de production industrielle.

Reste l'émigration ; elle est inévitable. Mais il y a

deux sortes d'émigration : l'émigration perdue et l'émigration utile.

Si un homme quitte sa patrie sans esprit de retour, s'il va s'établir avec sa famille au milieu d'une population qui l'absorbe, s'il n'entretient pas avec son pays d'origine des relations commerciales, c'est un émigrant perdu.

Si un homme part avec l'espoir de faire sa fortune et d'en jouir à l'ombre du clocher natal, ou s'il contribue à la fondation d'une colonie qui accroisse l'empire et la richesse de la mère-patrie ; si même à l'étranger il répand le goût et facilite la diffusion des produits de l'industrie nationale, c'est un émigrant utile.

Or jusqu'à nos jours l'émigration germanique a été surtout une émigration perdue. Des milliers d'Allemands, fuyant la misère et la conscription, allaient se fondre parmi les Anglo-Saxons des États-Unis et de l'Australie. Les Américains, qui sont gens pratiques, évaluant un homme libre, adulte et vigoureux, au prix que valait naguère un esclave, ont calculé que l'émigration allemande leur apportait un tribut annuel d'environ quatre cent millions. Ceux même qui gagnaient des contrées moins lointaines se laissaient assez vite assimiler par la population au milieu de laquelle ils étaient venus vivre. Ils faisaient souche en Russie de fonctionnaires russes, et en France de marchands français. Ils oubliaient aisément leur nationalité, quand elle n'était pas pour eux un sujet d'orgueil. On dit qu'aujourd'hui les Allemands des États-Unis résistent davantage à l'absorption. Ils céderont pourtant à la longue. Ils s'établissent au-delà de l'Océan pour toujours ; ils se font naturaliser; s'ils parviennent à conserver leur langue et leurs mœurs, ils formeront un rameau de la race tudesque, mais un rameau complètement détaché, comme les Canadiens français sont détachés de la France.

Le gouvernement de Berlin songe assurément à rendre plus utile une émigration qu'il ne saurait empêcher. Il trouve mauvais que les jeunes gens se dérobent par la fuite à leurs obligations militaires ; il ne peut désirer que la population de l'Empire s'accroisse indéfiniment sur place, et emplisse la ruche sans jeter aucun essaim. Il lui appartient peut-être de diriger le courant, de lui ouvrir des canaux. Mais par quel moyen ? L'Allemagne fondera-t-elle d'importantes colonies ? Rien n'est plus douteux.

L'univers n'est plus vacant. L'Amérique tout entière est occupée. S'il y a des déserts, ils sont possédés par des républiques auxquelles on ne toucherait pas impunément. S'il y a des forêts vierges, elles ont leurs propriétaires. L'Asie est peuplée. On y peut fonder des empires, comme celui des Indes ; mais on ne saurait y installer des millions d'Européens, si ce n'est du côté de la Russie. Les Anglais gouvernent l'Indoustan ; ils ne le colonisent pas. L'Indo-Chine n'est pas plus hospitalière. Nous pourrons donner au Tonkin des administrateurs et des marchands, non des habitants. Ni la Chine ni le Japon ne sont à prendre. L'Arabie ne compte pas. La Perse est condamnée à dépendre ou de la Russie, ou des maîtres de l'Inde, ou de l'Asie-Mineure, le jour où l'Asie-Mineure sera redevenue un foyer de civilisation.

Les Anglais ont saisi la meilleure part de l'Océanie ; il n'y a plus qu'à glaner, et on ne le ferait pas sans leur déplaire. Les Hollandais tiennent la Malaisie, sauf les Philippines, qui sont à l'Espagne. Mais ces contrées chaudes et riches ne sont pas faites pour recevoir le trop-plein de l'Europe; ce n'est qu'une ferme à exploiter. On a souvent attribué à M. de Bismarck le dessein d'annexer la Hollande avec ses dépendances. Ce serait sans doute un coup de filet à tenter les pêcheurs de provinces. Ils y songeront peut-être. L'Allemagne y gagnerait une large façade sur la mer. Quant aux Indes néerlandaises, il faudrait pour s'en emparer sans peine et les garder sans péril compter sur l'amitié de l'Angleterre. Posséder une colonie lointaine dans notre siècle, c'est se mettre jusqu'à un certain point sous la dépendance de la nation qui domine sur l'Océan. C'est du moins lui donner des ôtages, à moins que la colonie ne soit en état de se défendre par elle-même, ce qu'on ne peut attendre d'un pays où les Européens s'acclimatent si peu. Une puissance militaire et toute continentale peut avoir intérêt à n'éparpiller ni ses forces ni ses richesses. Un ancien citait à ce propos l'exemple de la tortue, qui n'a rien à craindre quand elle ne laisse passer ni tête ni pattes. En 1871, il y eut bien des Allemands qui réclamaient au moins la Cochinchine française. M. de Bismarck refusa d'exiger ce surcroît de butin; il n'estimait pas que la marine germanique dût être de longtemps assez forte pour protéger en cas de guerre une possession aussi éloignée.

Les raisons que nous avons alléguées pour l'Océanie sont encore plus solides pour l'Afrique. Les Allemands s'y établiraient malaisément. On dit que les Alsaciens n'ont pas très-bien réussi en Algérie. Il est certain du moins que les Allemands installés dans notre colonie comptent plus de décès que de naissances. Il faut aux hommes du Nord une contrée tempérée. D'ailleurs l'Afrique australe est aux Anglais; ils la garderont bien. Le centre ne tente que de hardis voyageurs et d'aventureux commerçants. La côte de la Méditerranée peut seule inspirer quelque convoitise. Mais le Maroc serait difficile à conquérir, coûteux à conserver. L'Algérie nous appartient. La Tunisie est peu étendue et les Italiens la couvent de l'œil. La Tripolitaine est un rivage de sable. L'Égypte serait défendue par la flotte britannique comme la clef des Indes.

Pour que l'Allemagne songeât à fonder un empire colonial, il lui faudrait donc une marine qu'elle ne formera pas en un jour, ou une guerre heureuse qui lui livrerait les dépouilles de quelque puissance européenne. Encore ne parviendrait-on pas à détourner vers un pays trop chaud le courant d'émigration qui se dirige maintenant vers les prairies de l'Amérique du Nord. Il y a sans doute mieux à faire.

Nous avons vu que les Germains de l'antiquité s'étaient jetés sur l'empire romain d'Occident, tandis que les Allemands du moyen âge ont lentement poussé devant eux les Slaves. Les premiers ont seulement pillé le théâtre de leurs exploits, ou se sont fondus dans la population des États qu'ils créaient. Les seconds ont colonisé. De nos jours les héritiers d Alaric et d'Albert l'Ours peuvent suivre à la fois ces deux méthodes, demander au Sud-Ouest de l'or, au Sud-Est des terres. Cherchons dans cette pensée l'explication de la politique allemande depuis le traité de Francfort.

La population moyenne de l'empire d'Allemagne est de 79 habitants par kilomètre carré. Celle de l'Autriche est de 60 habitants (68 pour la Cisleithanie, où dominent les Allemands, 48 pour la Transleithanie, où dominent les Magyars). La moyenne est de 31 pour la Turquie d'Europe et les États détachés de la Turquie d'Europe, de 20 pour l'Asie-Mineure. Elle est de 47 pour la Pologne russe. La plupart des contrées que nous venons d'énumérer sont plus fertiles que l'Allemagne et jouissent d'un climat plus doux. Elles peuvent recevoir le trop-plein de sa population, si elles se trouvent placées dans des conditions politiques qui les livrent à cette invasion.

Après Sadowa et avant Sedan, la blessure de l'Autriche était encore trop peu cicatrisée pour que la Prusse recherchât avec succès l'alliance des vaincus. La cour de Berlin avait encore besoin de la cour de Pétersbourg pour localiser une guerre probable avec la France, c'est-à-dire pour nous empêcher de trouver des alliés. Nos défaites ont tout changé. L'empereur Guillaume n'eut plus besoin de son neveu. A Vienne, ceux qui gardaient de la campagne de Bohême un souvenir amer n'eurent plus de revanche à espérer. Le ressentiment s'apaise plus vite quand la vengeance devient impossible. Les Autrichiens de race allemande furent plus touchés de l'orgueil d'être Allemands que de la honte d'avoir été battus comme Autrichiens. Ils luttaient contre des Slaves, et cet antagonisme leur rappelait à toute heure qu'ils étaient Allemands. Depuis des siècles les Germains de Vienne paissaient les troupeaux bigarrés du domaine des Habsbourg ; paissaient, c'est-à-dire tondaient. Devenir seulement une nationalité parmi les autres et comme les autres, avoir ici le dessus, et là le dessous, subir tous les déboires que le fédéralisme inflige dans une province à la race qui domine dans une autre province, c'était plus que n'en pouvait supporter la fierté germanique. Il fallut pourtant faire la part du feu, couper la monarchie en deux moitiés, instituer le dualisme. Il y a en Autriche trois grandes races profondément dis-

tinctes. Deux d'entre elles, les plus actives, se sont
entendues pour laisser en tutelle la plus nombreuse,
qui est aussi la plus dispersée. Les Teutons de
Vienne, comme les Magyars de Pesth, ont leur lot de
Slaves à tenir en bride. On comprend sans peine pourquoi les Allemands d'Autriche combattent avec tant
de vigueur la politique prudemment fédéraliste du
ministère Taaffe.

C'est un Allemand, M. de Beust, qui a organisé le
dualisme. Mais c'est un Hongrois, le comte Andrassy,
qui l'a mis en pratique. Les Hongrois n'ont pas par-
donné à la Russie d'avoir aidé les Habsbourg à dompter l'insurrection séparatiste de 1849. En se réconci-
liant avec ses sujets jadis révoltés, l'empereur François-Joseph a dû épouser leur ressentiment. En 1854,
ses conseillers l'obligeaient à oublier les bienfaits du
tsar. En 1878, ils l'ont contraint de s'en souvenir;
l'ingratitude a fait place à la rancune.

Cependant le comte Andrassy fit d'abord entrer son
maître dans l'alliance prusso-russe, devenue la tri-
nité des empereurs. On se demanda ce que signifiait
cette intimité dont on faisait tant de bruit. Avait-elle
pour but unique le maintien de la paix, comme on le
criait par-dessus les toits? Mais après la guerre de
1870, M. de Bismarck n'avait rien à craindre, tant que
Guillaume Ier et Alexandre II resteraient unis par une
tendre amitié. S'agissait-il de donner des lois à l'Europe et de régler les questions pendantes? Mais dès
que la question d'Orient fut soulevée, l'intimité devint
moins cordiale. Il faut conclure de là, ou que le grand
chancelier a échoué dans ses desseins, ou que la triple
alliance était pour lui un moyen de passer de l'alliance russe à l'alliance autrichienne.

Dès que la France fut écrasée, le vainqueur remer-

cia publiquement son neveu de l'avoir préservé de
toute intervention. Ne fallait-il pas payer un si grand
service ? La révision du traité de Paris, accomplie
pendant le siège de Paris, n'était qu'un à-compte. La
Russie devait faire fond sur l'appui de son heureuse
voisine, le jour où recommencerait la liquidation in-
termittente de l'empire ottoman. Mais qu'a fait le
congrès de Berlin, présidé, inspiré, dirigé par M. de
Bismarck ? Il a définitivement fermé à l'aigle russe la
route de Byzance ; il a attribué les plus beaux fruits
de la guerre à une puissance dont l'armée n'avait pas
brûlé une amorce ; non content de consacrer par son
silence le protectorat anglais en Asie-Mineure, il as-
surait le protectorat autrichien dans la péninsule des
Balkans.

Au lendemain de San-Stefano, les Russes sont les
maîtres de l'Orient. Ils affranchissent les Bulgares,
agrandissent la Serbie et le Montenegro ; tous les
Slaves du sud sont les clients du tsar. Après le traité
de Berlin, il ne reste plus au tsar d'autre client que
l'État bulgare, diminué de moitié. Les Roumains sont
blessés par la confiscation de la Bessarabie ; les
Serbes et les Monténégrins, séparés par un couloir où
l'Autriche tient garnison, savent que leur destinée dépend désormais de la cour de Vienne et non de la
cour de Pétersbourg. Les Slaves méridionaux sont
condamnés à subir l'influence ou, selon le mot à la
mode, à se mouvoir dans l'orbite de la monarchie
austro-hongroise.

Depuis longtemps la presse allemande, organe fougueux, mais discipliné, de la politique de M. de Bismarck, ne cessait d'exhorter les Autrichiens à s'é-
tendre vers le Sud. Plus on leur montrait cette proie,
plus ils se défiaient. Ils devaient croire qu'on leur of-

frait le prix de leurs provinces allemandes. Ce marché
eût été un suicide ; l'empire germano-magyare deve-
venait un empire magyaro-slave, où les Slaves auraient pris l'ascendant à force de l'emporter par le
nombre. Mais l'œuvre s'est accomplie de façon à ne
rien coûter à l'Autriche, à ne lui inspirer aucune inquiétude. Elle a dû intervenir pour arrêter les progrès
de la Russie. Elle a pris le gouvernement de la Bosnie
et de l'Herzégovine sans les annexer, c'est-à-dire
sans rompre dans son propre sein l'équilibre des
races. Elle va imposer à la Serbie une sorte de vassalité purement économique : il ne s'agit que de chemins de fer. Ce sera une invasion de capitaux, pacifique et insinuante. Une route s'ouvrira, de gré ou de
force, dans la direction de Constantinople. Dans ces
pays où le sol est riche, l'habitant pauvre, l'acier des
rails fait autant de conquêtes que l'acier des canons.
On trace un chemin, puis on en assume la police ; le
gendarme suit l'ingénieur.

C'est ainsi que les Autrichiens ont accepté la charge
de civiliser l'Orient. Le premier pas est fait ; le courant
s'établira ; il n'y a plus qu'à laisser les choses et les
hommes glisser sur la pente. Les banquiers et les
marchands viendront les premiers, puis les manufac-
turiers, puis les agriculteurs, puis la foule. Le Nord
débordera sur le Midi avec une vitesse croissante.
L'Autriche installera dans les provinces qu'on lui
ouvre l'industrie allemande, la culture allemande, la
langue allemande. Car ce ne sont pas les Hongrois
qui défricheront ce sol presque vierge, ce seront les
émigrants venus de Vienne et de Berlin. Il n'y a point
de motif pour que le mouvement s'arrête. La Turquie d'Europe est une de ces contrées où il est difficile
d'intervenir à moitié. Quand on a commencé à mettre

l'ordre dans un pareil chaos, on va jusqu'au bout. C'est un engrenage agréable et fructueux.

Telle est sans doute la pensée de M. de Bismarck. Elle est grande, simple, à la fois hardie et pratique; elle est même généreuse. On lui prêtait un dessein mesquin et dangereux; on disait qu'il convoitait une partie de l'empire des Habsbourg. C'eût été bouleverser l'Europe, se brouiller prématurément avec les Hongrois, ces vaillants soldats et ces habiles politiques auxquels il ne manque, pour être vraiment une grande nation, qu'un peu plus de fécondité. C'eût été introduire dans le corps germanique une trop grande masse de catholiques romains, donner un contre-poids à Berlin, fortifier la minorité particulariste. Enfin on risquait de hâter la formation d'un grand royaume des Slaves du Sud, hostile à l'influence allemande, allié naturel de la Russie. Au lieu de courir cette aventure, le grand homme d'État qui préside aux destinées de la race germanique lui ouvre une carrière nouvelle. Il lui refuse l'unité pour étendre son domaine. Il répare le malentendu de 1866 par un bienfait soudain et gratuit, et cicatrise à jamais la blessure de Sadowa.

Ce coup de maître unit Vienne à Berlin par un nœud bien fort. Avant l'occupation de la Bosnie et de l'Herzégovine, l'Autriche avait la liberté de ses alliances. Elle pouvait s'appuyer sur la Russie ou sur la France, ou sur les deux. Depuis qu'elle est irrévocablement brouillée avec la Russie, elle est obligée de s'assurer à tout prix l'amitié de la Prusse. Cette amitié d'ailleurs ne lui coûte rien ; on ne lui demande que de suivre son penchant, que de s'agrandir, que de travailler à l'œuvre commune. Il est vrai que cette extension des États de François-Joseph a réveillé les passions de l'Italie, qu'on a rendue avide en la rendant jalouse. Mais cela même entre sans doute dans le plan de M. de Bismarck. Il veut que les Allemands du Sud tiennent aux Allemands du Nord à la fois par la reconnaissance et par le besoin. Il veut que l'Autriche ne puisse se passer de son concours, et il le donne pour rien. Oui, pour rien dans le présent, car c'est en vue de l'avenir qu'il travaille. Il sème à grande volée; ses petits-neveux moissonneront : politique de père de famille.

C'est ainsi qu'on remplacera l'émigration perdue par l'émigration utile, et qu'on détournera vers le sud-est au moins une partie du courant qui s'écoulait vers l'Amérique. On dira, on dit déjà aux Allemands qui se plaignent de végéter dans leur patrie : « Au lieu de la quitter, élargissez-la. Au lieu de fuir à deux mille lieues, établissez-vous à deux cents lieues. » L'ancienne Turquie d'Europe se prête assez bien à cette colonisation. Il y a là des races rivales : on les contraindra à vivre en paix. Il y a des routes à construire, des mines à exploiter, des forêts à défricher; les naturels sont peu actifs. En Roumanie ils se laissent rançonner par les juifs, ailleurs par les Grecs et les Arméniens. L'Allemand fera mieux; il a plus d'argent, il ne se laisse pas mépriser; il sait au besoin tondre sans écorcher. Une fois qu'il aura commencé à se glisser, à se couler, à s'insinuer dans les fentes de cette population sans consistance, il comblera peu à peu tous les vides. Il bâtira des villages florissants là où des nomades en haillons paissent leurs maigres troupeaux. Il achètera des terres qui coûtent peu et qui, bien cultivées, rapporteront beaucoup. Là s'installeront les pauvres laboureurs qui vivaient misérablement dans les sables du Brandebourg et dans les marais de la Vistule.

Admirable perspective, bien faite pour tenter une nation laborieuse, entreprenante et féconde. Depuis longtemps l'Angleterre et la Russie se disputent la succession de l'homme malade : quelle occasion pour un tiers héritier! Les Anglais sont bien loin ; les Russes manquent de capitaux, d'initiative industrielle et commerciale. Ils ont plus de soldats que d'administrateurs, plus d'administrateurs que d'hommes d'État, plus d'hommes d'État que d'hommes d'affaires. Les Allemands ont tout ce qu'il faut pour s'établir solidement dans la Péninsule, pour y prendre racine et y faire souche. Si rien d'inattendu ne les arrête, Constantinople tombera un jour entre leurs mains par la force des choses, quand il n'y aura presque plus de Turcs, comme elle est tombée aux mains des Turcs quand il n'y avait presque plus de Grecs. Ils arriveront aux Dardanelles et au Bosphore à petites journées. De l'autre côté de ces détroits dont l'artillerie fait des ruisseaux, s'étend un vaste domaine que la lointaine Angleterre ne saurait défendre contre un puissant voisin : l'Asie-Mineure jadis si riche, la vallée de l'Euphrate où autrefois s'élevaient des cités immenses, la côte de Syrie qui naturellement conduit ses maîtres en Égypte. Tombons-nous dans le roman ? Il y a bien du romanesque dans la réalité des choses humaines, quand les grands hommes conduisent les grands peuples. Le Congrès de Berlin a ouvert une porte par où la race germanique peut faire couler son trop-plein pendant deux ou trois siècles.

Et quand l'œuvre sera accomplie ou déjà menée loin, que deviendront les frontières qui séparent l'Autriche de l'Allemagne ? A quel moment la fusion sera-t-elle assez complète pour que les dernières barrières tombent d'elles-mêmes? A quel moment l'alliance se changera-t-elle sans effort en un lien fédéral? Quand l'association cessera-t-elle d'avoir un double nom et une double tête? C'est une question de temps. L'Autrichien, restant chez lui, reste Autrichien. Hors de chez lui, il devient Allemand. Le jour où il se chargera de germaniser l'Orient, il achèvera de se germaniser lui-même. Le Viennois et le Berlinois, colonisant ensemble la Péninsule, oublieront qu'ils ne sont pas concitoyens à force de se sentir compatriotes. Rapprochés par la langue, par le génie, par les intérêts et les mœurs, par une longue et féconde collaboration, ils mettront la dernière main à leur union. En ce temps-là, se dit le grand chancelier, la race germanique sera si forte, que nul n'y pourra mettre obstacle. M. de Bismarck estime sans doute que, d'ici-là, le catholicisme sera trop affaibli pour séparer encore les deux branches de la nation tudesque. Il pense aussi que, d'ici-là, les Slaves et les Latins tomberont à l'égard des Germains dans l'état d'infériorité où les Espagnols du Nouveau-Monde se trouvent placés vis-à-vis des Anglo-Saxons. Ceci nous ramène à notre sujet, car ce n'est pas la destinée des Serbes et des Turcs, des Grecs et des Bulgares, qui nous intéresse et nous émeut.

CHAPITRE IV

Outre l'Autriche et l'Allemagne, il y en Europe quatre grandes puissances : l'Angleterre, la Russie, la France, l'Italie. L'Espagne, qui n'a plus sa place dans ce concert, peut l'y reprendre. Une politique à longue échéance doit prévoir le cas où la monarchie de Philippe II s'efforcerait de remonter au rang d'où elle est tombée. Nous verrons dans quelle mesure on doit la faire entrer dans des calculs qui s'appliquent au temps présent.

Il suffit à l'Allemagne, pour n'avoir rien à craindre de l'Angleterre, de s'étendre seulement sur le continent. Aussi doutons-nous des convoitises qu'inspirent, dit-on, à nos voisins la Hollande et son empire colonial. Hier l'Angleterre était l'alliée de l'Autriche et par suite de l'Allemagne ; demain peut-être il en sera de même. Lord Beaconsfield fut charmé de trouver à Vienne un associé pour sa politique hostile à la Russie, à Berlin, un arbitre favorable.

Plus la frontière russe se rapproche de la frontière des Indes, ou la frontière des Indes de la frontière russe, plus la crainte d'une lutte suprême met le cabinet de Londres dans la dépendance de quiconque est ou peut être l'ennemi de la Russie. L'occupation

de Chypre, l'établissement (momentanément inter-
rompu) du protectorat britannique en Asie-Mineure,
l'extension de l'influence britannique en Égypte, ont
coïncidé avec l'occupation de la Bosnie et de l'Herzégovine, avec l'entrée en scène de l'Autriche. Le traité
de Berlin, c'est un partage à deux ; la Turquie d'Asie
relevant de l'Angleterre, la Turquie d'Europe a passé
sous la suzeraineté de François-Joseph, est entrée,
comme on dit, dans la sphère des intérêts autrichiens.
Tant que les Germains et les Anglo-Saxons avance-
ront en Orient sans se toucher, ils seront unis par
une sorte de complicité.

Autrefois, il est vrai, il y eut une politique anglo-
française. C'était le rêve de Napoléon III, un rêve
qui eut quelque temps l'air d'une réalité. Cette politique ne manquait ni de hardiesse ni de grandeur.
Elle avait pour objet, dans la pensée de l'empereur,
de faire vivre la Turquie assez pour que ses sujets,
non ses voisins, fussent ses héritiers ; d'affranchir peu
à peu les Roumains, les Serbes, le Liban, l'Égypte ;
de répandre la civilisation dans les possessions immédiates du sultan et de préparer la formation d'une
confédération orientale, qui garderait le Bosphore et
mettrait les compétiteurs hors de cause. Placer les
clefs de la maison entre les mains de ses habitants,
n'était-ce pas la solution la plus simple et la plus
rassurante d'un problème qui inquiétait tout le
monde? Mais l'Angleterre n'avait jamais accepté cor-
dialement un dessein qui la délivrait d'un péril sans
lui donner rien à gagner. Elle ne tarda pas à se refroidir à l'égard de son allié des Tuileries. Puis les
évènements introduisirent en scène un nouvel acteur ;
la Prusse, dont on se préoccupait peu, attira soudain
tous les regards ; l'abaissement de notre pays changea

la balance des forces. En 1856, on croyait que la France et l'Angleterre, sincèrement unies, n'avaient rien à redouter du reste du monde. Aujourd'hui nos frères d'armes de Crimée comptent moins sur nous et avec nous. Ce qui leur importe, c'est que nous soyons en état de leur vendre et de leur acheter ce qu'ils veulent nous acheter et nous vendre. Ils recherchent notre suffrage, quand on va aux voix; s'il fallait se battre, ils préféreraient probablement d'autres alliances.

Ajoutons que le vieux levain subsiste toujours de l'autre côté de la Manche. On l'oublie en ce moment, parce que les Whigs ont déserté la tradition de Palmerston, tandis que les Tories restent fidèles à celle de Pitt et de Castlereagh. Mais trop de souvenirs plaident contre nous. De Crécy à Waterloo, la gloire anglaise est faite de nos revers. On ne nous pardonne pas encore nos anciennes prétentions, dont on ne nous croit peut-être pas guéris. La défiance survit à la crainte. Comme nous nous flattons d'occuper le second rang parmi les puissances maritimes, on nous soupçonne par intervalles d'aspirer à disputer le premier. En 1858 il y eut encore à ce sujet une véritable panique en Angleterre. Nous avons encore trop de colonies, nous promenons trop notre pavillon, nous sommes trop puissants dans la Méditerranée. Les consuls britanniques ont gardé l'habitude de contre-carrer les consuls français. N'avons-nous pas fait avec les Anglais la campagne de Crimée, la campagne de Chine? N'avons-nous pas occupé le Liban, percé l'isthme de Suez, balancé en Égypte l'influence des maîtres de l'Inde? On nous trouve trop remuants, même quand on se sert de nous. L'ambition anglaise n'accepte guère plus des associés que des rivaux.

Il n'y a donc pas lieu de regarder l'Angleterre

comme une épine dans le pied de l'Allemagne.
Quant à la Russie, elle est plus à craindre. Le congrès
de Berlin l'a profondément blessée. Elle ne s'attendait pas à voir ses services ainsi payés. Pour prix de
son utile neutralité de 1870, on jette entre elle et
Byzance cette barrière, l'Autriche. Les Slaves du
Nord ne verront pas avec plaisir les Allemands dominer et violenter les Slaves du Sud. Il y a là un
danger pour la politique de M. de Bismarck.

Ce danger est, il est vrai, plus grave que pressant.
Les deux empereurs s'aiment encore. La force offensive de la Russie n'est pas égale à sa force défensive,
ne répond pas à sa grandeur. Elle manque de
capitaux ; elle paraît avoir une administration défec-
tueuse. Elle est en proie à une crise intérieure ; le
nihilisme tient en échec le gouvernement et l'exaspère. Ce n'est peut-être qu'un moucheron sur un
lion, mais le lion n'en est pas moins absorbé par
cette lutte irritante. On ne doit pas s'attendre à une
révolution ; mais il y a au moins une évolution nécessaire. Le pouvoir absolu a fait son temps ; le peuple
aspire à la liberté ; le prince se sent mal servi. Comment s'accomplira l'entrée inévitable de la Russie
parmi les États qui jouissent d'une constitution ? L'enfantement peut être laborieux ; il peut y avoir des
avortements. La politique allemande aurait donc le
temps de faire son œuvre en Occident, surtout si elle
réussit à semer ou à envenimer quelques malentendus entre la République française et le souverain
seigneur de toutes les Russies.

Vers la fin du xviiie siècle, Catherine II se rappro-
chait de la France ; la Révolution rompit la liaison
ébauchée. Paul Ier admirait le premier consul. Sa
mort et le meurtre du duc d'Enghien firent triompher

la politique austro-anglaise à la cour de Pétersbourg. Napoléon et Alexandre s'embrassèrent à Tilsitt et à Erfürth, puis se brouillèrent à mort. Charles X et Nicolas étaient sur le point de s'entendre pour remanier la carte d'Europe ; 1830 nous ôta cette chance de venger Waterloo. Après la guerre de Crimée, Napoléon III avait presque séduit Alexandre II ; d'inutiles démarches en faveur de l'insurrection polonaise rejetèrent brusquement le tsar dans les bras de ceux qui allaient être nos ennemis. Après le congrès de Berlin, entre la France qui n'a rien pris, et la Russie qui s'est vu reprendre une partie de ses conquêtes, il y a encore de puissants motifs de rapprochement. Si une telle alliance n'entre- pas dans nos desseins, elle entrera certainement dans les calculs de ceux qui auraient à la redouter.

Quoi qu'il en soit, il est dans la destinée de l'Allemagne de se mesurer avec la Russie, à moins que l'une des deux ne renonce à l'Orient. La population de l'empire russe croît avec une grande rapidité ; elle s'enrichira par la mise en valeur de ses vastes et fertiles domaines. C'est une nation trop jeune pour donner aucun signe d'épuisement, pour laisser espérer à ses rivaux une prochaine décadence. Le jour où l'armée russe sera aussi bien organisée et aussi mobile qu'elle est déjà brave et patiente, une grande lutte attirera l'attention du monde, et les ennemis de l'Allemagne seront tentés d'y prendre part.

« Ce jour-là, doit se dire plus d'un Allemand, il faut que la France soit hors d'état d'intervenir. Il faut donc que la France soit écrasée avant que la Russie rompe avec l'Allemagne, ou que la Russie soit abaissée avant que la France se voie en mesure de demander sa revanche. »

Trois passions peuvent porter les Allemands à nous chercher querelle : la haine, la peur, la cupidité.

Nous prions le lecteur de ne pas se méprendre sur le sens de nos paroles. Nous vivons en paix avec nos voisins. Quelle que soit l'amertume de nos souvenirs, l'immense majorité de là nation française souhaite le maintien de cette paix. Il en est à peu près de même de l'autre côté du Rhin. Le service obligatoire rend les maux de la guerre plus sensibles à toutes les classes de la société. L'appel des réserves jette partout le trouble, la gêne, l'inquiétude. Il n'y a pas de peuple qui envisage sans effroi l'idée de risquer un pareil enjeu, d'engager une partie qui exige une telle mise de fonds. Nous n'accusons donc pas les Allemands de nourrir délibérément contre nous des desseins hostiles. Mais partout, dans tous les cœurs, même dans les cœurs les plus doux, couvent des ferments que peuvent développer soudain les circonstances, la volonté d'un prince ou d'un ministre, l'habileté ou la folie d'un homme d'État tout-puissant. Il y a onze ans, le programme officiel du plébiscite, c'était la paix autant que la liberté; l'opposition ne témoignait pas moins de zèle pour la paix. Tout le monde, ou peut s'en faut, était également sincère en mars 1870. Si cependant, à cette époque, un Allemand avait pris soin de signaler à ses compatriotes les motifs que nous avions de vouloir la guerre, aurait-il eu tort? Les hommes qui mettent deux nations aux prises ont toute la responsabilité de leur conduite. Mais, pour amener le conflit, ils se servent des passions qu'ils pourraient contenir, et qu'ils déchaînent. Sans eux, elles demeureraient impuissantes; grâce à eux, elles débordent, elles entraînent tout, elles sont irrésistibles.

Aujourd'hui, nous n'en doutons pas, les tendances pacifiques sont beaucoup plus fortes en Allemagne que les tendances belliqueuses, bien que la disproportion y soit apparemment moins grande que chez nous. Il est bon cependant que nous sachions qu'il y a des tendances belliqueuses, que nous en connaissions l'origine, la nature et la vigueur, comme il est bon que nous connaissions les secrets défauts de nos voisins et même de nos amis, tout en espérant le triomphe de leurs meilleurs instincts.

C'est sous ces réserves qu'il convient de lire les pages suivantes. Elles n'ont pas plus pour objet de diffamer nos vainqueurs que d'alarmer nos concitoyens. Elles ne présentent pas le tableau de l'opinion publique en Allemagne, mais seulement l'anatomie des germes mauvais que la sagesse des gouvernements peut étouffer, que leurs imprudences ou leurs calculs peuvent développer avec une rapidité terrible.

En rappelant aux Français ce qu'ils auraient tort d'oublier ou de perdre de vue, nous ne craignons pas d'apprendre à nos voisins ce qu'ils savent bien mieux que nous. Si nous voyons juste, ils ne peuvent blâmer notre sincérité. Si nous nous trompons, le mal n'est pas grand. Car nous conseillons la prudence; nous ne prêchons pas l'offensive.

Bien que les Français et les Allemands aient été maintes fois aux prises, la haine contre le prétendu ennemi héréditaire date de Napoléon. Les griefs rétrospectifs que l'érudition accumule contre nous, ne sont pas des traditions nationales, mais des trouvailles d'archivistes. Ce sont les archéologues qui ont imaginé de nous imputer le supplice de Conradin; ce sont les historiens qui ont ressuscité le souvenir éteint de l'incendie du Palatinat. Jusqu'au XIXe siècle, nous n'avons jamais fait la guerre en Allemagne sans y posséder des alliés, dont nous servions la cause autant qu'ils servaient la nôtre. De quel droit ferait-on un crime à Richelieu de ce qui fait la gloire de Gustave-Adolphe? De quel droit nous reprocherait-on d'avoir soutenu Marie-Thérèse contre Frédéric II, si l'on excuse Frédéric II de nous avoir appelés contre Marie-Thérèse? Nous avons même pu prendre la frontière du Rhin sans blesser un patriotisme qui n'était pas encore vulnérable. La formation de la Confédération rhénane, qui mettait les États du Sud sous la protection, c'est-à-dire sous la domination du vainqueur d'Austerlitz, émut les esprits éclairés. Mais ce qui souleva la haine populaire, ce fut l'écrasement de la Prusse après Iéna. Si nous sommes pour l'Allemagne l'ennemi héréditaire, l'héritage, à y bien regarder, ne remonte pas plus haut que 1807.

La haine grandit jusqu'en 1813. Elle était alors au comble. La guerre de 1813 s'appelle là-bas la guerre de l'indépendance : l'indépendance fut conquise et solidement garantie. Les rois de l'Europe à deux reprises rendirent à Paris la visite que nos aigles avaient faite à leurs capitales. Tout compte réglé, la France était la seule puissance qui se retrouvât en 1815 plus petite qu'en 1792. Dans cette eau qu'on nous reprochait tant d'avoir faite trouble, tout le monde à la fin avait péché, hormis nous. On pouvait donc tout oublier. Mais le branle était donné ; les Allemands conservèrent leur rancune, tandis que nous conservions notre orgueil. Nous chantions les couplets de Béranger sans penser à mal, trop contents de nous pour en vouloir à personne ; les compatriotes de Blücher redisaient les vers de Kœrner et les *Sonnets cuirassés* de Rückert. Les gouvernements, qui ne voulaient pas satisfaire la passion de la liberté, ne trouvaient pas mauvais qu'on nous haït un peu pour se distraire. L'érudition se mit de la partie. Nous avions contre nous les hommes de cour qui détestaient notre Révolution, les mystiques qui détestaient notre xviiie siècle, la jeunesse chevelue qui rêvait d'Arminius, et qui ne voyait rien de plus romantique que de maudire les Latins corrompus.

En 1866, une timide politique de pourboire, sans gêner M. de Bismarck, lui fournit un prétexte pour ranimer les vieux ferments. En 1870, le Nord et le Sud étaient prêts à se ruer sur nous ; la déclaration de guerre fut un coup de pied dans un nid de guêpes. Nous avons jeté quelques obus dans un faubourg de Saarbrück ; on nous en a voulu comme si nous avions mis l'Allemagne à feu et à sang, de Trèves à Memel. La guerre fut longue. Pendant six ou sept mois tout ce grand peuple n'eut pas d'autre pensée, pas d'autre sentiment. C'était une lutte à fond, le choc non de deux armées, mais de deux nations. Quand les âmes se sont ainsi bandées dans un long effort, elles ne se détendent pas aisément. Ce ne sont pas les soldats qui contribuent le plus à entretenir la flamme ; ce sont les écrivains, les poètes, les rhéteurs, tous les gens qui ont pris l'habitude de broder des variations faciles sur un thème banal et sacré. Pendant le combat, l'injure est de bon ton, la déclamation de bon goût, calomnier est une œuvre pie. Nous le savons par notre propre exemple, nous qui pourtant ne prenons pas les choses si à cœur.

La haine prussienne ne fut pas adoucie par la promptitude de la victoire, elle fut exaspérée par la longueur de la guerre. Quand la partie est bien disputée, les adversaires apprennent à se respecter ; ils finissent souvent par se saluer et se serrer la main, comme la France et la Russie après Sébastopol. En 1870, la catastrophe fut si rapide, que le vainqueur se crut d'une espèce supérieure. Il s'en voulut d'avoir eu un instant d'inquiétude; puis il nous en voulut de ne pas nous rendre assez vite. Il semblait que notre résistance fût une rébellion, la marque d'une obstination coupable et perverse. Il comptait en avoir fini plus tôt; nous lui volions un repos auquel il croyait avoir droit. C'était lui faire tort que de ne pas le laisser, dès le lendemain de Sedan, entrer dans la jouissance de ses lauriers.

La paix se fit, on sait trop à quel prix. Mais la paix n'efface pas tout. Nous étions pour longtemps l'ennemi héréditaire, l'ennemi incorrigible. La littérature allemande avait pris le pli. Est-ce que l'écrivain qui nous a diffamés va se reprendre et dire : « Après tout, puisque nous les avons dépouillés, il faut bien reconnaître que ce ne sont pas de si méchantes gens? » Est-ce que le prédicateur va rétracter ses anathèmes contre la moderne Babylone? Est-ce que les chants de guerre perdront du jour au lendemain leur âpre saveur? Rendra-t-on Arminius aux limbes d'où on l'a évoqué?

Dans les premiers temps qui suivirent la guerre, rien ne fut négligé par nous de ce qui pouvait entretenir chez les Allemands la haine de la France. Notre presse, affolée, semblait se considérer comme irresponsable, et criait vengeance à tue-tête. Certes, nous n'en sommes plus là. Nos journaux ont bien changé de ton; ils ne renferment plus d'articles provocants; ils ne menacent plus; ils sont dignes d'un peuple qui entend vivre en paix avec tout le monde, qui ne se soucie plus de courir les aventures, et qui ne se pique plus de réparer un désastre avec des phrases. L'amour-propre national, que des revers inouïs avaient jeté hors des gonds, est plus rassis; nous dirons pourquoi.

Mais les Allemands ont encore peur d'un coup de tête de notre part. Dès leurs premières victoires, en 1870, quand on commençait à parler de paix, M. de Bismarck déclarait qu'il ne comptait ni sur notre sagesse après une telle leçon, ni sur notre reconnaissance s'il nous épargnait. Il ajoutait que nous voudrions une revanche, qu'il s'y attendait, et qu'il prendrait ses précautions. Il les prit en effet, garda les clefs de notre maison, et nous infligea, après les dépenses et les ruines de cette longue guerre, après tant de contributions et de réquisitions, une saignée sans exemple. Il croyait nous ouvrir toutes les veines.

On n'en saurait douter; le vainqueur entendait bien réduire le vaincu à une impuissance durable. Il nous ôtait notre frontière, deux des provinces qui passaient pour nous fournir les meilleurs soldats, deux places de premier ordre, Metz la Pucelle et Strasbourg. Il se couvrait de la ligne des Vosges, et ne nous permettait pas de nous en couvrir. C'est de la France qu'on pouvait dire alors : « Son flanc porte une plaie ouverte. » Même avant cette mutilation, nous étions assez mal défendus par la nature contre une invasion germanique. La route de Paris n'était ni bien longue ni bien malaisée à parcourir; les plaines de la Champagne sont vite franchies. Mais en 1871, nous n'avions plus de forteresses, plus de canons, plus de fusils, plus d'armée. Il fallait, pour regagner seulement un peu de sécurité, réorganiser notre état militaire, reconstruire les boulevards qui nous manquaient, refaire notre matériel, raccommoder le réseau de nos chemins de fer; il fallait des milliards.

Or on se flattait de nous ruiner. Les préliminaires de Versailles nous imposaient la plus grosse amende que nous pussions payer. Une pareille rançon nous condamnait à la gêne, c'est-à-dire à l'économie, et par conséquent à la faiblesse. Nous allions nous charger des intérêts d'une dette énorme, avec un territoire rapetissé, avec les frais de la guerre à liquider, au milieu d'une crise politique dont on prévoyait à peine l'issue; car il semblait également impossible que l'Assemblée nationale acceptât la République et la remplaçât. M. de Bismarck était en droit de compter sur la guerre civile si l'on cherchait à désarmer la guerre nationale, sur l'anarchie si l'on y renonçait. Dans ces conditions, notre budget devait nous interdire à la fois la reconstitution du matériel de guerre et l'entretien d'une grande armée. L'indemnité n'était donc pas seulement pour l'Allemagne une large réparation et un gros profit; c'était une garantie. Dans la pensée de ceux qui l'exigeaient, nous étions pour longtemps une nation valétudinaire; nous étions voués par notre situation politique à la fièvre, par notre situation financière à l'anémie.

Ce calcul était peu généreux; il s'est trouvé faux. La paix n'a pas donné à l'Allemagne les résultats qu'elle en attendait, n'a pas mis la France hors de combat. L'ordre a été rétabli. Nous avons emprunté ce qu'il fallait de milliards, à un taux élevé, mais sans peine. Les impôts créés n'ont pas dépassé les facultés du contribuable; la source de nos richesses n'a pas été tarie. Au lieu de tomber au niveau de ces peuples épuisés qui donnent d'autant moins au fisc que le fisc leur demande davantage, nous n'avons pas tardé à inspirer l'envie par le chiffre pompeux de nos excé-

dents de recette. Nous avons supprimé quelques-unes
des taxes les plus lourdes tout en accroissant nos dépenses. Nous avons hâté la reconstitution de notre
matériel et réorganisé notre armée, sans négliger
l'instruction publique, sans reculer devant les grands
travaux que sollicitait le progrès du commerce et de
l'industrie. En un mot, nous avons vite retrouvé toute
la force que donne la richesse.

Cette renaissance de la France est pour nos voisins
d'outre-Rhin une déception cruelle, d'autant plus
cruelle que nos milliards ne leur ont pas donné l'aisance. Aussi ont-ils dû bientôt aggraver le fardeau
déjà lourd de leurs institutions militaires. Le gouvernement impérial a demandé de nouveaux sacrifices à
des gens qui se flattaient d'avoir enfin doublé le Cap
des Tempêtes. En 1871, les chefs des Allemands leur
disaient : « Nous en finissons avec le péril français. »
Peu d'années accomplies, les hommes d'État de Berlin
tenaient un autre langage : « Il faut pourvoir au péril
français ; il faut nous prémunir contre une guerre de
revanche ; il faudra pendant un demi-siècle monter la
garde sur les Vosges. » Sans doute, il y a là quelque
exagération. Le nouvel empire veut être en état de
faire face à une coalition, sans avouer hautement qu'il
craint une coalition. Il se défie de la Russie, et ne
parle guère que de la France. Mais il en parle tant
que bien des gens, de l'autre côté du Rhin, ont dû s'é-
crier : « Mais c'est à recommencer ! »

En 1871, en 1872, quand nous prononcions volontiers
le mot de revanche, le vainqueur affectait de dédaigner nos menaces. Il campait chez nous, et nous étions
à terre. Aujourd'hui nous nous taisons de la revanche,
mais on nous en prête la pensée, parce que nous
sommes debout. La presse germanique, soit d'elle-

même, soit par ordre, n'a entretenu son public que
de soupçons et d'alarmes. Elle a passé son temps à
dénoncer nos prétendues visées. Quand elle n'accusait
pas le pays, elle accusait les partis ; au défaut des partis, leurs chefs. Elle a prédit à maintes reprises le prochain triomphe d'un prince, tantôt Bourbon, tantôt
Bonaparte, qui nous apporterait une bonne guerre en
don de joyeux avènement. Cette idée est devenue pour
les Allemands une obsession. Notre rancune est la
ressource dont le cabinet de Berlin use et abuse quand
il veut plus d'hommes ou plus d'argent. La crainte de
la revanche est pour la nation victorieuse le commencement de la docilité.

Une casuistique facile accorde le droit de prendre
les devants, quand on est sûr d'être attaqué. Un empereur d'Allemagne pourrait tenir à son peuple ce
discours : « Les Français nourrissent le dessein de
nous ravir l'Alsace-Lorraine, et peut-être davantage.
Ils deviennent chaque jour plus forts, plus redoutables, plus hardis. Ils guettent l'occasion de fondre sur
nous dès que nous serons occupés ailleurs. Si nous
voulons assurer à nos enfants les douceurs d'une longue paix, donnons une leçon nouvelle à cette nation
remuante. Cette guerre est inévitable. Si nous ne la
faisons pas maintenant de notre gré, à notre heure,
nous la ferons plus tard malgré nous, à l'heure que
choisira notre ennemi. Prévenir une agression certaine, ce n'est pas une agression, c'est la meilleure
de toutes les défensives. Que la responsabilité du sang
versé retombe sur ceux qui en ont rendu l'effusion
nécessaire ! Marchons donc avec l'aide de Dieu, pour
le salut de la patrie et la tranquillité des générations
futures ! »

Loin de nous la pensée de prêter à l'empereur Guil-

laume un tel projet! Chargé d'ans et de lauriers, il
aime la paix : ni la tradition des Hohenzollern, ces éter-
nels preneurs, ni la raison d'État, mère de tous les
sophismes, n'ont étouffé chez lui le sentiment de l'humanité. Bien qu'il croie sans doute aux complaisances
de Dieu pour les rois et les conquérants, il craint
Dieu. Mais si un jour il se trouvait à Berlin un souverain qui eût envie de rafraîchir la gloire de sa maison,
un politique à qui ses vastes plans fissent sentir le
besoin d'assurer ses derrières, si le gouvernement
voulait déclarer la guerre à la France, une presse bien
disciplinée convaincrait peut-être la nation allemande
de la justice et de la nécessité d'une telle agression.

On sait d'ailleurs que l'idée d'une guerre de pré-
caution n'est pas toujours restée dans la région des
rêves. En 1875, une alerte inattendue troubla notre
sécurité. Le public prêta peu d'attention à cet inci-
dent, dont l'histoire n'est pas encore éclaircie. Ce qui
paraît certain, c'est qu'il y eut des velléités et des
menaces; c'est qu'à Berlin un parti puissant essaya
d'entraîner le gouvernement et le pays dans une entreprise qui semblait encore facile. On ignore à demi
par qui le péril fut détourné, et même quelle fut
l'imminence du péril. Nous nous sommes épargné
l'ennui de méditer sur cet épisode et d'en tirer des
conclusions instructives, peut-être aussi le fardeau
d'une reconnaissance que nous ne savions où
adresser.

Depuis 1875, nous sommes devenus plus forts. Mais
l'Allemagne aussi a fait des progrès. Elle entretient
plus de soldats, elle exerce davantage ses réserves;
elle n'a pas, il s'en faut, allégé son budget. C'est toujours à la France qu'on se prend de cette gêne. Si
nous n'existions pas, ou si nous étions décidément

réduits à l'impuissance, l'Allemand aurait-il moins à payer et moins à servir? Il doit le croire, et penser à nous quand il paye ou quand il sert. Le caporal et le percepteur se chargent d'entretenir des sentiments dont l'explosion serait redoutable, le jour où il plairait au gouvernement de la provoquer. C'est ainsi que, chez les vainqueurs, le regret d'avoir imposé une paix qui nous laisse vivre, excite autant les passions belliqueuses que chez les vaincus le souvenir d'une paix qui nous a mutilés. Nous devons encore craindre, parce que nous faisons encore peur.

Si notre force n'inspirait plus aucune inquiétude, nous ne devrions pas pour cela être tout-à-fait rassurés, car nous sommes trop riches pour avoir le droit d'être faibles. Nous avons été fiers, trop fiers, sans doute, de la facilité avec laquelle nous soldions notre rançon. C'était proclamer trop haut qu'on s'était trompé en croyant nous ruiner; c'était inspirer l'envie d'y revenir. Nous nous vantions si bien de notre opulence, que nous ressemblions un peu à des moutons qu'on viendrait de tondre, et qui s'écrieraient avec une vanité naïve : « Voyez comme notre laine a vite repoussé ! » Prenons-donc garde de passer pour moutons. Souvent aussi nous avons fait remarquer que nos milliards n'avaient pas beaucoup enrichi les vainqueurs. Il est vrai qu'ils s'en sont servis pour fondre plus de canons que de vaisselle plate. Mais si la guerre est, selon le mot de Mirabeau, l'industrie nationale de la Prusse, ce gros profit est devenu une mise de fonds pour des opérations nouvelles. Ne crions pas par-dessus les toits qu'il y a chez nous de quoi remplir toutes les poches vides de l'univers, de quoi rassasier tous les affamés, à moins que nous ne soyons bien sûrs d'avoir solidement fermé nos portes. Ou plutôt, ne pouvant cacher notre crédit et notre argent, ni discuter le budget à huis-clos, ni faire courir à l'étranger le bruit d'un déficit dans notre trésor, rappelons-nous sans cesse les devoirs qu'impose la possession d'une caisse si bien garnie. Un peuple riche est un voyageur qui a de temps en temps des bois à traverser, et qui ne peut s'empêcher de faire tinter ses écus dans son escarcelle, sonnerie dangereuse qu'il faut corriger par le petit craquement d'un pistolet qu'on arme.

L'histoire nous apprend que les Romains de la décadence excitaient d'autant plus l'avidité des Barbares qu'ils la satisfaisaient davantage. Cette soif croît à mesure qu'on l'étanche. Nous ne sommes pas des Romains de la décadence, et nous pouvons encore recevoir nos ennemis avec du fer. Les Prussiens ne sont pas non plus pareils aux Barbares du quatrième siècle; ils sont plus savants. Mais enfin nous avons été obligés de nous racheter à coups de milliards. Ce mot de milliards trouble bien des imaginations, éveille bien des convoitises; il a quelque chose de féerique et de magique. C'est le pommier des Hespérides; les Hercules modernes voudraient savoir si le jardin est bien gardé, si le dragon est de taille à défendre son poste. Un spirituel écrivain français a appelé la Prusse « le pays des milliards ». « Mais non, ont répliqué certains Allemands, le vrai pays des milliards, c'est le pays d'où ils viennent, non le pays où ils vont. »

Depuis que nous avons si allègrement versé une pareille rançon, le trésor français passe chez nos voisins pour une mine d'or inépuisable, dont l'exploitation est seulement un peu pénible au début. Quand le budget ne sera pas en équilibre, les ministres en quête d'impôts neufs se demanderont si après tout le meil-

leur contribuable n'est pas un ennemi vaincu. Ce ne
sera qu'une idée en l'air, mais, si elle revient souvent,
elle finira par se changer en projet. On trouvera au
besoin, dans les Universités germaniques, des philosophes pour démontrer que c'est là un expédient
financier des plus légitimes, qu'on peut dépouiller un
peuple laborieux, économe et opulent, comme on enlève le miel d'une ruche, qu'il y a des races destinées
à accumuler la richesse, et des races destinées à la
prendre, que la nature prévoyante a donné aux uns
le soleil qui dore les moissons et mûrit le raisin, aux
autres le froid qui trempe les nerfs et endurcit les
cœurs. Nous vivons dans un siècle où la morale fait
de grands progrès. La presse met au service des nations les sophismes dont les rois avaient jadis le mo-
nopole. Machiavel, de nos jours, irait à l'école de Darwin, et ne se bornerait plus à indiquer des procédés;
il fournirait aussi des arguments, car l'opinion publique est plus exigeante que les princes. Elle veut
qu'on assouvisse ses passions, mais elle veut aussi
qu'on les justifie. Ce n'est pas une difficulté insur-
montable.

Enfin il ne serait pas impossible qu'un homme
d'État allemand nous cherchât querelle pour consoli-
der une fois de plus l'unité germanique, ébauchée à
Sadowa, achevée à Sedan, ou pour dénouer des difficultés de politique intérieure. Le procédé est bien
vieux; au beau temps de la république romaine, les
plébéiens accusèrent parfois les patriciens d'avoir déchaîné l'invasion volsque ou grossi le péril samnite
pour enterrer une proposition de loi importune.
Avant 1866, M. de Bismarck avait quelque peine à
contenir une opposition que la victoire mit à ses pieds.
La guerre étrangère est parfois un moyen d'éviter la

guerre civile. De Maistre a là-dessus des pages surprenantes. Il tient que Dieu veut du sang pour nos
péchés, que la terre crie vers le ciel, et qu'il la faut
désaltérer de façon ou d'autre. Sans donner dans
cette théologie féroce, on a dû remarquer que le canon empêche d'entendre les tribuns, et que les lauriers rendent éloquent. Pour venir à bout soit des sé-
paratistes, soit des progressistes, le cabinet de Berlin
peut être tenté de recourir à une méthode qui a fait
ses preuves ; la Russie ou la France cimenterait à ses
dépens l'édifice impérial.

CHAPITRE V

Si une nouvelle guerre éclatait entre l'Allemagne et la France, quel qu'en fût le motif ou le prétexte, les Allemands à coup sûr se promettraient d'en finir et de nous mettre en état de ne les plus gêner. Ce serait dès le début une lutte à outrance. Avant le premier coup de fusil, on saurait à Berlin ce qu'on voudrait. En 1870, nos ennemis pouvaient se dire attaqués ; ils n'étaient donc pas forcés d'arrêter d'avance un plan de pacification. Ils ne tardèrent pourtant pas à faire connaître leur programme. Cette fois le programme serait tout prêt. Il ne s'agirait plus de défendre l'inté-grité de l'empire allemand, ni de faire rentrer au giron telle province prétendue germanique, mais d'ô-ter la France du nombre des grandes puissances. Nous aurions affaire à une haine qui n'admettrait point de ménagements, à une peur qui exigerait des garanties absolues, à une avidité qui ne se contente-rait pas d'une rançon médiocre. Peu importe qui au-rait déclaré ou provoqué la guerre. Car, si nous étions les agresseurs, notre faute serait jugée infinie ; si l'on nous cherchait querelle, c'est qu'on nous voudrait mal de mort. Dans les deux cas nous n'aurions d'autre ressource que de vaincre. Coupables ou non, nous serions traités en récidivistes.

Aussi notre ennemi ferait-il des efforts inouïs. Il nous accablerait sur-le-champ de toutes ses forces. Du jour où les hostilités seraient entamées, ou seulement annoncées, tout Allemand se considérerait comme jouant une partie suprême. La patrie germanique répéterait à chacun de ses enfants le mot de cette Lacédémonienne qui donnait à son fils un bouclier : « Reviens dessus ou dessous ! » Dès maintenant on croit de l'autre côté du Rhin notre ressentiment plus âpre qu'il n'est. Que serait-ce donc si l'on nous obligeait à tenter de nouveau le sort des armes ? De part et d'autre on brûlerait ses vaisseaux.

Supposons donc les Allemands vainqueurs encore une fois, fixant encore une fois à leur gré les conditions de la paix. Si douloureuse que soit cette idée, il faut l'envisager. Si nous entretenons des troupes, c'est parce que nous croyons la guerre possible. Si la guerre est possible, il faut en connaître l'enjeu. Un homme d'État doit tout prévoir. Dans une démocratie tout citoyen doit être un peu homme d'État. Quand un électeur dépose son bulletin dans l'urne, il charge un autre homme de décider pour lui comment l'armée sera constituée, combien on dépensera pour la défense du pays, comment sera dirigée la politique extérieure, jusqu'où ira notre patience si nous sommes provoqués, jusqu'où ira notre résistance si nous sommes attaqués. Il faudrait donc que tout électeur eût présent à l'esprit le bilan d'une guerre malheureuse. Certes, on n'a point jusqu'ici marchandé les sacrifices qu'exigeait la sécurité nationale. Mais cela ne suffit pas. Il importe qu'en cas de surprise nous mettions sans délai nos cœurs à la hauteur du péril, et pour cela que le péril soit d'avance mesuré, qu'il nous soit familier comme le naufrage aux marins. Ayons donc le courage, quoi qu'il nous en coûte, de regarder en face cet effroyable tableau : l'Allemand vainqueur nous dictant des lois.

Il est probable en effet qu'une telle lutte se terminerait par un de ces traités qu'on ne discute guère, l'un des deux adversaires étant accablé. Les passions seraient trop échauffées pour que l'un ou l'autre cédât avant d'y être contraint. Si, après une bataille perdue par nous, on nous demandait un département, un arrondissement, un canton, nous résignerions-nous sans tenter encore la chance? N'avons-nous pas dit, en 1870 et depuis, qu'il fallait résister jusqu'au bout pour sauver l'honneur? Quand on mettait un an à gagner une bicoque, on faisait la paix à peu de frais. Mais deux grandes nations ne se jettent pas l'une sur l'autre de toute leur masse pour régler ensuite leur différend au prix d'un castel et de trois hameaux. Elles risqueraient tout plutôt que de se contenter de peu.

Pour deviner l'usage que les Allemands feraient de leur victoire, il faut se rappeler et le traité de Francfort, et la conduite du cabinet de Berlin à notre égard depuis 1871.

On commencerait par une annexion de territoire. On nous enlèverait les forteresses que nous venons d'élever sur notre nouvelle frontière, c'est-à-dire le reste de la Lorraine, et peut-être la lisière de la Champagne, de la Franche-Comté et de la Bourgogne. Il n'y a pas lieu de croire qu'à cet égard l'appétit germanique fût insatiable. Un pays occupé par des Français n'est pas un pays vide, où l'on s'établisse facilement. Se donner trop de sujets hostiles, c'est se

charger d'un lourd fardeau. L'Allemagne n'a pas intérêt à s'attacher au flanc une Irlande ou une Pologne.
De telles acquisitions ne servent le plus souvent qu'à
former le noyau d'une opposition irréconciliable. Un
despote seul dédaigne ces difficultés, parce qu'il impose le silence. Qu'importait à Napoléon ce qu'on pensait de lui dans le département du Trasimène ou dans
celui des Bouches-de-l'Elbe? Il n'avait pas peur que
les Italiens ou les Allemands devinssent dangereux au
Corps législatif. Mais l'Allemagne possède au moins
une apparence de régime parlementaire. Déjà la conquête de l'Alsace-Lorraine a en partie trompé les espérances de ceux qui l'ont faite. Quoique issus en
majorité d'une souche germanique, les habitants du
Pays de l'Empire ne se laissent pas germaniser si facilement que l'avaient prédit leurs maîtres.

Les Prussiens gallophobes ne regrettent pas qu'on
n'ait pas mieux démembré la France; ils regrettent
qu'on ne l'ait pas mieux dépouillée. En 1875, dit-on.
quelqu'un demandait à M. de Moltke à quoi il rêvait:
«Je songe, aurait-il répondu, à l'énormité de la rançon
que nous allons exiger des Français.» Ce mot n'est
peut-être pas authentique, mais il traduit bien la pen--
sée de certains Allemands, qu'une guerre heureuse
mettrait en mesure de faire prévaloir leur avis. S'il
avait connu toutes nos ressources, M. de Bismarck
eût sans doute enflé le chiffre des milliards qu'il nous
fit payer. Car il entendait bien nous empêcher de rétablir aussi promptement que nous l'avons fait notre
état militaire et nos moyens de défense. Une autre
fois on ferait en sorte, pour assurer notre ruine, de
ne plus manquer le but; on aimerait mieux le dépasser. Nous vantons sans cesse l'inépuisable fécondité
de notre travail; nous serions pris au mot. Si notre

crédit était trop ébranlé pour que les versements fussent aussi rapides qu'après 1871, le vainqueur attendrait. En laissant durer la créance, il se procurerait le droit d'occuper une partie de notre territoire, de limiter provisoirement le chiffre de nos troupes, d'intervenir au besoin dans nos affaires intérieures et même dans nos affaires financières, sous prétexte de surveiller son gage.

L'occupation offre le double avantage de tenir une armée en haleine et de la faire vivre aux dépens d'autrui. Elle n'est une gêne que pour un conquérant qui a plusieurs entreprises à la fois sur les bras. Dans ce cas on peut interdire au vaincu, par une clause du traité de paix ou par une injonction menaçante, l'entretien d'une armée considérable. C'est ce que Napoléon fit à l'égard de la Prusse, assez vainement d'ailleurs, car il lui suggéra ainsi le moyen de se mieux préparer à moins de frais. Mais l'expérience ne serait pas perdue. Ils n'est pas beaucoup plus difficile de limiter le chiffre des recrues exercées que celui des soldats rassemblés sous le drapeau.

En 1871, M. de Bismarck n'intervint pas dans nos affaires. Son maître voulait nous frapper, nón nous tuer. Les Allemands estimaient sans doute que le désordre était assez grand chez nous sans qu'on prît la peine d'y ajouter. La Commune leur donna d'abord raison. Plus tard il était trop tard. Comment faire accepter à l'Europe la légitimité d'une intervention, quand on avait assisté si paisiblement et de si près à une pareille guerre civile ? Peut-être le grand chancelier regretta-t-il sa discrétion, quand il vit que le chaos se débrouillait. Il se déclara tout à coup l'ennemi du pape, quand la France fut soumise à une assemblée suspecte de cléricalisme. Cette grande cam-

pagne contre le Vatican ne pouvait-elle pas avoir pour
épisode une querelle avec le gouvernement de Versailles ? Si M. de Bismarck s'est flatté de remplacer
par une foi nouvelle le catholicisme des Allemands
du sud, il s'est lourdement trompé ; qui sait s'il n'a
pas plutôt commis cette autre erreur de nous croire
en proie à une réaction religieuse qui lui fournirait
un prétexte d'intervention, ou nous mettrait aux prises
avec l'Italie? Pour expliquer le Kulturkampf, il faut
de toute façon supposer que cet homme d'État ordi-
nairement si sûr de lui-même a donné un jour dans
le romanesque : ou il a eu peur d'un fantôme, ou il a
caressé une chimère.

Nous n'avons pas fourni à nos créanciers l'occasion
qu'ils eussent sans doute saisie avec empressement.
Nous les avons trop vite payés pour qu'ils pussent
prendre part à nos dissensions intestines. Ils ont dû
se contenter d'émettre d'un ton hautain des avis en
général peu fondés. Ce n'est pas le lieu de discuter et
d'apprécier les documents que mit au jour le procès
d'Arnim. Il est certain que M. de Bismarck parut
souhaiter le triomphe de la cause républicaine, et
voir dans la République une cause d'affaiblissement
pour la France. Ce n'est après tout que l'opinion d'un
monarchiste. Il y a quelque témérité, pour ne rien
dire de plus, à prendre pour oracle, en pareille matière, un homme qui chez lui n'a vaincu l'opposition
qu'à force de gloire militaire. Mais passons ; ce n'est
pas de notre politique intérieure que nous nous occupons ici.

On peut donc dire que la Prusse n'est pas interve-
nue dans nos affaires après la guerre de 1870-1871. Il
n'en serait peut-être pas de même à l'avenir, car la
grosseur même de la rançon semblerait justifier l'in-

gérence du créancier, si l'Europe ne s'y opposait pas. Mais y a-t-il une Europe? Il va sans dire qu'avant de nous attaquer notre ennemi prendrait soin de nous isoler et d'occuper les autres puissances. Il choisirait une heure où la Russie et l'Angleterre seraient plus brouillées que jamais, où l'Autriche serait plus que jamais dépendante. Quant à l'Italie, nous allons en parler.

Après la seconde guerre Punique, Rome fit trois choses pour paralyser les Carthaginois avant de les anéantir. Elle leur prit une grande partie de leur territoire; elle leur imposa un lourd tribut; elle les mit sous la surveillance hargneuse de son protégé Massinissa. Le roi de Numidie servit à merveille la politique romaine. Il ne laissa point respirer les Carthaginois; il leur chercha querelle, prenant ensuite le Sénat pour arbitre; il les tint perpétuellement sous la menace d'une invasion, pour les empêcher de profiter des occasions que leur pouvaient offrir les guerres soutenues par Rome en Orient.

Après 1871, l'Allemagne se mit en quête d'un Massinissa qui se chargeât de nous inquiéter, peut-être de rallumer une guerre dont elle se fût mêlée. Ce ne pouvait être ni la Belgique ni la Suisse. On songea à l'Espagne et à l'Italie.

Malgré les souvenirs du commencement de ce siècle, les Espagnols n'ont point de motif pour nous haïr; ils ne nous haïssent point en effet. Le grand crime de Napoléon est trop évidemment un grief personnel. Le guet-apens de Bayonne ne répondait à aucun sentiment général, à aucune ambition populaire dont nos voisins d'outre-monts nous puissent garder rancune. Il y a au contraire entre les deux nations une sympathie réelle. La gravité espagnole et la légèreté française, loin de se heurter, se plaisent réciproquement. Les Espagnols aiment Paris ; les capitaux français font des chemins de fer en Espagne. Tous les partis nous demandent tour à tour l'hospitalité. Don Carlos et Isabelle II ne se consolent que chez nous de leurs malheurs ; c'est chez nous que les Zorilla et les Castelar cherchent le plus volontiers des admirateurs ou des amis.

Mais l'Espagne, qui a été si grande, n'est plus compté parmi les grandes puissances. Elle voudrait remonter au rang d'où l'ont précipitée deux ou trois siècles de mauvais gouvernement. Quel Castillan peut lire sans une patriotique douleur les protocoles de ces Congrès où son pays n'a point de part, les dépêches qui mentionnent sans cesse, dans toute négociation d'intérêt européen, l'opinion de l'Angleterre, de la France, de l'Allemagne, de l'Autriche, de la Russie, même de la jeune Italie, jamais l'opinion du cabinet de Madrid ? C'est aux hommes les plus fiers du monde qu'est infligée cette humiliation quotidienne et poignante. Quel titre à l'amitié, à la reconnaissance de l'Espagne, que de lui offrir une place dans ce majestueux concert, un fauteuil autour du tapis vert où se discutent de temps en temps les affaires du genre humain ! Ne pourrait-on persuader à un gouvernement espagnol que cette belle conquête est le prix d'une alliance, la récompense d'un grand service, la succession d'un mort qu'il aurait aidé à tuer, qu'il aiderait à tenir sous terre ?

C'est la candidature d'un Hohenzollern au trône d'Espagne qui procura aux Allemands l'occasion de nous vaincre. Les révolutions d'Espagne leur ont ensuite donné tout au moins le plaisir de nous embarrasser. Tandis que don Carlos luttait contre une

Républlque éphémère, la presse germanique ne cessait de nous reprocher les prétendues complaisances de nos fonctionnaires pour les insurgés de la Navarre et de la Biscaye. Plus d'une fois les cabinets madrilènes prirent à notre endroit un ton menaçant que n'autorisait pas leur force, et traitèrent la France comme on traite un peuple qui a de bonnes raisons pour pousser la prudence jusqu'à ses dernières limites. L'avènement de Don Alphonse en Espagne, le triomphe du parti républicain en France, n'ont pas entièrement déconcerté les espérances de nos ennemis; il n'y a de changé que les prétextes. Au lieu de nous faire un crime de notre sympathie pour les réactionnaires, on nous accuse de favoriser les révolutionnaires. Si l'on en croyait les journaux qui défendent avec le plus d'énergie la cause du premier ministre espagnol, la France mériterait toujours d'être tenue en suspicion et en surveillance. S'il fallait pour la réduire à l'impuissance une croisade européenne, les Pierre l'Ermite ne manqueraient pas à Madrid. M. Canovas del Castillo, homme d'État éminent qui suivait avec une fermeté un peu raide une politique vraiment modérée, ne doit sans doute pas être rendu responsable de ces excès de zèle. Mais nous pouvons croire que l'Espagne serait au moins tentée, le jour où la Prusse victorieuse lui offrirait une part dans nos dépouilles. Ce n'est probablement pas au nord des Pyrénées que l'on trouverait cet appât, à moins que la manie moderne des revendications historiques n'entraînât nos voisins à désirer le Roussillon, qui ne nous appartient que depuis deux cent vingt-deux ans. On aime tant, de nos jours, à faire revivre de vieux titres! Mais l'Afrique française est bien faite pour chatouiller l'ambition des Espagnols. Nemours est à quelques lieues d'Alméria. Le cardinal Ximenez prit Oran, dont ses compatriotes restèrent maîtres pendant près de trois siècles, et la province d'Oran compte aujourd'hui plus de colons espagnols que de colons français. L'acquisition de l'Algérie occidentale serait donc pour le gouvernement de Madrid un heureux retour vers le passé ; les soldats ne feraient que suivre les laboureurs, et les descendants du Cid ne planteraient le drapeau que sur un sol où ils ont déjà enfoncé la charrue. Il y aurait de quoi se consoler d'avance de la perte de Cuba. La Numidie est moins riche que la perle des Antilles, mais elle serait plus proche, plus saine, plus facile à défendre, pourvu que la France restât impuissante, et l'on y veillerait.

Voilà un Massinissa tout trouvé sur notre frontière du sud-ouest. A la frontière du sud-est, l'Allemagne victorieuse en découvrirait peut-être un autre. L'Italie une et libre a des velléités d'agrandissement. Elle voudrait ramener au bercail tous les Italiens du dehors, et procurer un débouché aux Italiens du dedans. La population de la Péninsule est de 95 habitants par kilomètre carré ; c'est déjà beaucoup pour un pays où il y a tant de montagnes ; on ne tardera pas à s'y sentir à l'étroit. Une si longue étendue de côtes facilite le développement de la marine, et fait désirer l'empire de la Méditerranée. Sans nous, Tunis serait une proie aisée à saisir ; Rome convoite encore Carthage. Mais la Tunisie est bien mince ; il faudrait l'élargir du côté de l'Algérie, où le voyageur admire les ruines de plus d'une ville romaine.

Supposons que de Paris ou de Versailles un Bismarck adresse à nos voisins le discours suivant :

« Vous avez besoin de vous étendre, et vous connaissez au-delà de vos frontières des contrées où l'on parle votre langue. Mais on ne s'agrandit qu'aux dépens des faibles; on ne prend que ce qui est mal gardé. Le Trentin est à nos amis; Trieste, qui ne serait pour vous qu'un port sans territoire, est pour nous la porte de l'Allemagne. Regardez d'un autre côté. Nice ne vous a pas oubliés; la Savoie est le berceau de vos rois; la Corse est le prolongement de la Sardaigne; Tunis, Bône, Constantine, vous reviennent presque de droit. Il faudrait vous brouiller avec la France, aider à la dépouiller, et un sentiment de gratitude vous fait hésiter. Mais la reconnaissance ne sera une vertu pour les peuples, que quand ils se rendront les uns aux autres des services désintéressés. Ce n'est pas par générosité que nous vous avons fait gagner la Vénétie, et nous n'exigeons pas que vous vous en souveniez. Napoléon III se fit payer le sang de ses sujets. Il défendit longtemps Rome contre vous. Si la France reste puissante, il manquera toujours quelque chose à votre unité, et votre expansion sur la Méditerranée sera toujours entravée. Combien de temps souffrirez-vous que la mer qui baigne vos quatre cents lieues de côte soit disputée non pas à vous, mais aux Anglais, par un État qui ne possède sur ses rivages qu'une petite bande de terrain, de Nice à Port-Vendres ! Enfin il faut se plier aux circonstances. Il faut que vous choisissiez entre l'alliance des vainqueurs et celle des vaincus. Dans l'Europe actuelle il n'y a plus de neutres ; qui n'est pas avec nous est contre nous. Nos amis de Vienne se défient de votre ambition ; donnez-leur un gage de sagesse en vous faisant d'autres ennemis, peu redoutables à cette heure. L'hostilité des Français vous assure de larges profits, une sécurité que leur amitié vous ferait perdre, et vous donne vos coudées franches en Afrique. »

Voilà ce que les Allemands diraient aux Italiens, le jour où la France aurait subi de nouveaux revers. Victor-Emmanuel est mort; les combattants de Magenta et de Solferino s'en vont les uns après les autres. Les hommes se souviennent, non les nations. L'Italie est jeune; elle est fière; nous pourrions la blesser; nos ennemis pourraient la séduire. Une fois qu'elle aurait consenti à profiter de nos malheurs, elle aurait trop d'intérêt à ne point permettre notre relèvement. Si elle acceptait une part dans nos dépouilles, elle ne nous le pardonnerait jamais.

Il ne serait donc pas impossible à l'Allemagne, quand elle nous aurait abattus, de nous donner à garder à des voisins devenus hostiles. Depuis 1871, les vainqueurs n'ont cessé de faire des avances à l'Espagne et à l'Italie. Ils affectaient de redouter encore et surtout de dénoncer notre humeur remuante; peut-être faisaient-ils de la politique à longue échéance. La Prusse a toujours vu de loin. Elle apporte dans ses entreprises un rare esprit de suite; elle se crée des traditions, et s'y conforme. Un homme d'État est comme un général; avant de livrer bataille, il songe aux moyens de rendre la victoire plus profitable. Il s'assure des réserves qui ne donneront qu'au dernier moment, qui n'arriveront peut-être sur le terrain qu'à l'heure précise où il faudra achever les vaincus. Toute la conduite de M. de Bismarck pendant ces dernières années tend à nous faire croire qu'il cherchait à Rome et à Madrid des réserves utiles pour une bataille possible. Nos diplomates ne doivent pas l'oublier, et nous devons tous le savoir.

Tel est le programme de notre abaissement, dans la pensée des Allemands qui souhaitent ou même qui craignent une nouvelle lutte. Des annexions modérées; une indemnité énorme; une intervention plus ou moins déguisée par la sollicitude du créancier pour son gage; des largesses faites à nos dépens à nos voisins du Sud, sans parler de la Suisse et de la Belgique qu'on essaierait peut-être d'appeler à la curée, en un mot la France ruinée et garrottée, voilà l'avenir que nous réserverait une défaite. Elle serait irréparable, autant que ce mot s'applique aux choses humaines.

En juillet 1870, quand on vociférait « A Berlin! » qui donc se donnait l'ennui de compter l'enjeu de la partie? En pareil cas pourtant, il serait bon que chacun eût présent à l'esprit le résultat d'une campagne malheureuse, comme les joueurs mettent sur table l'argent qu'ils risquent. Cela refroidirait bien des ardeurs imprudentes; cela empêcherait aussi bien des défaillances, une fois l'affaire engagée.

Or on peut nous chercher querelle; il ne dépend pas de nous seuls que la guerre éclate. Le seul moyen de nous mettre à l'abri du péril, le seul moyen d'écarter légitimement de notre esprit ces tristes images, c'est d'être assez forts pour qu'on ne se flatte pas de nous attaquer impunément. Qu'avons-nous fait pour devenir assez forts, depuis que nous avons eu à constater notre faiblesse?

Mais avant d'aborder cette partie de notre sujet, il faut insister encore sur l'immensité des maux que la défaite traîne après elle. On se figure volontiers qu'une fois la paix conclue tout est fini, qu'il n'y a plus qu'à reprendre une vie nouvelle, que l'argent perdu se regagne toujours, que les provinces perdues s'oublient comme des morts. Il en a été à peu près ainsi après la guerre de 1870, au moins en ce qui regarde les milliards. La plaie même du démembrement est à demi cicatrisée. Nous sommes encore émus par la pensée de l'Alsace-Lorraine, et surtout des Alsaciens-Lorrains ; nous n'éprouvons pas à toute heure la sensation cuisante d'une mutilation. D'ailleurs nous nous trouvons encore riches, et la vue de notre budget nous remplit d'un doux orgueil.

Rendons grâces aux Dieux d'avoir surmonté de pareilles causes de mort, mais ne nous y exposons plus. Sachons-le bien ; sauf exception, la défaite ôte tout à ceux qui la subissent. C'est une atteinte terrible à la santé d'un peuple ; il peut ne s'en point relever. Tous les organes en souffrent ; bien longtemps après le coup éclatent des maladies qui ne sont que des contrecoups. La Commune fut la suite de la guerre, le dernier acte de la tragédie dont M. de Gramont commença l'exposition à la tribune du Corps Législatif, dans la séance du 6 juillet 1870. Mais la Commune, qui fut la plus horrible des querelles civiles, n'était pas la plus dangereuse. Les discordes intestines qui sortent d'un grand désastre peuvent prendre des formes moins violentes et plus malignes. L'unité nationale peut être compromise. L'humiliation de la patrie, quand elle dépasse certaine mesure, relâche les liens qui attachent à la patrie les âmes ordinaires. On se prend à moins aimer un nom dont on ne peut plus être fier. L'orgueil qui tombe entraîne bien des débris dans son écroulement.

Ces fatales conséquences se produisent surtout quand la défaite rend difficile et même misérable la vie matérielle. C'est peut-être parce que nos finances n'ont pas fléchi sous le poids des cinq milliards que

notre cœur n'a pas fléchi sous le poids de nos revers.
Si nous avions été aussi malheureux comme particuliers que comme citoyens, si nous avions dû tourner
un regard d'envie vers des peuples voisins, moins
écrasés d'impôts, si la France foulée et ruinée nous
avait apparu comme un enfer entouré de paradis,
notre patriotisme en aurait été singulièrement affaibli.
Dans les temps modernes on émigre facilement. Si
les taxes sont trop lourdes, les capitaux s'en vont,
l'industrie passe les frontières, le commerce languit
et perd tout essor; les plaisirs et le luxe cherchent un
abri plus sûr, un théâtre plus gai. L'espérance n'en-
flamme plus la jeunesse; les vastes pensées désertent
les têtes qui plient sous la honte et le malheur. Le
grand ressort d'une nation peut être brisé, au moins
pour longtemps. L'humanité avance toujours, mais il
y a des portions de l'humanité qui s'arrêtent ou qui
reculent. Nous ne serions ni la Pologne du dix-hui-
tième siècle, ni l'Italie du dix-septième. Nos souffrances, les souffrances de nos enfants, seraient quelque chose de nouveau comme l'état social du monde
moderne. On ne sait pas encore ce que peut coûter
un grand désastre dans un temps où la concurrence
est si pressante, où toute cause d'infériorité durable
est une cause de faillite collective, où tout se déplace
si vite, les hommes et les choses, l'argent et le travail,
où le genre humain commence à se sentir gêné sur
la terre. L'univers ressemble aujourd'hui à ces locaux
où la foule est trop serrée, où les faibles risquent
d'être étouffés, où ceux qui tombent sont foulés aux
pieds.

Écoutez ce chœur lugubre, ce cri qui s'élève de
tous les bas-fonds où végètent et souffrent les vaincus
de la vie, les déclassés, les désespérés, les abandon-

nés : « Si nous avions su! Mais il est trop tard. » Ce cri, un peuple tout entier peut le pousser un jour. Certes, il n'est pas trop tard. Regardons en nous et autour de nous; mesurons tous les périls; sondons toutes les plaies; sachons.

LIVRE III

LA FRANCE EN 1881

LIVRE III

LA FRANCE EN 1881

CHAPITRE PREMIER

LA LEÇON DE 1870

Nous ne pouvons fonder notre sécurité ni sur l'amitié de nos voisins, ni sur leur justice ; nous ne devons compter que sur notre force. Les Allemands, pour nous avoir mutilés et rançonnés, n'ont pas cessé de voir en nous l'ennemi héréditaire. Nous sommes trop riches pour n'exciter aucune convoitise. Notre réputation de turbulence n'est pas si bien effacée qu'on ne soit tenté de nous rendre impuissants. Le principe de non-intervention n'est pas assez solidement établi pour que personne ne se mêle de nos affaires, si nous ne fermons bien notre porte. Rien ne prouve que nous ne devions plus jamais donner aux monarchies d'Europe l'occasion de redouter la contagion de nos idées. Une république trop agitée les inquiéterait ; une république trop prospère leur paraîtrait d'un fâcheux exemple. Une restauration ferait dire qu'il n'y a pas de dynastie sans ambition ; c'est un des thèmes habituels de la presse d'outre-Rhin, qui chaque jour

attribue aux prétendants français le dessein de rajeu-
nir leurs vieux titres par des victoires. Qui voudra nous
attaquer ne manquera pas de prétexte ; et, quand tout
prétexte fait défaut, il n'est pas malaisé d'en inventer
un ; un proverbe bien connu accuse les Allemands
d'être peu scrupuleux en cette matière.

Nul ne conteste le péril ; on en discute seulement
l'imminence et la gravité ; ou bien, tout en admettant
qu'il existe, on ne l'a pas assez présent à l'esprit. On
y croit comme beaucoup de chrétiens à l'enfer, sans y
penser.

Notre amour-propre national serait d'ailleurs cruellement blessé, si nous étions obligés de rapporter
notre tranquillité à la bonté d'autrui. Passer pour des
brebis qu'on ne tond ni ne mange, ce n'est pas l'idéal
où nous aspirons ; un tel rêve est aussi peu séduisant
qu'il est chimérique. Nous nous piquons aujourd'hui
de ne vouloir que la paix, et nous sommes sincères.
Encore faut-il que notre modération ait quelque
mérite ; mieux vaut inspirer l'estime à force d'être
sage que le mépris à force d'être faible. On a dit quelquefois que la France pourrait devenir une grande
Belgique. Mais la Belgique doit sa sécurité à la jalousie
mutuelle des puissances. Il est douteux qu'elle échap-
pât aux convoitises d'un de ses voisins, si les autres
fermaient les yeux ou tombaient dans le néant. Les
Belges même, au lieu de s'endormir sur la foi des
traités, s'arment de leur mieux pour aider au besoin
leurs protecteurs ; ils se fortifient pour attendre en
cas de surprise le secours auquel ils auraient droit. Si
la France devenait une grande Belgique, elle ferait
comme l'autre ; elle aurait une armée selon ses
moyens. Or, la Belgique, six ou sept fois moins peuplée que la France, compte mettre deux cent mille

hommes sur pied, le jour où elle serait menacée.

La fortune nous a avertis deux fois en ce siècle ; nous avons reçu deux grandes leçons : celle de 1814-1815 et celle de 1870. Quel fruit en avons-nous tiré ? Les désastres qui marquèrent les dernières années du règne de Napoléon Ier, les deux invasions que nous attira le grand homme, n'inspirèrent aucune inquiétude patriotique. L'énormité de la coalition qui nous avait accablés nous dispensa de rougir, et même de réfléchir. Nos pères se dirent que nous nous étions fait trop d'ennemis, que nous ne pouvions résister éternellement à l'Europe entière, et qu'un héros même finit par succomber sous le nombre. Beaucoup pleurèrent sur la chute et les souffrances de l'empereur ; beaucoup maudirent les Bourbons comme les créatures de l'étranger. Mais l'amour-propre national ne fut pas atteint. Toute la France se mit à ruminer sa gloire ; la Restauration et le règne de Louis-Philippe se passèrent à contempler la Colonne. Il semblait que toute armée française fût faite pour se promener de capitale en capitale, dès que l'occasion s'en présentait. L'histoire de nos revers, parfois si humiliants, depuis Crécy jusqu'à Rosbach, ne suggérait pas le moindre doute. On ne daignait pas se rappeler que nos triomphes, de 1792 à 1809, avaient été facilités par trois circonstances assez rares : la fièvre d'une révolution, le génie d'un nouveau César et l'imbécillité de nos adversaires. On admettait couramment que la France pouvait sans peine lutter à la fois contre deux grandes puissances militaires ; les hommes prudents et modestes pensaient seuls que peut-être il n'en faudrait pas affronter trois.

Sous Louis-Philippe, cette outrecuidance s'étala sans vergogne. L'opposition reprocha unanimement au roi de juillet de n'avoir pas jeté le défi à l'Europe monarchique, de n'avoir pas déchiré les traités de Vienne à coups de canon. On vit des hommes sensés qui, dans la vie ordinaire, ne donnaient aucun signe de perturbation mentale, se prendre d'enthousiasme pour l'idée séduisante d'une guerre générale. En 1840, cette folie effleura le pouvoir. L'Angleterre avait rallié contre nous, dans la question d'Orient, les trois cours du Nord ; M. Thiers, depuis si sage, fit mine de braver cette coalition. Il est cependant permis de croire qu'il voulait seulement amuser un peuple épris de témérité, et qu'il se réservait de dénouer la crise sans nous jeter dans l'abîme. C'est M. Guizot qui se chargea de cette tâche, et qui assuma l'odieux d'une retraite nécessaire. Cet acte de raison et de patriotisme fut pour son ministère un fâcheux début ; nous en étions encore à ne pas pardonner à un homme d'État une preuve de sens commun.

L'Empire revint. Pour les classes dirigeantes, c'était surtout l'avènement d'un pouvoir fort, la revanche de février et de juin ; pour le peuple, c'était surtout la revanche de Waterloo, le retour de l'aigle. Aussi Napoléon III fit-il bientôt la guerre ; un héritage de gloire veut être cultivé. Par une conséquence imprévue, c'est alors que la légende commença à pâlir. L'opposition jeta le grand empereur sur la sellette : la critique est souvent fille de la haine. L'histoire affranchie ne contesta point le prodigieux génie du héros, mais elle mit en lumière les épisodes moins brillants de l'épopée. On vit la réputation de Béranger, après s'être élevée si haut, baisser et tomber presque à plat. Il y eut même un peu d'excès dans la réaction. Pour faire pièce à l'empire, des hommes de talent et d'esprit soutinrent, ou peu s'en faut, que les meilleures armées sont les armées improvisées, qu'un peuple assailli n'a qu'à se lever pour écraser l'envahisseur, et que le budget de la guerre est toujours trop chargé.

D'autre part les connaisseurs contestèrent la valeur des lauriers dont Napoléon III se couronnait. En Crimée comme en Italie, loin de faire tête à une coalition, nous avions des alliés. On soupçonna que l'Afrique nous avait gâtés, que l'habitude de combattre les Bédouins prépare mal à la grande guerre, que nous manquions trop souvent d'ordre et de prévoyance, que nos soldats valaient mieux que nos officiers, et nos officiers que nos généraux. Quand les Autrichiens furent accablés à Sadowa, on ouvrit les yeux sur la nécessité du service obligatoire ; on parla de réforme, et la modestie faillit être à la mode.

Mais ce ne fut qu'une impression fugitive ; au fond nous restâmes pénétrés de chauvinisme. La raison fait lentement son chemin dans les esprits ; les préjugés flatteurs sont les plus tenaces. Nous ne pouvions nous empêcher d'admirer l'armée prussienne. Mais nous étions encore très-fiers de la nôtre, de notre fantassin alerte et que rien n'embarrassait, de nos brillants officiers. La presse en vogue nous traçait toujours le portrait, nous racontait toujours les aventures de ces galants colonels, de ces jolis capitaines, de ces sous-lieutenants musqués, pour qui la bravoure était une parure, mais pour qui la guerre n'était pas un métier, qui se battaient bien, mais ne travaillaient guère, et croyaient volontiers qu'un militaire n'a de devoirs à remplir que sur le champ de bataille.

Donnons-nous la consolation d'accuser le destin. Niel mourut ; ce fut le premier de nos désastres, et non le moins grand. Napoléon III, qui avait entrevu la vérité, se laissa désormais tromper ; il n'était pas de force à déjouer la conspiration de la frivolité. On ne demandait qu'à se faire illusion : le premier venu nous affirma que nous étions prêts ; nous l'en crûmes sur parole. Nous soupçonnions bien qu'il nous manquait quelque chose ; mais nous avions nos fétiches : pour les uns c'était l'étoile des Bonaparte, pour les autres la fortune de la France. Les plus modestes et les plus sceptiques pensaient qu'après tout, si l'affaire tournait mal au début, il restait l'élan populaire, la levée en masse, la Marseillaise en action. Le bas-relief de Rude avait l'air d'une suprême et infaillible ressource.

La guerre éclata, nous n'en referons ni l'histoire ni la philosophie ; cette tâche est au-dessus de nos forces et hors de notre compétence. Mais nous nous plaçons au point de vue d'un simple citoyen. Quels enseignements devons-nous tirer de cette douloureuse épreuve? Que nous apprenait la défaite, cette cruelle maîtresse d'école?

Rien de nouveau. Elle nous rappelait seulement des vérités bien vieilles, que nous n'aurions jamais dû oublier.

Passons donc en revue les leçons que cette guerre a données, nous ne disons pas aux gens du métier, mais à la nation, et voyons s'il en est d'imprévues et d'originales. Nous allons aboutir à cinq ou six maximes aussi antiques que les proverbes de Salomon.

Une armée qui a été excellente peut devenir insensiblement médiocre, et sa gloire passée n'être pour elle qu'un piège. L'effondrement de la Prusse en 1806 devait nous éclairer là-dessus. La guerre de Sept-Ans avait porté au plus haut point la réputation de l'armée des Hohenzollern. Frédéric II avait usé en homme de génie d'un instrument admirable. Ses lieutenants pas-

saient pour dignes de lui : Brunswick notamment avait
plus d'une fois battu nos généraux. A la veille d'Iéna,
les fils et les élèves des vainqueurs de Rosbach brû-
laient de se mesurer avec les Français, ces parvenus
de la victoire. A Berlin la confiance était entière. On
avait glissé dans la décadence sans s'en apercevoir,
sans s'en douter. La médiocre campagne de 1792 n'a-
vait pas même été un avertissement utile. On aimait
mieux se rappeler le grand Frédéric, comme nous ai-
mions mieux, soixante ans plus tard, penser aux coups
de foudre de Napoléon Ier qu'aux tâtonnements des
guerres de Crimée et d'Italie. Ce n'est pas l'orgueil
qui entretient le feu sacré, c'est le travail. L'apparition d'un homme de génie est un accident qui se produit çà et là, au hasard, de siècle en siècle. Il faut
donc faire en sorte que des hommes de talent suffisent : on en trouve toujours quand on sait les chercher et les mettre à leur place. A y regarder de près,
les victoires de Frédéric II sont peut-être plus éton-
nantes que celles de Napoléon Ier, car il luttait contre
une coalition formidable, et son royaume était bien
mince. Or les Prussiens furent plus vite écrasés en
1806 que les Français en 1870, et leur puissance croula
encore plus subitement que la nôtre sous le poids de
la défaite. Nous devions donc savoir, en partant pour
Metz, qu'une légende ne gagne pas de batailles, qu'on
ne fait pas la guerre avec des souvenirs, et que des
canons neufs valent mieux que de vieux lauriers.

Il est nécessaire d'opposer le nombre au nombre,
quand on a affaire à un peuple brave. Cela saute aux
yeux ; les Allemands ne sont pas des Chinois. Pour
compenser une infériorité numérique considérable, il
faut posséder à la fois des généraux hors de pair et
des troupes rendues invincibles par une suite de cam-

pagnes heureuses. Les enfants seuls pouvaient supposer qu'un Français valût deux ou trois Prussiens. Si la République française l'emporta sur la coalition des monarchies, c'est que la Convention mit sur pied des masses. La campagne d'Italie, où Bonaparte détruisit successivement plusieurs armées plus grosses que la sienne, est un de ces tours de force qu'on ne fait pas deux fois en un siècle ; la campagne de France, qu'on admire autant, dura peu et finit mal. Le plus souvent Napoléon décidait le succès en portant sur un point dont il devinait l'importance, des forces supérieures au moins par la valeur des soldats. On ne voit pas qu'il se soit jamais amusé à affronter des luttes profondément inégales. Encore avait-il le droit de compter sur ses vétérans et de dédaigner la médiocrité des généraux qu'on lui opposait. Il eut plus d'une fois en face de lui des recrues commandées par des sots. Malgré la conscience qu'il avait de son génie, il n'eût certainement pas imité en pareilles circonstances la témérité de son neveu et la présomption du maréchal Lebœuf.

Il faut toujours connaître ses forces et celles de son adversaire. Voilà encore une de ces propositions dont l'évidence ne date pas d'hier. S'embarquer dans une pareille aventure sans savoir combien d'hommes on peut mettre en ligne, combien d'hommes on aura devant soi, c'est une faute dont on peut apprécier la grossièreté sans avoir médité profondément sur l'art militaire, sans avoir étudié par le menu l'histoire de nos désastres. Un négociant n'a pas besoin de faire faillite pour apprendre qu'il aurait dû tenir à jour son carnet d'échéances, et dresser son inventaire tous les ans. L'ignorance, l'imprévoyance, l'étourderie, ne sont pas des manquements aux règles de la stratégie ;

ce sont des défauts de caractère, que l'évènement châtie, mais ne révèle pas. En 1870 on ne pouvait rien ignorer, car depuis longtemps les nations européennes font à haute voix le compte de leurs dépenses et de leurs armements, de leurs sacrifices et de leurs ressources. Toute ambassade possède au moins un attaché militaire ; celui que nous entretenions en Prusse avant la guerre sut voir et sut parler. Faute d'un observateur placé sur les lieux, il suffirait de lire quelques journaux, de suivre les débats des Chambres; de parcourir l'almanach de Gotha. Les orateurs et les publicistes pouvaient discuter, argumenter, ergoter ; le gouvernement devait savoir.

Il faut toujours être prêt, aussi prêt que possible, même si l'on ne nourrit aucun dessein belliqueux, car on peut être attaqué. Ce n'est que dans les duels qu'on mesure la longueur des épées, qu'on attend le signal des témoins et qu'on se met régulièrement en garde avant de ferrailler. Un peuple doit être en garde à toutes les heures de sa vie. Il importe donc que tout soit prévu et réglé d'avance pour tous les cas possibles. Le pied de guerre n'est pas le pied de paix; mais le passage de l'un à l'autre est le principal objet des méditations d'un ministre qui connaît son devoir. Les troupes ne sont pas faites pour défiler aux jours de revue, ni pour ajouter à la pompe des enterrements solennels; on n'entretient pas un régiment pour faire de la musique le dimanche sur la place d'armes, ni pour enrichir les fournisseurs. Le ministre devrait donc chaque soir se poser cette question : « Si l'on déclare la guerre demain matin, pourrai-je demain à midi affirmer que tous les services sont organisés? » Si la réponse est négative, il s'endort coupable.

Être prêt, tout le monde sait ce que c'est. Un directeur de théâtre est-il prêt à donner une pièce si tous les décors ne sont pas peints, les trucs montés et essayés, les rôles distribués, appris, répétés ? Que chacun ait sa place marquée d'avance, et soit en mesure de s'y rendre sans délai ; que chacun connaisse son devoir, et puisse le remplir sans empêchement ni confusion. Il faut que l'on ait raccourci, autant que le peuvent faire la prévoyance et l'activité, le temps nécessaire pour entrer en campagne ou supporter le choc de l'ennemi. Il faut aussi que le terrain ait été étudié, que l'état-major ait prévu toutes les façons différentes dont la lutte peut être engagée. Un bon joueur d'échecs connaît toutes les ouvertures ; ce n'est que dans le courant de la partie qu'il se fie à l'inspiration autant qu'au calcul ; les débuts sont classés et analysés ; on en possède la théorie complète, pour l'offensive comme pour la défensive. Se donnera-t-on moins de peine quand il s'agit de pousser sur l'échiquier un demi-million d'êtres humains, et de mettre au jeu l'honneur et l'intégrité de sa patrie ? La nécessité d'être prêt, c'est une de ces vérités qui courent les rues, et que l'année 1870 n'a révélées à personne. Quel est le maître de maison qui attend un hôte sans se préparer à le recevoir ? Nous ne nous sommes pas bornés à attendre cet hôte redoutable, la guerre : nous l'avons invité, nous l'avons contraint de venir. Pour juger les hommes qui ont oublié des maximes aussi triviales, il n'est pas besoin de politiques, de philosophes, de tacticiens ; la moindre femme de charge pourrait les condamner, et ils auraient apparemment mieux su leur métier, s'ils l'avaient appris dans quelque modeste manuel d'économie domestique.

Enfin, il ne faut pas compter, pour repousser une invasion, sur les moyens de défense qu'on organise

pendant l'invasion, sur les troupes qu'on rassemble
en hâte, et qu'on envoie au feu sans les avoir exercées et entraînées. L'histoire de notre première Révolution n'a pu tromper à cet égard que ceux qui prennent leurs préjugés pour des dogmes, et leurs rêves
pour des garanties. La coalition de 1793 eut des chefs
plus que médiocres. En ce temps-là on faisait encore
la guerre avec une lenteur que Napoléon a fait passer
de mode. Qui donc avant 1870 ignorait que les soldats
les plus braves ont besoin d'apprentissage, qu'il faut
des cadres solides, que le « vaincre ou mourir » ne
se décrète pas, que les Français sont trop doux pour
la guerre au couteau, trop riches pour affamer l'ennemi, surtout depuis l'invention des chemins de fer?
Autrefois, nous l'avons déjà dit, un peuple qui se dé-
fendait avait naturellement l'avantage, parce que les
armées étaient peu nombreuses, et les communications difficiles, parce que la guerre n'était nationale
que pour l'envahi, parce que l'armement était simple
et que la passion tenait aisément lieu d'instruction.
Mais nous n'en sommes plus là. Il y a de vieilles idées
qui n'ont plus de réalité et de belles phrases qui n'ont
plus de sens. On ne se fait plus tuer comme on veut ;
la mort vient de trop loin : on ne peut pas faire une
demi-lieue pour l'aller chercher tout seul. On ne se
précipite plus dans la mêlée, parce qu'il y a des combats où l'on ne voit pas même l'ennemi. On ne supplée
pas à l'habitude du feu par un généreux élan, parce
qu'il faut désormais au moins autant de patience que
d'ardeur : le courage de rester s'acquiert moins vite
que le courage de marcher. On ne remplace pas par l'intelligence du soldat les approvisionnements qui manquent, parce que la maraude, qui peut à la rigueur
nourrir mille hommes, n'en nourrit pas cent mille.

La guerre moderne exige une préparation plus longue, plus diverse, plus complète, un concert plus
harmonieux de tous les rouages, un usage plus sûr de
toutes les facultés de l'esprit et du caractère. La
guerre ancienne était une poésie qui s'improvisait; il
n'y fallait que du mouvement et du cœur. La guerre
nouvelle est une prose savante, où les qualités brillan-
tes ne suffisent pas, si l'on n'y joint les qualités solides
que donne une laborieuse culture. La victoire.
était jadis le prix de la bravoure; c'est maintenant
un prix d'excellence ; on la mérite par un ensemble
de supériorités.

Ainsi nos désastres ne nous ont enseigné aucune
vérité surprenante. Ce n'est pas à notre intelligence
que s'adressait cette sanglante leçon. Il n'y a là aucune
révélation. M. de Moltke n'est assurément pas un plus
grand stratégiste que Napoléon ; a-t-il beaucoup
innové ? Avant lui, on connaissait l'art de surprendre
un ennemi en pleine formation, de couper une ligne
trop étendue et mal liée, d'envelopper une armée qui
s'est laissé tourner. Avant lui, on savait deviner un.
point faible, profiter d'un premier avantage, poursui-
vre un vaincu sans le laisser respirer, puis l'acculer
et l'achever. Nous savions avant Wissembourg qu'il
ne faut pas laisser écraser ses têtes de colonnes, avant
Reischoffen qu'un corps d'armée doit s'appuyer sur
les corps voisins, avant Gravelotte que pour rompre
un réseau il faut peser de toutes ses forces sur la
maille qu'on attaque, avant Sedan qu'une armée sans
consistance doit chercher un point d'appui, non courir les aventures. Nous savions avant Napoléon III qu'il
est imprudent de déclarer la guerre quand on n'est
pas le plus fort, avant M. Ollivier qu'un homme d'État,
sérieux n'accepte pas la responsabilité d'une poli-

tique qu'il désapprouve, avant M. Lebœuf qu'on n'est pas prêt quand on n'a rien prévu.

Nos revers ne nous ont-ils donc rien appris? Ils nous ont fait connaître nos défauts, ou plutôt ils nous les ont rappelés à force de les montrer à l'œuvre et de les mettre en lumière.

Ces défauts, on peut leur donner différents noms, et ranger nos défaillances sous différents titres. On peut énumérer l'imprévoyance, qui ne pense qu'au présent, et oublie l'avenir; la légèreté, qui se décide sans peser les motifs; la faiblesse, qui sacrifie des raisons graves à des craintes frivoles; on peut accuser la paresse et la mollesse, la nonchalance et la négligence. Mais à quoi bon se perdre dans ce détail? A quoi bon définir des nuances si voisines? Ce sont plusieurs mots pour une même chose, plusieurs symptômes d'une même maladie. Cette maladie, c'est l'affaiblissement de la volonté. La plupart des hommes qui font mal ne font pas mal parce qu'ils se trompent, mais ils se trompent pour se dispenser de bien faire. Les lumières manquent presque toujours moins que l'énergie.

Napoléon III aurait voulu, en 1866, contenir la Prusse après Sadowa; il ne le voulut pas. Il aurait voulu organiser plus fortement une armée dont il connaissait l'insuffisance, constituer plus solidement la garde mobile; il ne le voulut pas. M. Émile Ollivier aurait voulu empêcher la guerre; il ne le voulut pas. La Chambre désirait conserver la paix; elle ne le voulut pas. Les chefs de service, les généraux, les intendants, auraient voulu que nous fussions prêts; ils ne le voulurent pas. Partout des velléités, nulle part des volontés. A chacune des étapes de notre chute, on aperçoit de bonnes intentions, des idées justes, des tentatives sages : rien n'aboutit ; l'effort n'atteint pas le but. Sans doute on finit par déployer plus d'activité. Mais que de choses se firent trop lentement ou trop tard ! Que de temps perdu à Paris et en province, au moment où il'eût fallu réparer par des prodiges de promptitude les fautes prodigieuses du début ! Le gouvernement de la Défense nationale fut-il égal ou inférieur à sa tâche ? C'est ce que nous n'oserions décider. Dans le premier cas, il faut conclure que le mal était universel, au point d'atteindre même l'opposition, même les plus ardents patriotes. Dans le second cas, il faut avouer qu'après Sedan le mal était irréparable.

Quoi qu'il en soit, c'est par le caractère, et non par l'intelligence, que nous avons péché. C'est par le caractère bien plus que par l'intelligence que les peuples, comme les hommes, sont heureux ou misérables, et l'on se relève plus en se corrigeant qu'en s'éclairant.

CHAPITRE II

A peine avions-nous signé la paix, cédé deux provinces et promis cinq milliards, que l'idée de la revanche s'empara de tous les esprits. L'abandon de l'Alsace-Lorraine ne nous semblait pas définitif; nous
n'admettions pas que le démembrement de la patrie
fût un dénouement. Tandis que le vainqueur occupait
encore une partie du territoire qu'il nous avait laissé,
nous parlions tout haut devant lui de la haine qu'il
nous inspirait. Notre rancune ne craignait pas de
pousser à bout sa défiance. Peu à peu, nous avons
changé de sentiment, et le désir de la vengeance a
fait place à l'appréhension d'une invasion nouvelle.
« Prenez garde, disions-nous en 1872 ; nous recommencerons. — Prenons garde, nous disons-nous maintenant ; ils pourraient recommencer. » Au lendemain
d'une guerre terrible, nous étions belliqueux; dix ans
après, nous sommes pacifiques.

Les principales causes de ce revirement sont aussi
celles qui ont empêché la leçon de 1870 de porter tous
ses fruits. Nous nous sommes consolés; nous avons
éprouvé d'autres émotions ; nous avons reconnu par
l'expérience combien il est malaisé de s'amender.

Quand un grand malheur est en même temps une

grande leçon, il n'est pas bon qu'on s'en console trop vite. En quittant les vêtements de deuil, on reprend le train des distractions et des plaisirs d'autrefois. Les résolutions viriles sont oubliées, les projets de réformation mis à l'écart. Or nous avons été bien prompts à retrouver notre sérénité un instant troublée. Assurément une grande nation ne doit pas se laisser abattre par l'infortune. Athènes vaincue n'a pas à singer Sparte ; on ne devient pas austère d'un jour à l'autre, même sous le coup d'un désastre. D'ailleurs nous y perdrions trop. Mais on devrait être difficile dans le choix des consolations qu'on accueille, et nous n'avons pas été difficiles.

Nous n'avons jamais voulu bien connaître l'histoire de nos revers. Pendant la guerre, nous ne cessions de nous abreuver de mensonges. L'Europe tout entière a ri de notre crédulité incorrigible, et ce ridicule gênait un peu nos amis du dehors. Les gouvernants ont entretenu nos illusions avec une complaisance parfois coupable. Ils ont eu pour la plupart le double tort de ne pas ressentir assez de confiance, et d'en témoigner trop. Ils nous prenaient pour des enfants, qu'il faut soutenir par des chimères, mais dont il ne faut pas attendre de grands efforts. La presse et le public à l'envi avalaient les fausses nouvelles comme de l'eau. La lecture des journaux du temps a quelque chose d'humiliant ; à chaque ligne on ne peut s'empêcher de comparer leur langage avec la réalité, et d'en rougir. Nous avons, pendant six mois, vécu en plein roman. Cela pouvait du moins servir à relever certains courages : la vérité ne nous eût-elle pas écrasés ? Mais, une fois la paix conclue, il convenait de voir les choses comme elles s'étaient passées, et nous avons continué à nous flatter. Sans doute l'histoire de nos défaites a été sérieusement étudiée, honnêtement racontée ; nous avons tous lu bien des livres sur ce douloureux sujet. Mais cette instruction a effleuré nos esprits sans les pénétrer ; ou bien nous passons légèrement sur ce qui blesse notre amour-propre ; ou bien nous tirons de faits vrais des conséquences fausses.

Ainsi nous répétons sans cesse que nous avons été écrasés par le nombre ; nous exagérons à plaisir le chiffre des troupes allemandes qui ont envahi notre territoire. On dit encore tous les jours qu'il y avait un million de Prussiens chez nous, ce qui n'est pas exact. Au fond, cela importe à l'honneur des armées et des généraux vaincus bien plus qu'à l'honneur de la nation elle-même. Personne n'a jamais prétendu que les Français fussent lâches. Les Prussiens à Iéna n'étaient pas non plus un ramassis de poltrons. A cet égard, presque tous les peuples d'Europe se valent. Ce qui assure aux uns la victoire sur les autres, c'est l'organisation, la discipline, le talent des chefs, quelquefois le génie d'un homme ; c'est l'élan patriotique et l'enthousiasme. Il y a bien aussi ce qu'on appelle le hasard ; mais le hasard n'est que le résultat d'une somme de petites causes. Les gens malheureux sont presque toujours accablés sous le poids d'une multitude de menus défauts, et les gens heureux sont récompensés d'une foule de menus mérites. On accuse souvent la Fortune d'être aveugle, précisément parce qu'elle est très-clairvoyante, parce qu'elle tient compte de mille détails qui nous échappent.

Si nous avons été écrasés par le nombre, c'est une excuse pour tel ou tel ; ce n'est pas une excuse pour la nation française. La population de l'Allemagne n'était pas supérieure à la nôtre ; elle aurait dû être inférieure ; car notre territoire était un peu plus étendu; il est bien plus fertile. Si nos ennemis ont mis plus d'hommes en ligne, c'est qu'ils s'étaient préparés à cette lutte que nous engagions et qu'ils attendaient. C'est qu'ils avaient travaillé plus que nous; c'est que, voulant s'agrandir, ils avaient supporté tous les sacrifices que leur gouvernement jugeait nécessaires. Chez nous l'opposition, et une opposition assez peu nombreuse, réclamait le désarmement et préconisait la garde nationale. Mais cette opposition paralysa la faible volonté du souverain et intimida la majorité du Corps Législatif, parce qu'elle représentait sur ce point l'opinion publique. Nous nous flattions d'un héroïsme. fougueux, à l'heure et à la journée, mais nous avions horreur des longs travaux, nous avions peur de nous déranger, toujours prêts à donner à la patrie jusqu'à la dernière goutte de notre sang; pour notre temps et notre peine, c'est autre chose. Un général qui est battu parce qu'il n'a pas assez de soldats peut à la rigueur se laver les mains de sa défaite, mais le peuple qui envoie à l'ennemi une armée insuffisante ne saurait invoquer cette insuffisance comme une circonstance atténuante. Il est seulement permis d'en conclure que son cas n'est pas désespéré, et qu'une autre fois il fera mieux. C'est une espérance pour l'avenir; ce n'est pas une justification pour le passé.

Une autre excuse bien souvent alléguée, c'est l'incapacité de la plupart des hommes qui ont exercé un commandement ou occupé un poste considérable, depuis Napoléon III jusqu'au général Trochu, depuis MM. de Gramont et Lebœuf jusqu'à MM. Jules Favre et Le Flô. Parmi les grands acteurs de ce drame, il en est pourtant bien peu qui n'aient pris la plume ou la parole pour se défendre, qui n'aient prétendu se blanchir aux dépens d'autrui ou de la Fortune. Jamais il n'y a eu si peu d'aveux pour tant de fautes. Les enquêtes auxquelles se sont livrées les commissions parlementaires, sans parler des historiens, semblent démontrer que la partie était perdue d'avance, et que nous n'étions pas en état de lutter. Nos défaites et nos défaillances ne seraient que des résultats, des conséquences, symptômes inévitables d'une maladie déjà ancienne et sûrement funeste, comme ces complications qui ne sont pour les organismes ruinés que des manières de mourir. Ce que le vulgaire prend pour une cause n'est qu'un effet. Le vent d'automne ne fait tomber les feuilles que parce qu'elles sont flétries. Il y a des gens qui sans le savoir appartiennent à la mort. Elle tient sa proie; rien ne peut la lui dérober; elle hésite seulement sur la manière d'en finir; du reste, une chiquenaude y suffira. Une grande nation n'arrive jamais à cet excès de débilité. Mais elle peut être assez affaiblie pour céder au premier choc d'un ennemi qu'elle se croyait capable d'affronter presque sans péril.

Moins prêts que les Prussiens, nous devions facilement être vaincus, à moins d'hommes supérieurs ou d'un violent effort. Il fallait des prodiges pour nous sauver. Nous n'avons pas fait des prodiges, il s'en faut. Peut-être même, si la résistance avait été plus acharnée, l'attaque aurait-elle été plus forte : le vainqueur avait des réserves. Pour nous, qui étions sur la scène, luttant et souffrant, les épisodes de la pièce nous ont presque jusqu'au bout tenus en suspens. Pour les spectateurs éclairés, le dénouement était contenu tout entier dans le début; les actes intermédiaires ressemblaient à ces péripéties artificielles dont un auteur habile se sert pour entretenir l'intérêt, pour retarder

une catastrophe prévue. Ce n'était, après tout, qu'un
remplissage émouvant.

Ainsi pensent les témoins impartiaux; ainsi parlera
probablement l'histoire. Car elle enregistre les miracles, et même elle les explique, mais elle explique
encore mieux leur absence. Quoi qu'il en soit, si nous
avons eu des généraux et des diplomates incapables,
cela tenait ou à ce que notre race appauvrie ne fournissait plus d'hommes de mérite, ou à ce que le gouvernement ne faisait que de mauvais choix. Ces deux
alternatives sont également peu flatteuses pour l'a-
mour-propre national.

Ce n'est pas que la nature soit plus avare; rien ne
prouve qu'elle traite les siècles avec tant d'inégalité,
du moins en ce qui concerne le talent, le génie étant
une exception sur laquelle on n'assied aucun calcul.
Ce qui fait la supériorité de certaines générations,
c'est sans doute la culture, c'est l'éducation que reçoivent et que se donnent les esprits et les caractères;
c'est l'emploi que les hommes les plus distingués font
de leurs facultés. Il y a des générations laborieuses
et des générations molles. Il y a des époques et des
pays où ceux qui se sentent nés pour de hautes destinées, cherchent la gloire dans le service de l'État; il
y a des pays et des époques où l'armée, la diplomatie,
l'administration, appellent à elles la médiocrité. Donner à la jeunesse le goût des carrières où l'on peut
être utile à la patrie, assurer le recrutement des fonctions publiques par des séductions qui n'agissent pas
seulement sur les âmes vulgaires, diriger au profit de
la nation le courant naturellement si libre et si capricieux des vocations, c'est une des plus rares parties
de l'homme d'État. Il y faut employer à la fois les ressorts dont Montesquieu signale la puissance dans la

monarchie et dans la république, l'honneur et la vertu;
l'intérêt seul n'y parviendrait pas. Si nous avons eu
en 1870 des politiques, des diplomates, des généraux
au-dessous de leur tâche, c'est que depuis longues
années les hommes supérieurs étaient peu sollicités
par les attraits de ces belles carrières, ou qu'ils y lan-
guissaient sans parvenir au premier rang.

L'insuffisance du personnel tient surtout aux
mœurs, à des causes lointaines et durables; la mauvaise distribution de l'avancement est imputable au
pouvoir. Ce n'est pas que les souverains et les ministres fassent volontairement des choix absurdes; le
despotisme même veut être bien servi. Mais c'est le
propre du gouvernement personnel de chercher avant
tout le dévouement et le zèle; c'est grand hasard si le
mérite s'y trouve joint. Le second Empire reçut des
régimes qui l'avaient précédé quelques hommes de
talent, qu'il n'employa pas fort bien, et qu'il ne rem-
plaça guère. A la fin il était obligé d'écrémer ou d'é-
cumer l'opposition. Encore l'opposition est-elle une
mauvaise école de politique, quand elle travaille à
renverser les institutions, non à s'emparer du timon,
car elle manque d'esprit pratique, et ne se sent responsable de rien. Ce n'est pas en attaquant à outrance
qu'on apprend à gouverner.

Quelque part qu'on fasse dans nos désastres à un
homme ou à un système, nous n'avons pas le droit de
nous en laver les mains. Selon un mot fameux, un
peuple n'a jamais que le gouvernement qu'il mérite.
C'est trop peu dire; à moins d'être conquis, un peuple
n'a jamais que le gouvernement qu'il se donne. Cette
vérité n'est nulle part plus évidente que dans l'histoire
du second Empire. Il sortit des entrailles mêmes de
la nation. Ceux qui furent victimes de son avènement

y avaient assez largement contribué, les uns par leur admiration idolâtre pour Napoléon Ier, les autres par les fautes qui perdirent la République de 1848. La Révolution de février ne fut pas un effet sans cause, mais un effet plus grand que la cause ; le pays acceptait la République sans l'embrasser. Il fallait la fortifier par un régime sage ; on la tua par des folies. Les journées de juin firent peur, et l'on commença à rêver un sauveur, quel qu'il fût. Une Constitution absurde, fruit d'une théorie féconde en chimères et d'une tradition féconde en naufrages, mettait en présence une Chambre unique et un président issu du suffrage universel. L'élection du 10 décembre était bien l'expression de la volonté nationale. S'il y avait eu alors un candidat officiel, c'eût été Cavaignac. La Législative représentait bien le pays. Cette Assemblée âpre et faible, qui ne sut ni défendre ni renverser la République, qui prépara elle-même le 2 décembre et creusa presque sciemment la fosse où elle devait tomber, était née du libre choix de tous les citoyens. Le coup d'État rencontra des résistances plus généreuses que redoutables. La France, par plus d'un plébiscite, en accepta la responsabilité. En vain alléguerait-on la violence. Se laisser violenter serait pour un peuple la pire des hontes. Il n'y eut même pas de tromperie. Ce qu'il y avait de chimérique et d'aventureux dans l'esprit du prince, les équipées de Strasbourg et de Boulogne l'avaient assez montré. Ce qu'il y eut de personnel et même de despotique dans son gouvernement, c'était la tradition napoléonienne, la tradition du Consulat et de l'Empire. La France connaissait Louis-Napoléon ; elle l'aima comme il était. Il la rassurait contre la frayeur peu honorable qu'elle avait d'elle-même ; il flattait son amour-propre en réveillant les souvenirs

d'une époque dont il nous avait plu d'oublier toutes
les laideurs; elle se livra sans réserve, sans garantie,
presque sans illusion, parce qu'il lui plaisait de se
livrer, d'abdiquer le gouvernement d'elle-même, de
secouer les libertés dont elle avait peur, de sentir le
mors, la bride et l'éperon. Le jour où un peuple donne
un pareil blanc-seing, il s'interdit toute récrimination
contre celui qui l'a reçu. Osons le dire, il n'est pas une
seule des fautes de l'empire dont la nation tout entière
ne soit pleinement responsable. Ce qui est réparable,
elle le réparera sans doute, mais elle n'est innocente
de rien. La guerre de 1870 a été préparée, déclarée,
conduite par la majorité des électeurs de 1848, de
1851, de 1852, de 1857, de 1863, de 1869, de 1870.
Derrière les Gramont et les Lebœuf, il y avait l'empereur; derrière l'empereur, le suffrage universel.

Ainsi l'incapacité de nos chefs n'est pas une juste
consolation pour notre orgueil, car elle était contenue
dans l'incapacité nationale dont notre pays fit preuve
en confiant ses destinées à qui devait les compromettre, autant que le poulet est contenu dans
l'œuf.

Nous avons souvent dit que nous n'avions pas voulu
la guerre et qu'elle était le fait de notre gouvernement. Les Prussiens essayèrent de réfuter cette allé-
gation en publiant des rapports préfectoraux tombés
entre leurs mains. Ces témoignages avaient peu de
poids, mais la question avait peu d'importance. Nos
mandataires ont agi en vertu des pleins pouvoirs que
nous leur avions conférés; nous payons la dette qu'ils
ont contractée à notre charge par des actes en bonne
et due forme. Dire aux Allemands que nous les avions
provoqués sans le vouloir, c'était nous humilier par
une inutile apologie. Après tout, si l'empereur victo-

rieux avait pris la frontière du Rhin, l'aurions-nous pour
cela chassé?

Parlerons-nous de la trahison? La trahison joue
dans l'histoire un rôle bien plus effacé que dans la
légende. C'est par elle que les peuples expliquent les
revers dont l'explication véritable est trop pénible à
leur amour-propre. Quand Napoléon Ier succomba
sous les coups de l'Europe qu'il avait soulevée, il
essaya de rejeter sur des traîtres le poids des désastres dont il était seul l'auteur. Il y réussit aux yeux
des ignorants, qui aimèrent mieux maudire les Mar-
mont et les Bourmont que de reconnaître la fragilité
de l'idole populaire. On a bien dit aussi en 1870 et
depuis que Napoléon III avait été trahi, ou même qu'il
avait trahi, tant la crédulité va loin quand elle se fait
la servante de la vanité. Bazaine seul a été légitimement accusé. Il appartient aux stratégistes de mesurer
le mal qu'il nous fit. Mais il est à remarquer que son
caractère était déjà suspect, quand l'appui de l'opposition imposa à l'empire le choix de ce maréchal de
l'empire pour commander l'armée de Metz. On n'a
recours à des hommes aussi compromis que quand la
situation est déjà mauvaise; cette indifférence au
sujet de la moralité d'un chef ne peut être expliquée
que par un scepticisme outré, ou par un danger pressant. Ajoutons que cette trahison, qui consistait, non
à passer dans le camp ennemi comme Dumouriez,
mais à sacrifier par l'inaction et l'intrigue les plus
précieuses ressources du pays, était elle-même un
symptôme des maux qui nous rongeaient. Certains
champignons ont besoin de certaines corruptions.
Les grands crimes déposent contre les peuples au sein
desquels on les commet, quand le coupable n'est pas
un être obscur, ignorant, inconscient, mais un person-

nage comblé d'honneurs et dès longtemps en pleine
lumière. L'assassinat de la duchesse de Praslin par
son mari fut une des causes de là Révolution de février.
La cour, la pairie, la noblesse, toute la société gouver-
nante en fut éclaboussée. Le crime de Metz est de ceux
qui font penser au mot si souvent cité d'Hamlet : « Il y
a quelque chose de pourri dans l'État. » Dans l'État
et dans la nation. Le bandit tue dans l'ombre pour
vivre ; la bête fauve tapie au fond de tant de cœurs
peut soudain s'élancer et s'enivrer de sang ; on a affaire
à un fou dangereux, et l'on songe plus à le supprimer
comme un être non humain qu'à le punir comme un
être responsable. Un misérable espion vend sa patrie
pour une poignée d'or. Mais là soif de l'or est chez
lui un appétit irrésistible, et qu'est-ce dans son esprit
que l'idée de la patrie? La société n'est comptable
de ces forfaits qu'indirectement, pour n'avoir pas
éclairé les coins sombres de l'humanité, pour n'avoir
pas nettoyé les cloaques. Mais quand le coupable est
un homme intelligent, considérable, maître de lui,
quand il est poussé par l'ambition, cette grande calculatrice, son calcul même est une accusation grave
portée contre son pays et son temps, puisqu'il a pu
se flatter d'acquérir la puissance en perdant l'honneur,
et peut-être de perdre l'honneur sans perdre l'estime
et le respect de ses semblables. Qu'un homme placé
à la tête d'une grande armée, espoir de la France
vaincue, ait paralysé cette armée pour en faire l'instrument de sa grandeur au milieu de la ruine publique ;
qu'un maréchal de France, qui jamais n'a passé pour
un sot, ait caressé l'idée de réussir où Dumouriez
avait échoué, et de restaurer avec l'aide de l'ennemi
un gouvernement abattu sous des défaites inouïes,
c'est une mortelle injure faite à la France de 1870 par

un de ceux qui devaient la connaître. Sans doute l'entreprise fit plus que d'échouer, parce que l'ennemi n'avait pas intérêt à la seconder; il lui suffisait qu'elle eût été conçue. Mais c'est trop qu'elle ait pu être conçue. Il a fallu pour cela que notre histoire contemporaine donnât un peu le droit ou fournît des prétextes de nous mépriser.

Nous cherchons volontiers des consolations dans des comparaisons qui nous donnent l'avantage sur nos vainqueurs. C'est ainsi que la promptitude avec laquelle nous avons payé notre rançon nous a inspiré un orgueil qui n'est pas exempt de ridicule. Nous nous en sommes vantés de façon à faire dire qu'une autre fois ou nous saignerait plus à fond. Nous avons aussi constaté avec une joie naturelle, quoiqu'un peu trop étalée, les embarras financiers et économiques des Allemands chargés de nos dépouilles, mais non pas enrichis. Ils ont pu reconnaître que l'argent gagné par la force ne profite pas autant que l'argent accumulé par le travail et l'épargne. Nos milliards ont enivré l'imagination des Berlinois; ils se sont jetés dans les grandes spéculations, et il s'est trouvé qu'au bout de peu d'années le budget était mal équilibré, tandis que la misère était au comble dans plus d'une province. Cet état de choses né tient pas seulement à l'emploi qu'on a fait de notre or, mais à la grande crise commerciale et industrielle qu'un peuple pauvre a supportée difficilement. Le monde entier en a souffert, mais les nations riches en ont moins souffert. Nous n'avons pas le droit d'espérer que les Allemands soient pour cela dégoûtés à jamais des guerres à gros bénéfices. Ils seraient plutôt gens à s'entêter, et à recommencer pour faire mieux, si les circonstances s'y prêtaient.

Nous nous sommes aussi laissé dire que ces puritains, qui déclamaient contre la moderne Babylone, étaient plus corrompus que nous, et que les sentines de Berlin en valaient bien d'autres. Nous avons découvert chez ce peuple, tant admiré de Mme de Staël, un amas énorme de vices et de ridicules. Pour les ridicules, nous n'en sommes pas très-bons juges; chaque pays a ses mœurs et ses manières : pourquoi mesurer tout le monde à l'aune de Paris? Quant aux vices, nous avions, il faut en convenir, le droit d'en parler assez haut; nos vainqueurs avaient tant levé les bras vers le ciel à la vue de notre décadence morale! Et ils n'étaient pas les seuls. Tous les fous des deux mondes qui viennent chez nous faire leurs folies se donnent le mot pour nous calomnier. Ils mènent grand tapage entre eux, de la porte Saint-Denis à la cascade du Bois de Boulogne, se scandalisent les uns les autres, se prennent mutuellement pour des Français, puis retournent chez eux, lassés, gâtés, vidés. Alors ils nous diffament par leur exemple comme par leurs propos, tandis qu'en réalité ils n'ont vu que de fort loin la véritable population parisienne. Ils jugent notre pays sur les auberges où ils ont passé leur temps. Ce n'est pas une raison pour que nous leur soyons moins hospitaliers; rien ne nous oblige à leur refuser les distractions qu'ils viennent chercher, et qu'ils payent. Mais quand leurs compatriotes montent en chaire et tonnent contre nous, c'est justice que nous ripostions par un tableau peu flatté de leurs propres mœurs. Nous prenons ainsi notre revanche de leurs sottes tirades. Cependant il ne faudrait pas voir là la revanche de nos défaites. C'est une misérable gasconnade que celle de l'homme qui dit de son vainqueur : « Il m'a battu, mais je lui ai bien dit son fait! » Rire de qui nous a fait pleurer, c'est presque une bassesse. Goûtons avec réserve les douceurs de cette vengeance toute platonique ; les livres, les brochures, les articles qui font la satire des Allemands ne sauraient nous consoler d'avoir eu le dessous. Si l'on arrivait à prouver qu'ils sont méprisables, ce ne serait pas pour nous rendre notre propre estime ni celle des peuples qui nous ont vus à terre.

C'est surtout dans les récits historiques et anecdotiques de la guerre de 1870-71 que nous avons abusé de ce genre de compensations. Assurément les Prussiens ne se piquaient pas de générosité. Ils ont été durs, rapaces en grand et en petit ; quelques-uns de leurs procédés, comme l'emploi des otages sur les locomotives, violent évidemment les lois de la civilisation. Nous nous sommes mieux conduits en Crimée et en Italie. Mais en Italie nous étions chez des amis, en Crimée dans un désert. Nous avons fait pis au Mexique, où nous prétendions avoir affaire à des barbares ; mais ces barbares étaient dans leur droit. A tous nos reproches, les Allemands opposent des reproches pareils ; ils rappellent à propos les campagnes du premier empire. Napoléon n'était pas doux. Il professait que la guerre doit nourrir la guerre ; il ne voyait dans les patriotes irréguliers que des brigands rebelles. Nous avons bien rudement traité les grands-pères de ceux qui nous ont fait visite il y a dix ans. Quelque goût excessif qu'ils aient montré pour le champagne et les pendules, il est juste d'avouer qu'ils ont toujours observé une discipline assez rigoureuse, et qu'ils respectaient la vertu des femmes. Nous avons chanté des couplets où nous nous vantions d'avoir été moins sages, quand nous allions chez eux. Pour qui connaît non-seulement l'histoire, mais la

chronique de nos victoires et conquêtes, la comparaison n'est pas toujours à notre avantage, et il faut bien
confesser que le palais de nos rois a été plus ménagé
que le palais d'été du Fils du Ciel.

Quand un peuple se compare aux autres, et surtout
à ceux qu'il n'aime pas, il doit chercher dans ce rapprochement des motifs d'émulation plutôt qu'une pâture pour son amour-propre, un monstre qu'il n'est
pas utile d'engraisser. Il est bon que le soldat méprise
l'ennemi sur le champ de bataille, pourvu que ce mépris ne l'expose pas à des surprises décourageantes,
ou plutôt il est bon que le soldat se croie supérieur à
son adversaire, sans raffiner sur l'étendue de cette
supériorité. Mais les généraux et les hommes d'État
doivent voir les choses comme elles sont. En temps de
paix, la modestie est un sentiment aussi fécond que
la vanité est stérile. Les âmes fières prennent même
un certain plaisir à corriger la rancune par la justice, et à mettre leur clairvoyance au-dessus de leur
antipathie. Elles dédaignent les fausses consolations
et les revanches verbales. Elles ne calment la douleur
des revers passés que par l'espoir de les réparer, et par
la certitude d'y travailler. Elles aiment à connaître
toute la vérité, même dans ce qu'elle a de cruel, sachant bien qu'on ne se guérit que des défauts qu'on
s'avoue, et qu'une nation, comme un homme, rétablit
mal ses affaires quand elle refuse un regard attentif
et scrupuleux au bilan de ses désastres.

« La Fortune aura beau faire, les jaloux auront beau
dire; la France sera toujours la grande nation. Si elle
ne tient plus le premier rang dans les choses de la
guerre, elle marche encore à l'avant-garde de la civilisation; elle possède encore le sceptre des idées; elle
donne toujoure le branle au progrès de l'humanité. »

Ainsi pensent beaucoup de nos compatriotes, et cette pensée les aide à supporter tous nos revers d'un cœur assez léger, à dédaigner même tous les périls. Il y a des amours-propres robustes que rien ne déconcerte. Mais cette consolation a le double défaut d'être insuffisante, et de venir d'une source chimérique.

Si la supériorité intellectuelle dont on se targue volontiers chez nous était hors de tout débat, on n'aurait rien à dire à ceux qui s'en contentent; leur satisfaction est affaire de tempérament et de goût; chacun met son orgueil où il lui plaît. Nous préférons le lot du Romain libre et vainqueur à celui du Grec lettré, mais asservi, et, s'il fallait choisir, nous aimerions mieux le sort du Barbare qui foule aux pieds la civilisation romaine que celui du Gallo-romain qui apprend à lire à ses maîtres. D'autres sentent autrement; ils estiment plus le savant par terre que l'ignorant debout, et le titre de précepteur du genre humain leur paraît plus précieux pour un peuple que l'intégrité de son territoire, que l'honneur même et l'indépendance. Ils sont dans leur droit.

Mais nous ne sommes pas les précepteurs du genre humain; nous ne sommes pas par privilège les promoteurs du progrès. Les Américains nous devancent dans la voie des grandes inventions; les Allemands amassent avec plus de soin et de labeur les matériaux de la science; les Anglais les mettent en œuvre avec plus de génie. Notre littérature est loin d'exercer l'empire dont nous nous flattons. Nous l'emportons sur nos rivaux dans la chimie et dans la peinture; nous n'avons pas de rivaux dans l'art dramatique, et nos modes font loi en matière de costume. Le jour où les Prussiens sont entrés dans Paris, le jour où nos représentants ont signé l'abandon de l'Alsace-Lorraine, ces supériorités d'ordre divers ne suffisaient pas à nous faire faire bonne figure aux yeux des juges impartiaux.

Certains Français sont surtout fiers de nos révolutions passées et futures. Ils sont persuadés que la Constituante et la Convention ont promulgué un dogme nouveau, fondé une religion qui doit conquérir le monde. On leur objecte que les Anglais avaient déjà décapité un roi, que les Américains avaient proclamé les droits de l'homme, et fondé une démocratie jusqu'ici vierge de tout Bonaparte. Ils répondent que ce sont là des évènements locaux, et que notre pays seul travaille pour le genre humain. On nous dispensera de réfuter cette opinion, car nous ignorons sur quoi elle s'appuie.

Mais pourquoi discuter? Bien des gens estiment que la France est la grande nation, parce qu'ils sont Français. Ce sentiment patriotique peut être louable. Malheureusement il est à la portée de tout le monde, et il y a certainement dans l'Afrique centrale des tribus nègres qui le professent pour leur compte avec moins de raison, mais avec autant de bonne foi que nos concitoyens.

CHAPITRE III

LES DISTRACTIONS

Nous ne nous sommes pas seulement consolés trop vite ; nous nous sommes aussi laissé distraire par nos luttes intestines. Il n'est pas toujours vrai que le malheur unisse les hommes qui l'ont supporté en commun. Trop souvent ils se querellent, soit sur les causes du désastre, soit sur les remèdes. Chacun rejette le péché national sur ses voisins ou sur ses adversaires. Chacun a son plan pour relever l'édifice, et jure que tout est perdu si l'on n'adopte point son plan.

La guerre ne laissait presque rien debout. Il n'y avait plus de gouvernement, plus de constitution ; à peine restait-il des lois, qu'il n'était pas facile de faire respecter. Toutefois le suffrage universel surnageait dans ce grand naufrage. La nation fut invitée à prendre en mains ses destinées, c'est-à-dire à désigner les mandataires qui devaient traiter en son nom, les législateurs qui devaient réorganiser le pouvoir. Les élections du 8 février 1871 nous donnèrent une Assemblée investie d'une autorité sans limites, chargée d'une tâche infinie. Cette Assemblée porta aux affaires un homme à qui les derniers évènements avaient assuré la confiance du pays, parce que nul n'avait dénoncé plus hardiment les fautes commises, parce que nul ne paraissait plus capable de réparer ce qui était réparable.

Jamais peut-être les suffrages n'avaient été plus libres. Jamais parlement ne renferma un aussi grand nombre d'hommes éminents, de bons citoyens, d'habiles politiques. Sauf les bonapartistes, accablés de leur trop fraîche responsabilité, tous les partis avaient fait nommer leurs chefs, depuis l'extrême gauche la plus révolutionnaire, jusqu'à l'extrême droite la plus entêtée des traditions de l'ancien régime. Cependant la France n'était pas exactement représentée. Ce n'est pas qu'elle eût été contrainte ou trompée; l'administration était sans force et, hors quelques rares exceptions, personne ne fut déçu. Mais, sous le coup d'effroyables désastres, on votait surtout pour la paix. Le reste, c'est-à-dire les institutions, semblait secondaire. Pour avoir la paix, les électeurs s'adressèrent de préférence aux royalistes. Ceux-ci n'avaient ni commencé ni continué la guerre. Exempts de tout reproche, ils plaisaient par leur innocence. Aussi n'était-ce pas tant pour leurs idées qu'on votait, que pour leurs personnes. Ils firent ce qu'on attendait d'eux, et souscrivirent aux conditions qu'imposait le vainqueur. Mais ils ne voulaient ni ne pouvaient s'en tenir à cette première moitié de la tâche. De là une lutte qui dura huit ans, et qui ne prit fin que par la retraite du maréchal de Mac-Mahon. Encore la réconciliation des trois pouvoirs n'a-t-elle pas amené celle des partis : les passions n'ont point cessé de fermenter.

Ce n'est pas le lieu de juger les hommes et les groupes. Nous recherchons simplement pourquoi la France a perdu un temps si précieux, pourquoi les problèmes les plus pressants risquent d'être ou ajournés, ou résolus sous l'empire de la colère, de la dé-

fiance, des préjugés, pourquoi nous sommes si profondément divisés, quand nous avons tant besoin d'être
unis. L'Allemagne, dira-t-on, n'est pas moins troublée
par les ambitions rivales et les doctrines contraires.
Mais, outre que la bataille politique met peut-être
moins de choses en question chez nos voisins que
chez nous, il y a des agitations dont la pleine santé
s'accommode, tandis qu'elles nuisent à la convalescence d'un malade. Les vainqueurs ont le droit de
commettre plus de fautes que les vaincus. D'ailleurs
l'exemple d'autrui est une médiocre consolation. Sommes-nous obligés d'imiter nos voisins dans leurs faiblesses, et de partager leurs erreurs?

Tout contribue en France à envenimer les querelles
politiques. Nous avons fait ou subi tant de révolutions
depuis cent ans, que rien ne paraît définitif. Les gouvernements nouveaux sont contestés parce qu'ils sont
nouveaux ; quand ils ont un peu duré, on dit qu'ils
ont fait leur temps. De chaque décision de la Fortune
ou du scrutin, les mécontents en appellent aux scru-
tins futurs ou aux futurs caprices de la Fortune. De
restaurations en coups d'État, à force de voir crouler
les plus orgueilleux édifices, à force de voir se relever
les ruines et les morts sortir de terre, nous nous sommes persuadé que tout arrive, de sorte que les vaincus
n'ont pas la résignation du désespoir, ni les vainqueurs
la bonhomie de la sécurité.

De récents évènements ont ranimé les espérances
les plus paradoxales, et donné de la consistance aux
prétentions les plus chimériques. Il a fallu une guerre
désastreuse engagée par l'empire et continuée par la
république, pour rendre à la royauté des chances.
Après le 24 mai, le retour des Bourbons est devenu
ou a semblé possible, et les légitimistes ont été comme

enivrés d'un bonheur si imprévu. Avant nos malheurs,
ils se contentaient de bouder ; ils ont recommencé à
combattre. Ils ne se recrutaient plus guère ; ils ont
fait soudain de nombreuses conquêtes dans les rangs
de cette bourgeoisie jadis libérale et un peu voltai-
rienne, que ses chefs livraient ou abandonnaient.
D'autre part, ils se liguaient étroitement avec un
clergé qui attend des miracles parce qu'il se flatte de
soutenir la cause de Dieu même ; aussi se sont-ils
mis à compter sur l'intervention de Celui qui déroute
les calculs des sages, et change comme il lui plaît le
cœur des peuples. Une fois qu'un parti s'est enfoncé
dans ce mysticisme qui rend le rêve et la réalité,
l'imagination et le bon sens égaux devant la Toute-
Puissance, aucune défaite ne peut plus l'abattre. Les
chiffres n'ont plus d'éloquence qui l'ébranle ; il dédaigne de supputer les chances et les probabilités,
d'observer les courants de l'opinion publique, et de
rattacher les effets à venir aux causes présentes. Il se
crée une logique particulière, qui n'a rien de commun
avec celle du reste des hommes. Il met ses illusions si
haut dans les nuages que rien de terrestre ne peut les
atteindre. A partir du jour où une doctrine politique
s'est ainsi mariée à une croyance religieuse, il ne faut
plus attendre que du temps la lente et difficile dissolution d'un parti retranché au pied de l'autel. On ne
doit ni chercher à l'intimider, car il irait jusqu'au
martyre, ni chercher à le gagner, car pour ses membres la reconnaissance des faits accomplis est plus
qu'une défection ; c'est une apostasie. Il n'y a qu'à
laisser agir les forces qui ont détruit en Angleterre et
en Écosse le jacobinisme, ce fier et obstiné lutteur,
toujours vaincu, jamais lassé.

La renaissance du bonapartisme est encore plus surprenante. Il semblait que pour lui Sedan fût un coup mortel. Le 4 Septembre n'avait pas renversé l'empire ; ce n'était que la prise de possession d'un héritage vacant. L'échec de la tentative de restauration qui suivit le 24 mai rendit à ce mort la vie et une apparence de santé. Les anciens serviteurs de la dynastie se rallièrent autour de quelques chefs habiles. Beaucoup, qui avaient passé dans le camp de la monarchie parlementaire, revinrent au drapeau de l'Appel au peuple. Dans les départements où le libre échange était populaire, les électeurs crurent défendre les traités de commerce en votant pour les candidats bonapartistes. Pour mettre en repos la conscience des simples, on inventa des légendes qui expliquaient nos désastres aux dépens des républicains. Le jeune prétendant, pieux filleul de Pie IX, élevé par une mère ardemment catholique, offrait au clergé l'espoir d'une restauration moins miraculeuse que ne l'eût été celle des Bourbons, et cependant presque aussi agréable à Dieu. Enfin le 16 mai, avec toutes ses suites, fit entrevoir dans la nuée une lueur de sabre ; on la prit pour l'étoile avant-courrière d'un de ces messies qui font leur entrée au son de la trompette. Pour mettre de nouveau le parti de l'empire en déroute, il a fallu que son représentant pérît dans une guerre lointaine, et que l'héritier du prince impérial fût, par son passé, par ses idées, par son caractère, incapable de recueillir la succession.

A la guerre politique s'ajoute la guerre religieuse. Appelé par ses doctrines à gouverner le monde, au moins indirectement, confirmé dans ses prétentions par le Syllabus, qui confond à tant d'égards le spirituel et le temporel, réchauffé par le règne émouvant de Pie IX, discipliné par les Jésuites, surexcité après

le 24 mai par l'attente d'une restauration dont il espérait tout, compromis par le 16 mai dont on devait le
rendre responsable, le clergé est descendu dans
l'arène, et n'en peut plus sortir. Ses chefs, et surtout
ses amis, lui ont fait perdre le droit d'être discret et
modeste. Il est condamné à lutter pour la domination ;
il s'est laissé mettre en une telle posture que pour lui
le refus d'une faveur est une persécution, et la perte
d'un privilège une cruelle blessure. Jeter les hauts cris
est devenu sa vocation. Toutes ses entreprises sont
des croisades ; toutes ses plaintes appellent la foudre ;
dans toutes ses menaces gronde la colère de Dieu. Le
style ecclésiastique a toujours été un peu déclamatoire. Bossuet même, le plus grand nom dont s'hono-
rent les lettres françaises, n'échappe point à ce reproche : sa voix est toujours soutenue et comme enflée
par l'écho des cantiques célestes et des hurlements
de l'enfer. Mais quand le clergé combattait seul son
combat, on trouvait dans son langage la véhémence de
la chaire, non la violence de la tribune, ni l'aigreur
de la presse. Il parlait haut, mais de haut. Depuis
Joseph de Maistre, ce sont les laïques qui donnent le
ton ; la querelle est devenue plus ardente. Il semble
que la croix couvre tout, excuse tout, chez des hommes qui d'ailleurs n'ont point à sauver en eux la
gravité de la robe et la dignité du sacerdoce.

Ainsi s'est formé un parti qui, de bonne foi, se croit
tout permis, qui s'élève naturellement au-dessus
des scrupules, qui ne voit dans ses adversaires que
des méchants et des ennemis de Dieu, corrupteurs des
âmes, rebelles à la plus sainte des autorités. Tout ce
que la guerre religieuse comporte de fureurs, hors
l'emploi actuel du fer et du feu, nous en sommes
témoins et la France en est victime. Comme les Bel-

ges, nous sommes mortellement divisés par les croyances devenues des passions ; plus malheureux que nos voisins, nous n'avons même pas des institutions à peu près respectées de tous, et ceux qui veulent chez nous un changement de politique veulent une révolution. Aucune loi, aucune tradition, aucun symbole, aucun drapeau n'est à l'abri des coups.

Parlerons-nous des divisions qui éclatent au sein même du parti républicain, de la guerre qu'une secte remuante fait à l'ordre social? Ce qu'on doit peut-être le plus redouter, ce n'est pas le triomphe des doctrines socialistes, c'est leur action lente. Si le pouvoir venait à tomber entre les mains des utopistes, l'utopie serait essayée, éprouvée, jugée. Ce serait une crise douloureuse, une convulsion ; les intérêts matériels seraient gravement atteints. Mais le caractère se retremperait, et les esprits s'éclaireraient. Il n'y a jamais lieu de craindre que l'absurde s'établisse et dure. Si une nation est grosse de ce monstre, il est peut-être bon qu'elle s'en délivre, même au prix de toutes les affres d'un pareil enfantement. Il y aurait de terribles désordres ; il y aurait des ruines : tout se répare, tout se relève. Oter à l'impraticable le prestige de l'inconnu, tirer la chimère de ses nuages, la montrer aux yeux, la faire toucher du doigt, cela vaudrait peut-être bien quelques mois de saturnales, si nous n'étions pas en présence de voisins dont la vigilance peu bienveillante rendrait nos écarts dangereux. Si cette expérience utile pouvait se faire aux dépens de l'Allemagne !

Quoi qu'il en soit, l'utopie qu'on essaye dégoûte de l'utopie ; l'utopie qu'on n'essaye pas dégoûte de la réalité. En attendant qu'ils règnent, comme ils se flattent assez légèrement d'y parvenir, les socialistes agissent, et font du mal. Ils professent notamment sur les re-

lations des peuples entre eux une théorie énervante.
Ils abolissent les frontières. Sans doute on pourrait
louer leur amour pour l'humanité, leur zèle pour la
paix, leur dédain des vieilles querelles, si leurs efforts
obtenaient partout à la fois le même succès. Leur philanthropie atténuerait les résultats de leur témérité.
S'ils désarmaient tout le monde, ils ne désarmeraient
personne. Une peste universelle ne rompt pas l'équilibre. Mais on ne peut espérer que le virus exerce en
tous pays des ravages égaux; tant pis pour qui serait
plus vite infecté. Si les niveleurs venaient à l'emporter
quelque part, on assisterait de nouveau, comme au
temps de Robespierre et de Pitt, à la guerre des principes armés. Mais quel changement dans les conditions de la lutte! La Révolution française désorgani-
sait l'ancien régime, mais elle faisait entrer un peuple
en scène, dans un temps où aucune puissance n'avait
encore fait d'un peuple une armée. Après les tâtonnements du début, la France se leva tout entière pour
repousser une invasion mal concertée, pour défendre
la propriété, la liberté, l'indépendance. Ce grand bouleversement ne nuisait qu'à une minorité peu redoutable, et la résistance intérieure ne faisait qu'exalter
la multitude. Après une révolution socialiste, les mécontents seraient tout d'abord assez nombreux pour
paralyser la défense, et nous aurions affaire à des ennemis plus sérieux que les coalisés de Pilnitz. L'unité
allemande nous ôte le droit de faire des folies, et l'organisation militaire de l'Allemagne ne nous permettra
plus de rétablir nos forces sous le coup d'une invasion. Être toujours prêts, c'est désormais la loi de
notre existence.

Les partis nous ont fait perdre un temps infini.
L'Assemblée nationale, qui pouvait tant, fit peu. Elle

conçut de vastes réformes et n'en acheva aucune.
Elle institua des enquêtes auxquelles présidait moins
le besoin de trouver la vérité que le désir de mettre
en lumière des vérités désagréables aux républicains.
Elle n'osa même pas en discuter les conclusions. La
majorité était d'abord à la fois royaliste et libérale ;
elle renonça au libéralisme quand elle vit que le pays
ne voulait pas de la royauté. On avait failli renverser
M. Thiers parce qu'il réclamait pour le pouvoir la
nomination de quelques maires ; on livra à M. de
Broglie la nomination de tous les maires. On se défit
du premier président de la République, parce qu'il ne
pratiquait pas dans toute leur rigueur les maximes
parlementaires ; puis on essaya de mettre le maréchal
de Mac-Mahon au-dessus des vicissitudes électorales.
On voulait l'investir d'une sorte de pouvoir personnel,
précisément parce qu'il n'était pas en état de l'exercer ;
chacun des partis monarchiques espérait profiter de
sa faiblesse pour se servir de la force que tous lui
mettaient en main. Peu s'en fallut qu'on n'en fît un
dictateur pour en faire un instrument.

Convaincus que la République n'était que provi-
soire, les Constituants ne se souciaient pas d'élaborer
des lois durables pour un régime passager : se met-on
en dépense pour embellir une chambre d'auberge ?
Aussi s'appliquaient-ils plus à combattre qu'à organiser. De là les longues vacances, les discussions
futiles, les intrigues de couloir effaçant les débats de
la tribune. On peut soutenir que la Constitution n'en
vaut que mieux, pour être née de la force des choses,
et non du cerveau d'un homme. Car les meilleures
Chartes ne sont pas les plus raisonnées.

Mais le plus grand bienfait que nous devions à
l'Assemblée nationale, elle nous l'accorda presque

malgré elle, et l'importance primitive de la clause
de révision permet de croire que ce bienfait fut inconscient autant qu'involontaire. Toutefois, il est juste de
reconnaître que nos finances furent rétablies. A cet
égard, M. Thiers, loin de rencontrer des obstacles
insurmontables, obtint un concours efficace et loyal.
Mais la plupart des réformes dont nos revers avaient
démontré l'urgence furent ajournées à des temps
meilleurs.

Puis la lutte s'engagea entre un chef d'État qui
représentait l'Assemblée nationale, et des Chambres
qui représentaient le pays républicain. Quand l'accord
des pouvoirs publics fut restauré par les élections
sénatoriales et consacré par l'avènement de M. Grévy,
on vit que les inutiles tentatives des monarchistes
n'avaient pas seulement gaspillé le temps, qu'elles
avaient aussi échauffé les esprits, approfondi les divisions, semé la haine, la rancune et la peur. La politique de combat restait en faveur après la bataille ;
les leçons de 1870 étaient à demi oubliées ; les émotions de la défaite nationale étaient plus qu'à demi
calmées. Les réformes dont on se préoccupe le plus à
cette heure ne sont pas toujours celles qui doivent
relever la France, mais trop souvent celles qui doivent
empêcher l'opposition de se relever. Un parti qui
a tant lutté pour vaincre, et qui a vu sa victoire
contestée avec tant d'obstination, ne peut s'empêcher de confondre l'intérêt public avec son intérêt
propre.

Assurément il est bien peu de Français qui ne veuil-
lent sincèrement travailler à la grandeur et à la sécurité de la France. Mais cette volonté pour ainsi dire
abstraite demeure impuissante et devient parfois
nuisible quand chacun attache le salut public au

triomphe d'une doctrine particulière. Alors le patriotisme inspire un surcroît de passion, et retarde l'apaisement des esprits. Les hommes à système pensent et disent que tout ce qui ne se fait point selon leur formule est mal fait. Ils affirment et ils croient qu'on s'égare, dès qu'on ne marche pas dans la voie étroite hors de laquelle ils ne voient que précipices. Les jansénistes tiennent pour un péché toute action commise hors de l'état de grâce, fût-ce une bonne action ; on ne peut faire que le mal quand on est sous la dépendance de l'esprit du mal. Cette opinion, qui paraît bien rigoureuse en théologie, est sans cesse mise en pratique, sinon professée, en politique. Quand l'opposition est à peu près d'accord avec le gouvernement sur les principes, comme en Angleterre, la critique se renferme dans des limites précises. Mais, quand les mécontents pensent qu'avant tout il faudrait restaurer le roi, ou reconnaître les droits de Dieu, ou supprimer tous les rouages de la Constitution pour laisser agir librement la volonté quotidienne du peuple souverain, le dénigrement devient un devoir, et l'injustice ne blesse plus la conscience.

Ce n'est pas que les partis empêchent tout ce qu'ils blâment. Une loi vivement combattue peut être appliquée avec vigueur et avec fruit. Les mesures qui soulèvent le plus de résistances ne sont pas celles qui produisent le moins d'effet. Mais l'opposition fait perdre un temps qui pourrait être mieux employé, quand le Parlement a sur les bras une tâche lourde et pressante. Comme nous sommes habitués aux revirements d'opinion, nous ne sommes jamais bien sûrs que ce qui est très-contesté soit durable. La polémique ébranle la foi chez les gouvernés, tandis qu'elle excite la colère des gouvernants. Ceux-ci se laissent distraire de leur besogne par le soin de répondre aux attaques, par le désir de les éviter ou de les comprimer. Chez les peuples qui n'ont qu'à se laisser vivre, cette lutte nuit peu, parce qu'il y a peu à faire, et qu'on a besoin d'un contrôle vigilant plus que de vastes réformes. Mais il est difficile de se transformer et de se régénérer au milieu de ces continuelles picoteries. Gardons-nous cependant de conclure qu'il faille imposer le silence. Les inconvénients de la liberté sont toujours moindres que les vices et les périls du despotisme. Hors le cas de guerre étrangère, la contradiction la plus acharnée, la plus gênante, vaut mieux que l'unanimité apparente et forcée.

Les partis au pouvoir ont intérêt à bien gérer les affaires publiques; il y va de leur honneur et de leur avenir; mais le présent a ses exigences, et il faut d'abord se conserver. Le corps électoral est un maître qu'on doit servir sans lui déplaire. Il est bon que l'on redoute l'opinion publique, mais il est mauvais qu'on ait trop peur de blesser telle catégorie de citoyens. Certaines réformes ressemblent à une opération chirurgicale, et ne se font point sans douleur. Les chirurgiens ont la ressource de l'anesthésie; pour le corps social, il n'y a que l'enthousiasme et la peur qui en tiennent lieu, et qui rendent les hommes presque insensibles aux sacrifices qu'on leur impose. Mais l'enthousiasme s'est refroidi depuis 1871, et la peur vient presque toujours trop tard, quand elle ne sert plus et qu'elle commence à nuire; d'ailleurs ni la peur ni l'enthousiasme ne s'excitent à volonté; quand on réussit à les faire naître, on ne parvient pas à les maîtriser. En l'absence de ces grandes passions, un gouvernement qui se sent menacé recule devant les mesures qui risqueraient d'accroître le nombre des mécontents. Les politiques évitent les mesures qu'ils savent utiles et justes, mais qui donneraient des recrues à l'opposition ; ils immolent par prudence l'intérêt général, qui est muet, à des intérêts particuliers qui ont le verbe haut, et qu'on ne lèse pas impunément.

Après Sadowa, le gouvernement impérial voulait mettre la France en état de se défendre. Il n'avait devant lui qu'une opposition peu nombreuse ; il disposait d'une majorité compacte et docile. Pourtant il hésita, se contenta d'une réforme insuffisante de la loi de recrutement, et manqua de vigueur dans l'exécution. On pensait avec effroi au parti que les ennemis du pouvoir tireraient des sacrifices imposés à une population amollie. La guerre de 1870 donna à l'Assemblée nationale le courage de braver le péril intérieur, parce que le péril extérieur sautait aux yeux. Le service obligatoire fut adopté, non sans quelques tempéraments. Il est entré dans les mœurs ; le pays s'est résigné. Toutefois, si l'on venait à découvrir, à signaler des lacunes dans notre organisation militaire, il ne serait déjà plus si aisé de les combler. On a compris qu'il fallait un grand effort. Comprendrait-on qu'en présence d'un rival toujours menaçant, toujours défiant, et qui ne se repose point, l'effort doit être continu, et qu'on ne soutient la concurrence qu'à force de progrès ? En cette matière, le progrès consiste à être de plus en plus prêt, de plus en plus instruit, à redoubler d'abnégation et d'activité, au moins jusqu'à ce que l'Europe ait retrouvé son équilibre.

Rien ne prouve encore que notre bonne volonté soit épuisée. Il est pourtant à craindre que la politique des partis ne s'empare des questions militaires, que la promesse d'alléger un si lourd fardeau ne serve un jour à séduire les électeurs, que le gouvernement ne se sente paralysé par ces résistances sourdes qui deviennent de l'hostilité quand on passe outre. Jusqu'à présent le public a fermé l'oreille aux rares champions du désarmement. Le souvenir de nos désastres était trop récent, et les charges du service obligatoire ne pesaient pas également sur toutes les épaules. Aujourd'hui il peut arriver ou que l'esprit d'égalité démocratique impose un nivellement qui rende impossible toute haute culture intellectuelle, ou que la réforme du volontariat pousse à bout la résignation des classes dirigeantes, ou que le maintien de cette atténuation exaspère les classes laborieuses. Il peut arriver que les avocats de la monarchie fassent entrevoir des alliances rassurantes, et que les apôtres de la révolution universelle s'offrent à supprimer la rivalité des nations armées. Alors les partis extrêmes trouveraient avantageux d'ébranler la résolution qui nous anime, et les passions politiques feraient la guerre au patriotisme. S'il en était ainsi, le gouvernement craindrait sans cesse de fournir des armes à ses ennemis en faisant trop bien son devoir ; pour ne pas s'affaiblir, il négligerait de fortifier la France.

Ainsi la violence des partis nuit de plus d'une façon à la sécurité nationale, soit qu'elle empêche les citoyens et les hommes d'État de penser surtout au péril extérieur, soit qu'elle diminue les ressources du pays en portant atteinte à la prospérité publique, soit qu'elle oblige les majorités et les ministères à atténuer des exigences nécessaires. Nous ne parlons pas du désordre que les revirements et les agitations de la politique peuvent introduire dans l'armée elle-même ; nous y avons échappé jusqu'à cette heure, quoi qu'en disent les mécontents et les esprits chagrins. Sous les drapeaux il y a comme partout des dissentiments ; il n'y a pas de dissensions ; la fortune de la France nous a épargné ce suprême fléau.

CHAPITRE IV

En vain chercherions-nous à esquiver cette question : « Sommes-nous en décadence? » Il faut bien à la fin l'entendre et y répondre. La décadence! Ce mot nous poursuit. Nous le trouvons sur les lèvres des sceptiques, des indifférents, des égoïstes, comme dans la bouche des philosophes pessimistes, des vieillards moroses, des vaincus de la bataille politique. Les uns le prononcent avec une sorte de gaieté, comme si l'abaissement de la patrie débarrassait les citoyens de la peine de l'aimer et de l'ennui de penser à l'avenir. Les autres le laissent échapper comme un aveu qui leur déchire le cœur, mais que la vérité leur arrache. Pour les premiers, l'idée de la décadence mène avec elle tout un cortège d'images riantes, toute une galerie de tableaux où le premier plan rayonne d'une lumière douce, bien qu'au fond s'assemblent les nuées d'où sortira la foudre. On pense à la Grèce curieuse et joyeuse du temps où les philosophes et les courtisanes amusaient le déclin de la liberté, où Phryné régnait sur la jeunesse d'Athènes, où Laïs attirait à Corinthe les riches marchands des deux mers. On pense aux élégantes débauches de Pétrone, ce raffiné de la vie et de la mort, ou bien aux fêtes

éternelles dont le bruit harmonieux endormait Venise
déchue dans ses lagunes mortes. Ces esprits délicats
se replient sur eux-mêmes pour dépenser toute leur
énergie dans les plaisirs de la vie mondaine ou dans
les labeurs de la vie intellectuelle. Ils détournent leurs
regards de la politique comme d'un drame joué par
des acteurs grossiers qui ne savent plus faire illusion.
Si le souvenir du passé vient parfois les visiter, ils
n'y trouvent que le motif d'une mélancolie qui
rehausse par ses ombres l'éclat des beaux jours et
des belles nuits. Ils sont résignés comme des stoïciens,
voluptueux comme des épicuriens. La prévision des
maux qu'ils croient inévitables produit sur leur âme
le même effet que le cadavre dont les Égyptiens
ornaient la salle des banquets pour s'exciter à cueillir
gaiement l'heure fugitive. Volontiers ils prendraient
pour devise ce verset de l'Écriture : « Couronnons-
nous de roses, avant que les roses se flétrissent. »

Les autres ne parlent de la décadence qu'avec une
douleur qui ne veut pas être consolée. Ils éprouvent
comme Français, comme citoyens, ce qu'éprouve
chacun de nous quand, arrivé au sommet de la vie, il
voit devant lui la pente, rapide ou insensible, mais
certaine, qu'il va désormais descendre sans retour, et
dont chaque étape sera marquée par la perte d'une
espérance, d'une illusion, d'un sentiment, d'une
faculté. Malgré tout ce qui nous occupe, nous charme
ou nous distrait, il est des heures cruelles où éclate à
nos yeux toute la rigueur de cette loi qui nous courbe
vers la terre où nous devons rentrer. Alors, par une
soudaine éclaircie, nous apercevons l'horizon bas et
noir vers lequel nous entraîne le cours des années;
alors le souvenir ne nous retrace que des biens à
jamais perdus; nous ne disons plus au revoir aux

hommes et aux choses que nous quittons. La pensée obsédante de nos forces qui déclinent paralyse ce qui nous reste de vigueur, et nous ôte le courage avec la confiance. On ne lutte plus guère quand on a la certitude d'être vaincu.

Si les peuples avaient comme les hommes leur vieillesse et leur décrépitude, s'il n'y avait pour eux ni fontaine de Jouvence ni chaudière d'Éson, un jour viendrait où chacun d'eux ferait cette fatale découverte, et se laisserait aller à un morne découragement, car les nations n'auraient même point pour se consoler l'espoir d'une autre vie ni les affections de la famille; elles ne se flatteraient de revivre ni dans leurs enfants ni dans un monde meilleur. C'est ainsi que les tribus indiennes de l'Amérique du Nord se sentent condamnées sans appel et s'éteignent dans un désespoir entrecoupé d'accès de fureur. C'est ainsi que du haut de leurs murailles les Grecs de Byzance regardaient monter le flot de l'invasion ottomane. C'est ainsi que, sur le champ de bataille, Kosciuszko laissait s'échapper avec son sang le cri d'agonie de la Pologne.

Certes, nous n'en sommes pas là. Mais les esprits chagrins découvrent dans notre histoire contemporaine les symptômes d'un mal incurable, les signes avant-coureurs d'une vieillesse définitive. Ces signes diffèrent selon les idées et le tempérament de chaque observateur. L'un, convaincu que les peuples ne sauraient subsister sans croyances religieuses, voit dans l'affaiblissement de la foi une déchéance dont pourrait seul nous relever un miracle de la grâce divine et de la volonté humaine. Celui-là du moins n'admet rien d'irrévocable. L'autre, frappé des vices de son temps, dénonce la rareté et la stérilité des mariages, l'amour

de l'or, le goût du luxe et des plaisirs, comme autant
de pestes qui nous acheminent vers notre fin. Un
autre, habitué à chercher la force dans l'ordre, et la
santé dans la stabilité, prend la fréquence de nos
révolutions pour une série de convulsions fatales.
Celui-ci, amoureux de la logique et de l'analogie, persuadé que les peuples sont semblables à des individus,
s'effraye des changements que subissent nos institutions, nos opinions, nos mœurs, notre genre de vie;

n'admet point que la France, vieille de tant de
siècles, puisse s'acclimater dans un milieu si nouveau,
qu'un si grand arbre se laisse impunément trans-
planter.

Une fois qu'on a embrassé cette triste croyance,
tout la confirme et l'enracine. Le spectacle des choses
humaines est si mêlé, que chacun y trouve d'innombrables motifs de s'enfoncer dans son opinion; il suffit
de se laisser aller au penchant qui porte les esprits
fortement prévenus à trier les faits et les témoignages.
Les sujets de pleurer se présentent à Héraclite en
foule aussi serrée qu'à Démocrite les sujets de rire.
Que de causes de découragement pour qui se décourage par système! Nous avons été vaincus, et la défaite
accuse tant de coupables, met tant de plaies à nu!
Nous avons changé de gouvernement dix fois en un
siècle; dans cette cohue d'évènements, les caractères
se sont détrempés, les convictions flottent au gré du
vent. L'opinion publique se déshonore par sa mobilité; tantôt elle livre toutes les libertés au pouvoir,
tantôt elle ne lui passe rien. Elle porte aux nues un
homme, un maître, puis l'abat et le foule aux pieds.
Tocqueville a flétri d'un mot la facilité avec laquelle
nous supportons la naissance et la mort de nos gouvernements: « Ils s'élèvent parce que rien ne leur ré-

siste, et ils tombent parce que rien ne les soutient. »
Ne résister à rien, ne rien soutenir, n'est-ce pas la
définition de l'apathie sénile?

Même dans un État florissant et bien réglé, on voit
tous les jours des exemples de corruption, de négligence et de faiblesse; même dans une société où les
mœurs sont bonnes, le vice pullule et le crime abonde.
Le pessimisme qui s'en repaît ne manque jamais
d'aliments. Pour les gens qui ont l'esprit ainsi fait,
les accidents les plus fortuits, une explosion, un
incendie, un déraillement, sont la révélation d'un
défaut général et incorrigible, prouvent que nul ne
fait son devoir, que nul n'est à la hauteur de sa
tâche.

Les sujets de comparaison ne manquent pas non
plus. On en trouve même dans les choses de l'intelligence. On accuse les écrivains de rappeler le siècle
des Césars par la recherche du style et l'abus des
images. On fait remarquer que la passion du théâtre et
l'importance excessive attribuée aux faits et gestes
des gens qui en vivent, sont des signes de décadence
que l'histoire signale chez les Romains et chez les
Byzantins. La violence et l'acharnement des partis,
la lutte des riches et des pauvres, n'ont pas peu contribué à perdre la Grèce. Les Carthaginois étaient,
comme nous, avides d'argent et épris de leurs aises.
Les républiques italiennes ont péri au moment même
où le commerce, l'industrie, les beaux-arts attei-
gnaient ce haut degré de prospérité dont nous aimons
à nous flatter. L'Espagne est descendue de son rang
par la stagnation de la population. Sans les Pyrénées,
qui en font presque une île, cette léthargie eût peut-
être abouti à la mort; mettez cette nation endormie
au centre de l'Europe, elle n'aurait pu se réveiller.

On ne s'en tient pas à ces observations pour ainsi dire extérieures. On pénètre dans l'âme même des Français; on en examine les ressorts; on les trouve rouillés et usés. On signale la dissolution de la famille, l'affaiblissement de l'autorité paternelle, l'éducation des enfants, qui n'apprennent plus à obéir, mais apprennent trop bien à calculer, et ne sauront ni respecter les lois, ni se dévouer pour la patrie. On dit que les forces conservatrices de la société se désorganisent, parce que la foi religieuse s'éteint sans être remplacée par une règle morale fixe et impérieuse. Ce qui reste de vertu parmi nous ne serait que le fruit tardif d'une tradition qui se dessèche et se déracine, un héritage qui chaque jour s'amoindrit faute d'entretien, l'écho mourant d'une voix lointaine. Sevrés des espérances de la vie future, débarrassés de la crainte de Dieu, les hommes auraient besoin d'une discipline plus efficace pour faire le bien et fuir le mal, tandis qu'on les abandonne à leurs instincts, et que la philosophie moderne trouve des raisons solides en faveur de l'égoïsme, des phrases vagues en faveur de la philanthropie. A l'heure où nous nous condamnons à n'être bons que par le désintéressement, nous en perdons la force et nous en supprimons les motifs. S'il était vrai, ajoute-t-on, que la foi fût une illusion, le monde appartiendrait peut-être à ceux qui la conserveraient les derniers, sinon à ceux qui tireraient de la rigueur de leur climat et du tempérament de leur race, avec le courage de mépriser la mort, le courage de mépriser la justice et l'humanité. La science succède à l'empire de la religion; mais la religion, malgré les défaillances de ses interprètes, combattait souvent pour le droit et désarmait parfois les méchants; la science est au service de tous, et met indifféremment dans toutes les mains les armes qu'elle fabrique.

Ainsi parlent ceux qui croient notre pays en décadence. Peut-être convient-il de leur accorder une partie de ce qu'ils prétendent, sans leur accorder leurs conclusions, et de reconnaître la gravité de certains symptômes, sans proclamer la décadence.

Gardons-nous d'abord de comparer un peuple à un homme qui a sa jeunesse, sa maturité, sa vieillesse. Comment les lois qui président chez l'individu à cette évolution inévitable s'appliqueraient-elles à une nation? Celle-ci a-t-elle des organes qui s'usent, des cartilages qui s'ossifient, des articulations qui se rouillent, des vaisseaux qui perdent leur élasticité? Est-elle exposée à cette foule de maladies incurables qui sont pour les gens épuisés la forme encore plus que la cause de la mort? Est-ce qu'une nation n'est pas composée d'individus qui tous ont leur jeunesse, et pareille au lit d'un fleuve qu'une source intarissable remplit d'une eau toujours renouvelée? Est-ce qu'elle n'a pas en réalité pour âge l'âge moyen de ses membres actifs, l'âge moyen des soldats qui la défendent, ou des électeurs qui choisissent ses chefs et ses représentants, ou des législateurs qui complètent ses codes? La France a vingt-cinq ans sur le champ de bataille; elle en a trente ou quarante dans les comices, et un peu plus dans les Assemblées. Mais en vérité, de ce que Clovis s'intitulait roi des Francs il y a quatorze siècles, s'ensuit-il que chacun de nous vienne au monde avec quatorze siècles sur les épaules? Sans doute il y a des lois caduques, des institutions séniles, comme il y a dans la forêt la plus touffue des arbres qui pourrissent. Mais la vie nationale se poursuit à travers ces transformatioms; souvent même la décadence du gouvernement et du personnel gouvernant précède de peu une éclatante renaissance.

Consultons notre histoire. Sous Charles VI la France est tombée bien bas; comme elle se relève sous Charles VII! Henri III est presque un Héliogabale; autour de lui tout se dissout et s'écroule : Henri IV va régner. Mais c'est surtout au xviii° siècle que la décadence est visible, incontestable, presque universelle. De Chamillard à Maupeou, en passant par Dubois, M. le Duc, Fleury, quelle longue série de ministres ou incapables ou malhonnêtes! Louis XIV vieilli ne trouve plus pour le servir que des hommes sans valeur; Louis XV est servi comme il le mérite. La corruption des mœurs est effroyable; la religion est à vau l'eau; elle n'est plus défendue que par les bourreaux et les parlements. Un gouvernement à la fois arbitraire et faible joint les vices du despotisme aux désordres de l'anarchie. On ne sait même plus se battre : Rosbach est un comble d'ignominie. Reste-t-il au moins quelque patriotisme? Lisez Voltaire. Nous raffolons de Frédéric dans le temps qu'il nous bat. Dès le lendemain de la paix de Paris, quand Pitt vient de nous enlever notre empire colonial, le Canada et l'Indoustan, deux mondes, les Anglais font fureur à Paris. Non contents d'imiter nos vainqueurs, nous voulons leur plaire. La littérature même est efféminée, déclamatoire; Dorat fleurit, Thomas est admiré. Vient la Révolution, qui serait une convulsion mortelle, si un peuple ressemblait à un homme. En peu d'années nous effaçons à la fois les gloires et les hontes de la monarchie; nous sommes les arbitres et, pour notre malheur, les maîtres de l'Europe. Nous prenons le premier rang dans les sciences, vingt ans avant de le conquérir dans les lettres ; la France produit à foison les hommes de guerre et les hommes d'État, les savants et les écrivains, les orateurs et les poètes. En 1769, la Dubarry va régner, Terray va être ministre, Louis XV ruine la France après l'avoir déshonorée. Cette année-là, trois hommes sont nés : Chateaubriand, Cuvier, Napoléon.

Ce n'est pas seulement dans notre histoire qu'on trouve de tels exemples. L'Angleterre a la Restauration, Charles II et sa cour corrompue, ses ministres intrigants, une guerre honteuse ; ce roi se laisse humilier par les Hollandais et pensionner par Louis XIV ; la reine Anne est sa nièce. En vingt ans la nation britannique est montée de l'abîme au pinacle. D'Iéna à Sedan il n'y a pas trois quarts de siècle. La résurrection est quelquefois plus lente. L'Italie a longtemps attendu son libérateur. Jules II est mort en 1513 en s'écriant : « Dehors les Barbares ! » Cavour ne commence qu'en 1859 l'accomplissement de ce vœu. De nos jours la Grèce même, après deux mille ans de servitude, renaît de ses cendres. Tout près du Pnyx une assemblée délibère dans une langue qui rappelle celle de Périclès autant que la nôtre celle de Joinville. Une si longue oppression n'a pas étouffé l'âme de ce peuple qui a pourtant passé par tous les degrés de la décadence, de l'abaissement, de l'esclavage, qui a vidé jusqu'à la lie la coupe de toutes les misères. L'empire romain est mort, mais les nations latines sont nées. Partout où l'on parle un idiome issu de celui qu'employaient les soldats de César, l'ancienne Rome se survit. Ce sont ses héritiers légitimes qui vivent heureux et libres à Paris, à Madrid, à Lisbonne, à Genève, à Bukarest, comme aux bords du Tibre et du Pô, sans compter ces vastes États de l'Amérique centrale et

méridionale, depuis le Mexique jusqu'au Chili, où
chaque mot qu'on prononce prouve que les arrière-
neveux des vainqueurs de Zama ont largement com-
pensé les pertes de leur race.

Mais les pessimistes ne se laissent point désarmer
par ces arguments empruntés à l'histoire. Ils écartent
aisément du débat des exemples aussi peu rassurants
que ceux de la Grèce et de l'Italie. Ils ne prendraient
pas pour une consolation la perspective de quelques
siècles de servitude, suivis d'un affranchissement tardif. Quel père ne frémirait d'horreur si un prophète
lui disait : « Vos descendants seront méprisés et
misérables, mais seulement pendant vingt générations? » Bien fou d'ailleurs qui compte sur une résurrection. Athènes renaît; que reste-t-il de Carthage et de
Tyr, de Babylone et de Memphis? Les pessimistes ne
souffrent pas davantage qu'on leur parle de l'Angleterre, car ils allèguent que la corruption de Charles II
et de sa cour n'était qu'une lèpre superficielle ; tandis
que les hommes de la Restauration achevaient de
déshonorer la monarchie des Stuarts, le peuple de la
Révolution, laborieux, religieux et fier, préparait sa
revanche, une revanche certaine. Pour la France
même, on peut négliger l'examen des décadences
trop reculées. Le règne de Charles VI fut une crise
de jeunesse; l'anarchie ne résultait pas d'une sénilité
irrémédiable, mais des désordres de la noblesse et de
la barbarie des mœurs. D'ailleurs nous eûmes alors
pour adversaires non des voisins assez nombreux pour
nous écraser, mais les habitants d'une île peu étendue, médiocrement peuplée. L'invasion anglaise ne
pouvait réussir ; une invasion allemande eût été plus
redoutable. Henri III n'est qu'une exception, les
guerres de religion sont un accès de fièvre, non une

maladie de langueur. Il ne resterait donc à invoquer que l'exemple de notre xviiie siècle.

Or cet exemple même est discutable. Certes le mal fut grand, mais pour les hommes même on dit souvent que la nature a bien des ressources, et la nature le prouve. On échappe à de rudes assauts; on finit pourtant par mourir. Nul ne sait d'avance l'heure, mais l'heure sonnera. Au xviiie siècle la monarchie était en effet malade, malade dans ses représentants, dans ses serviteurs, dans ses institutions, dans tous ses organes; mais la monarchie n'est pas la nation. Les rois, les princes, les ministres, les financiers, les Parlements, les ducs et pairs, les évêques, qu'est-ce que tout cela? Regardons-y de près. N'y avait-il pas, au-dessous de ces classes dirigeantes qui s'en allaient en lambeaux, une bourgeoisie sérieuse et vaillante, un peuple neuf et généreux? L'histoire est dupe de la chronique. Elle prend les modes aristocratiques pour des mœurs générales; elle écoute aux portes des grands; elle forme son opinion sur des propos de salon ou d'antichambre. Elle ne voit pas ce qui est, mais ce qui brille, comme elle n'entend que ce qui fait du bruit. Or, au xviiie siècle, presque tout ce qui brille est corrompu, et il n'y a guère que le scandale qui fasse du bruit. De là vient que nous calomnions deux ou trois générations par légèreté, à moins que ce ne soit par égoïsme, par vanité, pour nous relever dans notre propre estime, pour nous consoler et nous rassurer, comme celui qui sur son lit de mort s'écrierait : « J'en ai vu bien d'autres ! »

Or la Révolution, nous dit-on, fit comme ces labours profonds qui ramènent à la surface un humus fertile, quand le sol semble épuisé. Elle poussa dans le néant ces institutions vermoulues, ces hommes d'État ineptes, ces grands seigneurs dégénérés, tout ce qui restait d'une monarchie décrépite. Elle appela à la lumière, à l'action, au pouvoir, la bourgeoisie et le peuple. Dans ces couches vierges, elle trouva des trésors d'intelligence, de courage, de dévouement. On crut, on dut croire la France rajeunie pour de longs siècles; elle ne l'était pas pour cinquante ans. Dès le règne de Louis-Philippe, cette bourgeoisie si fière de ses vertus n'avait plus rien à envier à la noblesse de 1780; elle imitait même la noblesse de 1780 en applaudissant ses ennemis, en sifflant ses chefs et ses défenseurs, en aidant à démolir l'édifice qui l'abritait. A son tour elle proclamait sa déchéance, prête à tomber du pouvoir sans un effort, sans un combat, sous un coup de vent. Elle n'eut même pas l'honneur de succomber dans la tempête, tant elle manquait de racines, car la tempête de 1848 ne précéda point la Révolution de février, mais la suivit.

Toutefois, le mal n'était pas encore irréparable; il restait des réserves. Derrière la bourgeoisie, il y avait la démocratie; derrière le suffrage restreint, le suffrage universel. La démocratie française avait déjà essayé en vain de s'organiser à la fin du xviiiᵉ siècle. Mais on ne pouvait la juger sur cet échec, qui tenait à des causes exceptionnelles. Elle avait eu trop de luttes à soutenir; la guerre civile l'avait jetée dans la violence; la guerre étrangère avait exagéré le rôle de l'armée. En 1848 les conditions étaient meilleures, l'épreuve plus sérieuse. Le trône s'était écroulé d'une façon presque pacifique; les vainqueurs n'avaient point de colère; il semblait même que les vaincus n'eussent point de rancune. Une grande partie de la noblesse et le clergé presque tout entier accueillaient avec faveur le nouveau régime, au moins en apparence. Les âmes s'abandonnaient avec ivresse aux rêves les plus séduisants et les plus généreux. Au bout d'un an on était en pleine réaction, au bout de quatre ans en plein despotisme. La banqueroute de la démocratie était bien plus prompte, bien plus complète, bien plus humiliante que celle de la bourgeoisie.

Depuis 1848, en dépit des efforts que fit l'empire pour rendre quelque autorité aux classes dirigeantes, c'est la multitude qui est maîtresse du sort de la France. Même sous Napoléon III le peuple pouvait secouer le joug; il lui suffisait de vouloir. Tous les six ans il renouvelait la Chambre des Députés; il était d'ailleurs, par l'institution du plébiscite, le juge suprême des conflits. Sa souveraineté était si réelle, quoiqu'il en usât peu, qu'il lui suffit d'élire en 1869 un Corps Législatif légèrement libéral pour tout remettre en question. Le césarisme romain n'était que la tyrannie des légions, puisque le droit électoral était supprimé. Le césarisme français est une forme de la démocratie. C'est donc cette dernière qu'il faut examiner et juger, si l'on veut deviner l'avenir, car il y a place pour le progrès et pour la décadence, mais on ne retournera pas en arrière. Le suffrage universel peut se livrer à un maître; il peut accepter ou même rechercher l'égalité dans la servitude; il ne subira pas un régime aristocratique, il ne tolérera pas la résurrection des privilèges politiques. Quiconque a étudié notre histoire contemporaine et connaît le caractère national sait que les institutions qui mettent le pouvoir aux mains d'une classe de citoyens sont plus impossibles à rétablir chez nous que l'autorité absolue d'un César. Nous pouvons, si nous dévions

de la ligne droite, tomber dans l'anarchie ou dans la
dictature; quant à rebrousser chemin, ceux-là seuls
espèrent nous y contraindre qui comptent sur la collaboration de Dieu. Quoi qu'on pense des miracles, ce
n'est pas un élément que les hommes d'État aient le
droit de faire entrer dans leurs calculs.

Les pessimistes sont ainsi amenés à faire le procès
de la démocratie, et en particulier de la démocratie
française. C'est sur ce terrain que nous devons les
suivre, si nous voulons les réfuter sérieusement. Lais-
sons-leur donc la parole.

CHAPITRE V

CONTRE LA DÉMOCRATIE

Mettons d'abord les États-Unis hors de cause. Ni
leur prospérité, ni la stabilité de leurs institutions, ne
prouvent rien pour nous. « On nous cite l'Amérique,
écrivait Joseph de Maistre il y a quatre-vingts ans.
Je ne connais rien de si impatientant que les louanges
décernées à cet enfant au maillot : laissez-le grandir. »
L'enfant a grandi ; on a découvert en lui quelques
défauts. Mais les républicains d'outre-mer ont sur
nous bien des avantages qui les mettent à l'abri des
périls auxquels nous devons faire face. Ils ne craignent
pas de guerre extérieure et sont dispensés d'entretenir
une armée, de sorte qu'ils n'ont à redouter ni la turbulence des légions, ni l'ambition des soldats heureux,
ni les querelles intestines qui suivent les grands
désastres, ni la rivalité qui éclate parfois entre les
hommes de guerre et les citoyens adonnés aux pro-
fessions lucratives. Ils ont la terre à discrétion, de
sorte que chez eux les pauvres sont toujours libres de
se créer une propriété ; point de jalousie sans remède,
point de convoitise sans espérance, point d'activité
sans emploi. Ils sont Anglo-Saxons, et l'amour de la
liberté est pour eux une habitude, une passion héréditaire, ainsi que le respect des lois ; il faudrait que

l'anarchie leur fît éprouver des maux infinis pour leur donner le goût de la dictature, et les droits de l'homme opposent une solide barrière aux entreprises des partis dominants. Ils n'ont jamais connu la monarchie; aucun prétendant n'excite le zèle des uns et la défiance des autres; tous les enfants sont élevés dans l'admiration et dans le culte de la Constitution nationale. Enfin, comme il n'y a point de clergé privilégié ni d'Église officielle, comme d'autre part c'est le protestantisme qui domine, et que le scepticisme et l'indifférence sont rares, le sentiment religieux est aux États-Unis une force libérale et une force immense.

Pour nous, au contraire, nous occupons dans l'ancien monde une situation qui nous oblige à entretenir un grand état militaire, à faire parfois la guerre avec des fortunes diverses. Nous n'avons plus de terres vacantes pour occuper les bras oisifs et les esprits aventureux. Nous sommes des Gallo-Romains plus habitués à obéir aux hommes qu'aux lois, des Français plus amoureux de l'égalité que de la liberté, gâtés par quatorze siècles de monarchie. Nous renfermons encore dans notre sein d'anciens partis, qui tâchent de nous opprimer quand ils sont au pouvoir, et qui nous donnent ensuite la tentation de les opprimer à leur tour. Enfin nous avons peu de foi religieuse, mais nous possédons un clergé organisé, catholique, c'est-à-dire voué aux doctrines théocratiques, enclin à se mêler des choses temporelles. Si la croyance en un Dieu personnel fait chez nous des hommes vertueux, c'est-à-dire dignes d'être libres et capables de défendre nos institutions, elle en fait trop souvent des ennemis de la liberté, des adversaires de nos institutions. Tant et de si grandes différences ne suffisent-elles pas à

prouver qu'on n'a pas le droit d'opposer aux pessimistes l'exemple de l'Amérique? On ne parlera pas
davantage de la Suisse. C'est un petit État; c'est une
confédération; c'est une puissance neutre; il n'y
existe point de partis monarchiques, et les protestants
y sont en majorité. Pour les républiques de l'antiquité,
on peut n'y voir que des aristocraties municipales
assises sur l'esclavage. Les républiques du moyen-âge
étaient des communes industrielles et marchandes,
qui tombèrent assez vite en décadence.

En un mot, si, pour juger la démocratie française,
on peut invoquer l'exemple d'autres républiques, ce
seront surtout leurs défauts et leurs misères qu'il sera
permis d'alléguer, leurs vertus et leurs prospérités
tenant moins à l'essence de la démocratie qu'à des
avantages spéciaux refusés à notre pays par la nature
et par l'histoire.

Les critiques de bonne foi avouent que les accusa-
tions portées le plus souvent contre la démocratie
sont injustes, parce que tous les autres régimes y sont
également en butte. En quelque lieu que vous placiez
la souveraineté, elle traîne avec elle certains vices,
qui forment son cortège naturel. La toute-puissance
enivre les hommes, et l'ivresse n'est pas moins dangereuse pour être partagée. Ainsi le peuple est accessible à la flatterie : n'en peut-on dire autant d'un
prince? Ici les démagogues, là les courtisans : l'adulation est pareille, les conséquences sont les mêmes.
On affirme à un roi que sa volonté non-seulement
fait la loi, mais définit la justice, et on le lui persuade,
comme on le persuade au suffrage universel. Dans les
élections, la victoire appartient à qui fait le plus de
promesses; mais le prince ne donne-t-il pas sa confiance aux gens qui affichent pour sa personne le plus

chaud dévouement? En Amérique on se plaint de ce que les partis sont trop bien organisés, de ce que les politiciens de métier ont dégoûté les honnêtes gens de la politique; est-ce que la monarchie préserve les peuples de ces coteries dominantes qui écartent le mérite fier, et font passer tous les fonctionnaires sous le niveau d'une même médiocrité ou d'une même complaisance?

Il faut donc, quand on fait la guerre à la démocratie, se rappeler que tout est corruptible, que les vices d'un régime peuvent être ceux d'une nation ou d'une race, ou même ceux de l'humanité. Il faut interroger loyalement l'histoire, mettre les bons rois en parallèle avec les bons peuples, et les tyrans avec les multitudes folles, mais non pas Henri IV avec la Terreur, ni la Suisse avec Néron. Aucun sophisme n'est plus fréquent, ni plus criant, que celui qui consiste à comparer l'envers d'une étoffe avec l'endroit d'une autre. On ne doit pas non plus trop insister sur l'excellence de ces gouvernements mixtes qui unissent tous les systèmes dans un harmonieux mélange, et qui font les délices des philosophes. Ce sont le plus souvent de simples transitions, parfois même de simples illusions. Ainsi en Angleterre la royauté est aujourd'hui une apparence majestueuse et la pairie s'efface de plus en plus. Bientôt il ne manquera au gouvernement britannique, pour être une démocratie, que le suffrage universel; on s'en rapproche, et l'on y arrivera sans doute.

Voici le plus grand défaut de la démocratie, celui qui saute aux yeux tout d'abord, et qui justifie le mieux les inquiétudes des Français patriotes : le peuple est surtout sensible aux besoins présents; il ne tient guère compte que des intérêts immédiats;

il est peu capable de prévoyance et de longs calculs. Il ressemble à ces réunions d'actionnaires qui exigent de prompts dividendes, fût-ce aux dépens de l'avenir, et se soucient peu de ce que la société deviendra dans vingt ans. En matière financière le mal est moindre, car on peut liquider après quelques campagnes heureuses, et chacun a le droit de se défaire de ses actions. En matière politique on n'a point la ressource de céder sa part ou de dissoudre l'association ; toute faute se paye et toute négligence coûte, parce que toute veille a son lendemain, et que rien ne finit.

Un monarque se fixe un but ; il y marche sans défaillance et à tout prix, car il y marche au prix du sang et des pleurs d'autrui. S'il fait souffrir ses sujets, il s'en console par la contemplation d'un avenir de gloire et de prospérité réservé à son peuple et à sa dynastie. Si au contraire c'est le peuple qui est le maître, il sera difficile de lui prouver qu'il doit s'imposer de dures contraintes en vue d'un avantage lointain. La multitude est au moins aussi accessible aux grandes passions que les individus. Elle aime, elle hait, elle s'indigne ; elle saura lutter avec courage, même pour l'honneur ; elle fera sans marchander un effort héroïque. Mais il faut pour cela qu'elle soit échauffée. Sinon elle est molle, indifférente, attachée à ses aises, asservie aux intérêts matériels. On obtient d'elle beaucoup de sacrifices à la fois, mais non pas des sacrifices de détail, sans cesse continués et renouvelés.

De là vient que la démocratie fait bien la guerre, et la prépare mal. Elle traite loyalement les affaires, et sa diplomatie inspire la confiance, mais pour l'heure présente seulement. Elle n'a que des alliés de circonstance, car elle ne s'engage guère. Elle se tient

en dehors de toute combinaison à longue échéance.
Elle n'a dans sa politique extérieure ni suite ni secret.

Les vrais hommes d'État embrassent d'un seul regard une longue série de causes et d'effets. Cette force
d'esprit peut être due à l'expérience personnelle, à la
tradition, à l'étude de l'histoire, ou même aux enseignements de la science politique, qui sans doute sera
chaque jour plus capable de montrer par quelle loi
s'enchaînent les évènements. Les économistes sont
parvenus à expliquer la formation et la distribution
des richesses : on fera peut-être pour l'ensemble de
la vie des sociétés ce qu'on a fait pour un seul ordre
de fonctions. On rendra compte des lois qui président
à la naissance, à l'accroissement et à la décadence des
États. On dira pourquoi certains peuples sont prospères et forts, tandis que d'autres traînent dans la
faiblesse une existence troublée. Autrefois l'art de
gouverner les hommes s'acquérait surtout par une
sorte de tradition empirique, se transmettait dans les
confidences du cabinet ; tous les livres du monde ne
valaient pas la conversation d'un habile homme. Le
génie suppléait à cet enseignement par une sorte de
divination, ou par cette promptitude de raisonnement
qui d'un petit nombre de faits tire des conclusions
vastes et sûres. A l'avenir, les déductions de la science
remplaceront de plus en plus l'empirisme de l'art.
Un jour on connaîtra par principes les maladies du
corps social, les remèdes qui les guérissent, l'hygiène
qui les évite. On démêlera les influences diverses de
la race, du climat, de l'alimentation, de l'organisation
industrielle, de la littérature, de la constitution politique, de la législation civile, de la législation pénale.
Mais, quand les travaux de plusieurs générations au-

ront donné de solides fondements à la philosophie de l'histoire et à cette science nouvelle que l'on désigne sous le nom assez barbare de sociologie, quand le rêve des Comte, des Buckle et des Spencer sera devenu une réalité, il s'écoulera encore bien du temps avant que ces hautes et belles doctrines soient mises à la portée de tout le peuple.

D'ailleurs la connaissance des règles de l'hygiène privée ne donne pas à tout le monde le courage de les suivre : chez beaucoup d'entre nous, les tentations du moment l'emportent sur les conseils d'une prévoyance qui pourtant ne nous fait pas défaut, d'une raison qui ne se tait pas. L'hygiène politique et sociale, plus difficile à établir, sera aussi plus difficile à suivre. Si nous péchons sciemment contre notre intérêt propre, combien serons-nous plus prompts à pécher contre l'intérêt général ! Si l'égoïsme bien entendu ne suffit pas à contenir les passions, que ne font-elles pas quand il les seconde ?

Il faudra donc créer la sociologie, lui assurer l'accès de toutes les intelligences, puis l'empire de tous les cœurs. En attendant que cette œuvre immense soit accomplie, la politique est un art dont les finesses échappent à la foule, et dont les prescriptions souvent désagréables sont malaisées à faire accepter. La connaissance de cet art est le privilège des esprits cultivés et justes, mais c'est leur seul privilège. La démocratie ne leur accorde pas assez d'autorité pour qu'ils fassent prévaloir leur sagesse, à moins qu'ils n'aient recours à des artifices parfois dangereux. La nécessité de plaire au peuple ôte souvent le moyen d'être utile. Si les plus savants médecins étaient par surcroît obligés de disputer le prix de l'éloquence et du savoir-faire mondain, ils risqueraient fort de négliger leurs études, d'interrompre le cours de leurs découvertes, ou de se laisser battre par les amuseurs et les charlatans.

Dans un gouvernement monarchique ou aristocratique, à défaut d'autre mérite, les hommes en place ont du moins la tradition de leur métier. Ceux qui arrivent au pouvoir par des talents frivoles se contentent le plus souvent d'en recueillir les avantages et d'en savourer les honneurs ; ils laissent à des commis plus compétents le soin d'en remplir les charges. Dans l'État populaire, le magistrat élu, ayant beaucoup lutté pour arriver, a moins de vanité, mais plus d'orgueil et de présomption. Cléon se croit capable de toutes les tâches qu'il parvient à se faire imposer. La frivolité démocratique se fait illusion par l'air de gravité qui lui a servi à se dissimuler aux yeux de la foule. La médiocrité triomphante est plus dangereuse quand elle a triomphé au concours.

La faculté de prévoir les effets de chaque cause, et de remonter aux causes de chaque effet, est bien plus rare qu'on ne pense. Le grand nombre s'en tient aux rapports de coïncidence et de succession immédiate. On ne rend pas le gouvernement responsable de l'inclémence des saisons, mais il s'en faut peu qu'on ne le rende responsable de la cherté du pain, ce qui revient à peu près au même. A-t-on jamais tenu compte à un général battu de l'insuffisance des troupes qu'on lui a confiées, à un diplomate malheureux de la faiblesse du cabinet qu'il représente ? Une administration qui nous endette trouve mieux le chemin de notre cœur qu'une administration qui nous acquitte. Si les hommes instruits, qui ont le loisir et l'habitude de réfléchir, ont tant de peine à démêler le véritable enchaînement des faits,

ceux qui n'ont ni ce loisir ni cette habitude se trom-
peront d'autant plus facilement que c'est un métier
lucratif de les aider à se tromper. Bien que la plupart des maux, des souffrances, des faiblesses dont on
se plaint remontent à une origine assez éloignée, c'est
toujours dans le présent qu'on en cherchera l'explication, car le présent, c'est ce qu'on voit ; c'est aussi
ce qu'on hait, ce qu'on voudrait supplanter. Bon ou
mauvais, le gouvernement actuel est toujours en
proie aux mécontents, aux jaloux, aux sots et aux
simples.

Ajoutons que dans la démocratie les responsabilités
sont courtes. Législateurs et magistrats peuvent répéter
le mot de Louis XV : « Après moi le déluge ! » Or ici
« après moi », c'est l'an prochain. Les fermiers dont le
bail va finir épuisent la terre et ne l'amendent pas. Ils en
tirent tout ce qu'ils peuvent, sans se mettre en peine
pour leur successeur. On n'a garde de planter, quand on
va partir. On veut avant tout des résultats immédiats,
une prompte moisson. On ne s'avoue pas qu'on est
égoïste, quand on met la main aux affaires publiques,
car nous finissons par croire à notre abnégation à
force d'en parler. Mais on ne travaille pour l'avenir
qu'avec peu d'ardeur, et le regard s'émousse dès qu'on
le dirige vers un objet lointain. Il faut aimer beaucoup son pays, beaucoup compter sur la justice de
l'histoire, pour nourrir de longs desseins et de vastes
pensées. De là une lutte perpétuelle entre l'esprit démocratique qui veut tout renouveler le plus souvent
possible, et l'esprit politique qui s'efforce de créer
des traditions, d'en confier la garde à des institutions
moins instables. A Rome, c'est le Sénat qui représente cette continuité d'efforts et cette unité de vues
qui ont subjugué le monde. Mais le Sénat était une

aristocratie. La démocratie tend à abréger les pouvoirs,
à rapprocher les élections, à déraciner tout ce qui
dure. Elle y est aidée par la logique, ce fléau des
choses humaines. La logique est presque toujours
l'ennemie de la raison et de la mesure, l'alliée de
toutes les tyrannies. C'est la logique qui pousse à
achever les vaincus, à supprimer les résistances utiles;
c'est elle qui, sous prétexte de tirer d'un principe
toutes ses conséquences, fait les monarchies absolues et les républiques radicales. Cette grande niveleuse, à force d'aplanir le sol et de simplifier les
rouages, ne laisse subsister ni une barrière ni un
contre-poids. Elle enseigne au souverain, homme ou
peuple, à se débarrasser consciencieusement de tout
ce qui le gêne. Dans la démocratie, toute autorité
permanente est une gêne pour le corps électoral;
tout ce qui rappelle le passé ou défend les droits de
l'avenir, est une restriction à l'omnipotence du présent.
L'électeur qui dépose un bulletin dans l'urne se laisse
persuader qu'on lui fait tort si le gouvernement tout
entier ne sort pas de l'urne toutes les fois qu'elle
ouvre ses flancs. Puisque l'électeur est la source de
tous les pouvoirs, n'a-t-il pas le droit de changer
d'avis? Est-ce que sa volonté d'aujourd'hui ne vaut
pas sa volonté d'hier?

Ainsi dans la démocratie le maître a la vue courte,
et ses principaux serviteurs ont peu de motifs pour
songer au lendemain. Trop de choses s'y font au jour
le jour. On hésite à entamer de grandes entreprises
qui seront achevées par d'autres, à jeter les fondements d'un édifice où l'on n'inscrira point son nom.
On discute languissamment des réformes dont le fruit
se fera longtemps attendre, des lois dont les bienfaits
durables et sûrs commenceront par être presque in-

sensibles. On n'aime pas non plus à finir ce que d'autres ont commencé. Chaque assemblée est naturellement portée à blâmer ce qu'a fait sa devancière, chaque magistrat à prendre le contre-pied de son prédécesseur. Le peuple est servi comme il lui plaît ; on sert moins l'État et la nation.

Aussi la politique intérieure tient-elle dans la pensée des hommes d'État à la mode bien plus de place que la politique étrangère. Celle-ci est plus malaisée à comprendre, exige des calculs à longue échéance. Le suffrage universel aime la paix, craint la guerre, très-accessible d'ailleurs aux sentiments de justice et d'honneur. Mais il est mal instruit des moyens d'éviter la guerre ; il ne connaît pas la situation et les ressources des États voisins ; il ne pénètre pas les desseins des cabinets. Il ne se rend pas compte du rôle que joue chaque pays dans le concert des puissances, dans l'histoire de l'humanité. Un physiologiste dirait que dans la démocratie la vie de relation est trop subordonnée à la vie de nutrition. Dans une monarchie, le ministère le plus important est celui des affaires étrangères ; dans une république, celui de l'intérieur. Un diplomate habile acquiert la faveur et la confiance du prince ; le peuple lui préfère presque toujours un orateur brillant, parfois même un dangereux tribun.

Quand la multitude domine, et qu'elle tranche par sa volonté suprême toutes les questions d'intérêt général, elle est en butte à des tentations diverses. Il se forme une classe de gens qui font métier de lui prouver qu'elle sait ce qu'elle ignore, et qu'elle comprend ce qui lui échappe. Au lieu de suivre l'avis des citoyens qui l'éclairent, elle embrasse l'avis des citoyens qui la flattent ; elle glisse dans la démagogie.

Si au contraire elle est frappée de son incompétence, elle peut donner toute sa confiance à un homme; elle s'abandonne au césarisme. Le César peut être un homme de génie que le pouvoir enivrera; il peut aussi être un homme habile et un esprit faux. La démagogie mène au césarisme, parce qu'elle fait tomber le peuple dans des erreurs funestes qui le dégoûtent de son libre arbitre.

Si les États-Unis ont échappé à ce double péril, cela tient peut-être à ce que l'instruction y est plus commune qu'en aucun pays du monde, et surtout à ce que la situation géographique de la grande république lui permet de n'avoir point de politique extérieure. Ceux qui ont étudié l'esprit public chez les Américains affirment que cette nation, à tant d'égards si éclairée, est atteinte d'un orgueil qui lui ferait commettre des fautes désastreuses, si elle se trouvait comme la France entourée de voisins puissants, vigilants et jaloux.

CHAPITRE VI

On a vu pourquoi les pessimistes, nous parlons de ceux qui raisonnent et non de ceux qui déclament, estiment que le régime démocratique condamne la France à une infériorité profonde et durable vis-à-vis des nations rivales. Leurs arguments sont sérieux ; sont-ils irréfutables ?

Nous n'invoquerons point la parole de l'Écriture, qui déclare que Dieu a fait les nations guérissables ; car ceux qui ont coutume d'appeler l'Écriture en témoignage affirment pour la plupart que la guérison de nos maux doit être cherchée dans le retour aux institutions renversées, aux croyances affaiblies, aux opinions discréditées. Selon ces champions du passé, il ne s'agit pas d'apprendre au peuple à bien user de sa souveraineté, mais de le déterminer à s'en dépouiller. On nous dispensera de discuter cette doctrine. Depuis que Tocqueville a signalé le progrès de la démocratie comme une loi de la civilisation moderne, les évènements l'ont assez justifié pour qu'on ne s'amuse point à recommencer une démonstration si bien faite.

Nous pourrions aussi alléguer le cri de la conscience, et cette révolte que soulève dans tous les cœurs l'affirmation de notre déchéance. Quelque chose

en nous répond avec une force irrésistible : « Non !.»
Mais ce n'est qu'un argument sentimental. Tout ce
qui souffre se révolte contre le mal ; tout ce qui va
mourir se révolte contre la mort. Il faut d'autres
raisons.

Remarquons d'abord que la démocratie gagne du
terrain dans l'Europe entière. Un seul État y échappe,
du moins en apparence : c'est la Russie. Mais le flot
contenu mine les institutions, comme une eau qu'on
empêche de sourdre librement, et qui s'amasse dans
des cavités trop étroites. D'ailleurs ce grand empire,
avec un territoire immense, avec une population deux
fois aussi nombreuse que celle des États de premier
ordre ne possède pas une force proportionnée à ses
ressources. La dernière guerre d'Orient a dissipé bien
des illusions, et tout le monde sait aujourd'hui que la
Russie n'est pas ce qu'elle devrait être. Les vices de
la décadence y éclatent de toutes parts. Il est vrai
que c'est la décadence d'un gouvernement, d'une bu-
reaucratie, peut-être d'une classe ; l'avenir n'est pas
compromis.

Partout ailleurs la société est en marche vers la
démocratie. Qu'est devenue l'Europe de M. de Metternich, des congrès de Vienne et de Vérone ?
M. de Bismarck, jadis rude champion de la féodalité,
a institué le suffrage universel ; le régime parlementaire en sortira sans doute bientôt. Les peuples de
l'Autriche s'élèvent par degrés à la vie politique ; ils
ont déjà le régime parlementaire ; ils auront le suffrage universel. En Italie on réforme la loi pour étendre la franchise électorale. L'Angleterre fait par étapes
le chemin que nous avons parcouru d'un seul bond.
Le pas rétrograde qui a marqué la restauration espagnole n'est qu'une exception, probablement tempo-

raire ; la règle subsiste. L'avènement de la démocratie est inévitable, parce qu'il est la conséquence nécessaire du développement que reçoit partout l'instruction populaire, de l'importance croissante que prennent l'industrie et le commerce ; parce que l'exemple des pays où règne l'égalité séduit les peuples qui n'en jouissent pas, et que de nos jours chaque peuple sait un peu ce qui se passe chez ses voisins ; parce que la science moderne met tout en question, ébranle partout les restes de l'ancien régime, et fait prévaloir les idées simples. Aujourd'hui il n'y a point de réaction durable. Les gains de la démocratie sont définitifs ; ses pertes sont momentanées.

Nous ne prétendons pas pour cela que toute l'Europe doive prochainement arriver à la république. Entre la république et la monarchie anglaise ou belge, il n'y a qu'une différence ; c'est que dans l'une, le chef de l'État est héréditaire et moins puissant, que dans l'autre, il est électif et plus puissant. Presque toutes les critiques dirigées contre la démocratie française peuvent s'adresser également à la démocratie encore imparfaite de l'Angleterre, où tout dépend des élections, et où le corps électoral est déjà populaire.

Si toute l'Europe se rapproche de la démocratie, serons-nous les plus faibles pour être arrivés les premiers au but ? Devons-nous être vaincus dans la lutte pour l'existence parce que nous avons atteint, avant nos rivaux, le terme inévitable d'un commun développement ? Cette assertion aurait au moins l'air d'un paradoxe. Si les épreuves par où nous avons passé nous ont débilités, les autres ont maintenant à les subir. Nous pouvons nous fixer sur le terrain politique où nous sommes établis ; nous pouvons faire halte, planter et bâtir. Nos voisins sont-ils en droit d'en dire autant? Nous ne serons désormais troublés que par notre faute ; ils le seront par la force des choses, par la nécessité d'achever leur évolution.

Quant aux causes de cette évolution, on doit reconnaître que pour la plupart elles font honneur à l'humanité. Si la racine est saine, le fruit sera-t-il empoisonné? Augmentez la richesse d'une nation, faites que les produits du travail commun se répartissent entre tous les travailleurs, de telle sorte que ceux qui n'ont point de vices parviennent à une certaine aisance. Répandez sur tous les enfants les bienfaits de l'instruction ; fortifiez dans tous les esprits l'idée de la responsabilité et de la justice, dans tous les cœurs le sentiment du devoir et du droit, vous allez à la démocratie. Montrez-moi un pays où la misère soit rare, où les ouvriers n'habitent point des taudis, ni les paysans des tanières, où le pain soit blanc et le linge propre, où les humbles mêmes et les petits sachent lire et lisent, sachent écrire et écrivent : si ce pays ne jouit pas encore d'un gouvernement démocratique, il en jouira bientôt. Tous les citoyens voudront s'occuper des affaires publiques, contribuer à l'élection des législateurs et des fonctionnaires ; partout où le grand nombre n'est écrasé ni par le besoin ni par l'ignorance, le grand nombre a le dernier mot.

Toutes les fois qu'on ouvre une école primaire, qu'on fonde une institution utile au peuple, qu'on aide à réparer, à atténuer, à prévenir les iniquités de la Fortune ou de la société, on travaille pour cette puissance qui absorbe à son profit tout ce qui se fait de bon et de juste. L'effet peut être lent, l'aristocratie peut être assez forte et assez habile pour maintenir longtemps son ascendant ; mais l'effet est certain ; l'aristocratie succombera ; l'égalité politique est au bout de la voie où l'on marche quand on sert la cause de la civilisation. Depuis la poudre qui a entamé le privilège des nobles, et l'imprimerie qui a entamé le privilège des clercs, il n'est pas une grande découverte qui n'ait coopéré à cette œuvre. Il est facile de démontrer d'autre part que ce qui retarde l'avènement de la démocratie, c'est l'ignorance, la misère, le mal. Les autres régimes se font tort par leurs mérites. Un despote qui serait bon préparerait l'affranchissement de ses sujets, diminuerait l'autorité de ses successeurs. La démocratie fleurit et se consolide par ses vertus, se perd par ses vices. L'abdication d'un maître est le résultat de ses bienfaits ; l'abdication d'un peuple est le résultat de ses fautes.

Nous touchons ici à l'argument décisif : la démocratie est de tous les systèmes de gouvernement celui qui développe le mieux, chez tous les hommes, toutes les facultés qui sont le propre de l'homme.

Nous n'avons pas été jetés sur cette terre pour y vivre à la façon des troupeaux, que leurs bergers paissent, parquent, tondent et mangent. Les moutons sont peut-être heureux pendant la courte vie qu'on leur laisse ; encore est-ce douteux, car ils ont l'air morne. A coup sûr, c'est un bonheur qui ne nous fait pas envie. Toute notre valeur vient de l'usage que nous faisons de notre libre arbitre ; la vertu ne va pas avec la contrainte. La bonne éducation, celle qui nous prépare à notre rôle humain, c'est celle qui nous habitue à exercer notre volonté au gré de notre raison. Nous ne sommes loués pour avoir suivi la règle, que si nous l'avons suivie sans y être forcés. Nous ne sommes prêts à affronter les luttes de l'existence, les tentations des passions, les vicissitudes de la fortune, que si nous avons appris à diriger nos pas, à éviter les pièges, à prévoir les conséquences de notre conduite. Pour que les récompenses et les châtiments produisent sur nous un effet salutaire, il faut que nous y voyions le résultat légitime, logique, naturel, de nos actions.

Ceux qui ne savent pas se servir de leur liberté, ceux qui doivent en être privés parce qu'ils n'en useraient que pour nuire soit à autrui soit à eux-mêmes, sont inférieurs aux hommes libres, sont moins hommes. Ils occupent un plus bas degré dans l'échelle des êtres. Que ce soient des enfants, des fous, des ignorants, des méchants, ce sont des mineurs. Ne discutons pas avec ceux qui n'admettent pas sans débat qu'il vaut mieux être majeur : la dignité ne se discute pas.

Platon veut que sa république se compose de sages, de guerriers et d'artisans, de même qu'il distingue dans le corps trois sources des instincts, la tête, le cœur et le ventre ; la tête est un sage, le cœur un guerrier, le ventre un artisan. Ainsi, sous prétexte de modeler le corps social sur le corps humain, il réduit la plus grande partie de l'humanité à un état voisin de la bête. Que nous ont appris les religions et les philosophies modernes, si elles ne nous ont persuadé que le but de la science politique est de faire des hommes complets, si nous en sommes encore à interdire à la majorité de nos semblables la culture des plus hautes facultés et des plus hautes vertus ?

L'homme est chargé de sa propre destinée : c'est le premier degré de la liberté, de la responsabilité, de l'honneur. Il prend part à la gestion des affaires d'une association, d'une communauté, d'un municipe : c'est le second degré. Il prend part à la gestion des affaires nationales : c'est l'achèvement de l'ébauche ; c'est par là qu'il s'élève à la pleine possession de son rôle terrestre. Dans la démocratie, la multitude sort des limbes, et entre au paradis, un paradis où ne manquent ni les périls, ni les pièges, ni les fruits défendus, un paradis d'où l'on peut se faire exiler, ou plutôt s'exiler soi-même. Il est dangereux d'y arriver trop tôt ; mais c'est le but de l'humanité, le terme de l'évolution politique et morale.

Un peuple chez qui règne l'égalité est l'artisan de sa fortune. Il récolte ce qu'il a semé. Heureux, il a le droit de se féliciter ; malheureux, il ne doit accuser que lui-même. Les biens dont jouit la majorité, les maux dont elle souffre, sont son œuvre. Autant et plus qu'un individu, une nation est sollicitée par mille instincts divers, tiraillée par mille intérêts, en proie à une nuée de conseillers ; il lui appartient de ne céder qu'aux bons instincts, de ne servir que les intérêts généraux et permanents, de n'écouter que les conseillers sages. Elle est libre, car sa liberté est la somme de toutes les libertés personnelles ; elle est responsable, car sa responsabilité est la somme de toutes les responsabilités personnelles.

C'est une maxime reçue, qu'un peuple a toujours le gouvernement qu'il mérite. Cela n'est pas tout à fait exact. Comment les Romains pouvaient-ils mériter Marc-Aurèle la veille, et Commode le lendemain ? La vérité est que les peuples qui se soumettent au pouvoir absolu d'un homme se résignent à tirer leur sort à la loterie, comme on tire une boule blanche ou une boule noire. Marc-Aurèle était une boule blanche, Commode une boule noire. Le système démocratique détrône le hasard et fait régner la justice, qui punit et qui récompense.

Peu importe, dira-t-on, que la France ait désormais la triste consolation de n'être malheureuse que par sa faute, si la multitude est incapable de discerner sa voie ? Quel dédommagement pour ceux qui voient clair de savoir que, si l'on tombe dans une fondrière, c'est parce que les aveugles sont en majorité ! Il est vrai que jusqu'à présent la plupart des citoyens sont peu capables de distinguer par eux-mêmes la vérité dans le tourbillon des polémiques. Mais le nombre va croissant de ceux qui s'instruisent et apprennent à juger des choses de la politique. Les autres prennent un guide, suivent une autorité. Il faut les éclairer et les persuader. Il faut que l'intelligence, la science, le dévouement prennent leur rang, marchent à la tête de la nation, confondent les charlatans. Dans la démocratie, les classes dirigeantes ne conservent leur influence qu'au prix de continuels efforts.

Quoi ! vous avez pour vous la richesse, du loisir, une instruction variée et solide, un vif désir de servir utilement la patrie, et vous vous plaignez des lois qui vous contraignent à lutter contre des hommes avides, ignorants, égoïstes, que rien ne recommande, hormis leur audace, et vous prétendez que les armes sont inégales, que les démagogues sont sûrs de l'emporter ! L'air retentit de ce monotone gémissement : « Nous possédons tout ce qui devrait nous assurer la confiance de la majorité ; c'est pourquoi la majorité nous refuse sa confiance, pour la donner à qui ne la mérite pas. » Les hommes qui se lamentent sur leur impuissance ne verront-ils donc jamais qu'elle tient à ce qu'ils n'ont pas su choisir entre le pouvoir et l'influence ? Tandis qu'ils combattent la démocratie pour reconquérir le pouvoir, elle subit d'autres influences. S'ils se résignaient de bonne foi et de bonne humeur à la subir, ils pourraient la gouverner. Quel souverain choisit de préférence ses conseillers parmi ceux qui contestent son titre?

Parce qu'il n'y a plus de privilèges politiques, faut-il que tous les privilégiés de la fortune et de l'éducation se détournent avec dégoût d'une carrière où ils seront obligés d'employer tous leurs avantages à séduire leurs concitoyens? Dans la monarchie, on se donne la peine de plaire au prince et aux grands; en république, donnez-vous la peine de plaire au peuple. Croyez-vous que le meilleur moyen d'y parvenir soit de lui témoigner d'abord votre mépris et votre hostilité? Vous vous mettez à l'écart, et vous dites d'un ton aigre : « Nous verrons bien ce qu'on fera sans nous. » On fera peut-être des sottises, et nul ne les payera plus cher que vous ; mais vous n'aurez pas le droit de vous en laver les mains, car vous aurez rendu ces sottises presque inévitables, à force de les prédire, de les attendre, et de ne vouloir pas les empêcher.

On cite l'exemple de l'Amérique, où les politiciens se sont emparés de la direction des affaires publiques aux dépens des honnêtes gens ; on en conclut que l'égalité livre naturellement le pouvoir aux moins dignes. Mais on exagère fort cette domination des intrigants aux États-Unis. Dans les grandes crises, on sait trouver de grands citoyens : un Lincoln n'est pas le premier venu. D'ailleurs, en Amérique, ceux que nous appelons les honnêtes gens manquent de loisir : chez ce peuple si jeune, si actif, si entreprenant, la politique est un métier dont on vit, parce que ceux qui n'en voudraient pas vivre n'ont pas le temps de s'en occuper. Leur négligence ne met pas la patrie en danger, parce qu'il n'y a ni voisins ni rivaux à craindre. Il n'en est pas de même chez nous. Les hommes capables ne manquent pas, et ils ont assez de loisir; mais ils boudent, ils se fâchent, ils s'indignent; ils se battent pour des chimères, et tournent le dos à leur siècle. Au lieu de monter sur la locomotive, ils s'accrochent aux roues, ou amassent des pierres sur la voie, à leur grand dommage, comme au dommage de leur pays.

Le peuple est responsable des malheurs communs, s'il n'écoute que des niais et des fous, mais les sages sont coupables de n'avoir pas su ou de n'avoir pas voulu se faire écouter. La vie publique est une perpétuelle bataille, dont le prix est le gouvernement. Interrogeons ces esprits chagrins qui gémissent sur les erreurs de la foule : « Que faites-vous pour redresser ceux qui se trompent, pour réfuter les sophistes, pour démasquer les vendeurs d'orviétan, les débitants de panacées malsaines, les exploiteurs de l'humaine sottise? Montrez-nous le compte de vos sacrifices et de vos efforts. Vous êtes-vous servis de votre argent pour vous faire aimer, de votre intelligence pour vous faire croire? Avez-vous écrit, parlé, prêché habilement en toute occasion, enseigné par votre exemple la vertu et la raison? Avez-vous évité avec un soin vigilant tout ce qui pouvait vous fermer les oreilles et les cœurs ? Avez-vous disputé aux agitateurs l'initiative des réformes utiles et populaires, aux utopistes l'honneur de chercher le mieux, de dénoncer les abus, d'entrevoir l'avenir? Votre femme et votre fille demandent tous les jours à Dieu que son règne arrive et que sa volonté soit faite sur la terre. Si pour vous ces mots sacrés ne veulent rien dire, avez-vous le droit de vous étonner que des rêveurs téméraires leur donnent un sens que des intrigants sauront faire valoir? »

Osons dire plus. Il n'est pas prouvé que les classes dirigeantes aient en moyenne plus de vertu, de raison et de jugement que les classes dirigées, surtout en ce qui regarde la politique. La multitude se laisse séduire par les faux économistes qui s'engagent à la soulager aux dépens des riches, grâce à l'impôt progressif. Mais pendant de longs siècles l'impôt a été progressif aux dépens des petits et des pauvres. La noblesse et le clergé étaient exempts de la taille, et les bourgeois saisissaient avec avidité toute occasion de se glisser dans la noblesse ; l'intérêt, un intérêt grossier, le désir de profiter d'une grande iniquité, les y poussait autant qu'une vanité puérile. Même aujourd'hui, il y a des contributions indirectes qui ne frappent pas le contribuable en raison de ses facultés, mais en raison de ses dépenses nécessaires ; toutes les gabelles ne sont pas abolies. Il y a les octrois, cet impôt progressif à rebours. Il y a les droits de douane, qui, trop souvent, ont pour résultat, et même pour but, de soustraire les industriels aux conséquences de leur infériorité intellectuelle ou morale. On protège les grands, et on ne protège pas les petits ; on fait pour empêcher les gros revenus de décroître ce que l'on ne réclame pour les petits salaires qu'au risque de passer pour socialiste. Combien de bourgeois trouvent que l'économie politique est une science admirable quand elle réfute les utopistes, et se moquent d'elle quand elle menace les abus dont ils profitent !

Reprocherons-nous à la démocratie d'être intolérante, de fouler aux pieds les droits des vaincus, de persécuter les opinions qui déplaisent au plus grand nombre ? Au lieu de ces mots : majorité et minorité, disons : gouvernants et gouvernés ; nous verrons combien les hommes se ressemblent sous tous les régimes.

La multitude a des emportements subits, des enthousiasmes imprudents ; elle se jette étourdiment dans de folles entreprises. Pourtant ce n'est pas elle qui a voulu et fait la guerre en 1870. Ce n'est pas elle qui a cru sur parole tel diplomate léger et tel ministre aveugle.

Il est à craindre que le peuple se laisse gagner par les conseillers qui lui promettront de garantir au rabais la sécurité nationale, qui lui réclameront au nom de la patrie moins de sacrifices qu'il n'en faudrait faire pour mettre la France à l'abri d'une funeste surprise. Mais n'avons-nous pas vu pendant de longues années les gens aisés se tirer d'affaire par le remplacement et l'exonération ?

Les adversaires de la démocratie répliqueront peut-être : Le pouvoir corrompt ceux qui le possèdent, le souverain s'exempte de son devoir. Plus le pouvoir est concentré, moins la corruption s'étend ; plus la souveraineté est ramassée, moins il y a des gens qui se mettent au-dessus du devoir. A ce compte en effet, l'égalité politique est mauvaise ; mais le moyen de l'éviter ? Le moyen de dire à un peuple : « Nous prenons pour nous l'empire et la corruption ; reste pur et sers ? » Pourquoi n'admettrait-on pas plutôt que le pouvoir est une liqueur enivrante dont les effets sont moins redoutables quand elle est délayée ?

Ce qu'on ne peut guère contester, c'est que la démocratie est dans un péril suprême une cause de force. Une nation d'égaux, quand elle est transportée d'une passion commune, marche au but avec plus d'énergie

et de raideur qu'une nation de sujets. Les petites cités
de la Grèce ont lutté avec succès contre l'énorme puissance de l'empire des Perses. Rome a conquis le
monde. Au moyen âge, Florence, Gand, Liège, balan-
çaient de grands États. Toutes les fois que Dieu veut
montrer ce que peut contre le nombre une poignée
d'hommes résolus, il charge une république de la démonstration. Les plus violents efforts dont s'honore
l'humanité, ont été faits par des démocraties. La lutte
des Provinces-Unies contre l'Espagne, la lutte de la
Convention contre l'Europe, la lutte des deux moitiés
des États-Unis l'une contre l'autre, prouvent qu'aucun autre régime ne permet à une société de trouver
en soi autant de ressources. Même les monarchies ne
résistent à certaines crises que parce que la nation
est soulevée par un souffle démocratique. C'est quand
le prince n'est plus rien, quand l'aristocratie est presque abattue, que la multitude déploie toute sa vigueur.
Jeanne d'Arc sort du peuple. Napoléon, toujours vainqueur des gouvernements, se heurte au peuple espagnol, se brise contre le peuple russe et le peuple
allemand. L'orage passé, le pouvoir reprend ses avantages. Les rois de Prusse et d'Espagne refusèrent une
constitution; mais ils devaient à la masse de leurs
humbles sujets d'avoir conservé ce trône dont ils
craignaient de ternir l'éclat par de justes concessions;
l'ingratitude ne supprime pas le bienfait.

Assurément la démocratie, qu'on voit si grande dans
ces tempêtes, a d'étranges défaillances ; peut-être,
comme elle s'élève plus haut, est-elle capable de
tomber plus bas que les autres régimes. C'est
qu'elle donne une plus large part à la nature humaine.
Dans la vie privée on remarque aussi que les conditions qui laissent à la volonté le plus d'aise et de jeu,

sont celles qui produisent les plus beaux génies, les plus beaux caractères, et qui permettent les plus lourdes chutes. C'est par le libre arbitre que notre espèce est capable de vertu et de crime. La démocratie est le libre arbitre des nations. Elle substitue la loi à l'autorité, la raison à l'instinct. Elle donne à l'obéissance quelque chose de la spontanéité; elle fait de chaque citoyen l'instrument intelligent et passionné d'une volonté non étrangère, mais commune.

La démocratie nous tient et nous possède; mais elle nous rend les arbitres de notre destin. Ne demandons pas ce qu'elle fera de nous, mais ce que nous ferons d'elle. Nous pouvons tout; aucun obstacle ne nous empêche ni de gravir, ni de rouler. Il n'y a plus de souverain qui se mette à la place de la nation, plus de cens qui tienne la multitude à l'écart. La majorité règne; on ne peut gouverner que par elle et pour elle. Si elle a le savoir et le vouloir, si elle écoute de bons conseillers, si elle consent aux sacrifices nécessaires, si elle est animée d'un patriotisme fort en même temps qu'éclairé, nous échapperons au danger, et nous nous relèverons. Si, au contraire, la majorité se laisse séduire par les charlatans, si elle aime mieux être flattée qu'instruite, si les hommes qui connaissent la vérité n'ont pas le courage de la dire ou n'en ont pas le goût, ou n'ont pas l'art de la faire accepter, de nouvelles crises nous attendent; les fautes et peut-être les folies de notre politique intérieure donneront à nos voisins des tentations, à nos ennemis des occasions et des prétextes.

Ainsi nos institutions, autant que l'état de l'Europe, nous font un devoir de veiller et de lutter sans défaillance. Faut-il nous plaindre de ce que Dieu ou la Fortune nous a fait naître pour une période de combats et d'épreuves? Peut-être notre génération a-t-elle été choisie pour accomplir de grandes œuvres et pour gagner beaucoup de gloire. Cela dépend de nous tous, parce qu'il dépend de chacun de nous de faire son devoir.

CHAPITRE VII

MOTIFS D'INQUIÉTUDE

Bien que la forme de notre gouvernement n'autorise pas les sombres prédictions des pessimistes, il y a cependant des symptômes qui nous obligeraient à signaler une réelle décadence, s'ils venaient à s'aggraver, s'ils indiquaient un état nouveau de nos mœurs, au lieu de marquer seulement, comme nous le croyons, une transition lente et difficile, qui peut être salutaire.

Les plus graves de ces symptômes sont la diminution de la fécondité, la fréquence des révolutions, le progrès du scepticisme religieux et moral.

Dans la lutte pour l'existence, les nations relativement stériles finiront par être vaincues. L'importance du nombre va croissant, parce que la civilisation se nivelle, et que les institutions militaires se modèlent sur un exemplaire commun. Dans les temps anciens, les Grecs et les Romains possédaient sur les Barbares le double avantage de la valeur et de la discipline. On a dit de l'armée de Xerxès qu'elle comptait beaucoup d'hommes et peu de soldats. Dix mille légionnaires valaient au moins trente mille Gaulois, sinon plus. D'ailleurs le Sénat avait sa politique, les consuls avaient leur stratégie. Au moyen âge et même dans les temps modernes, la guerre ne mettait pas aux prises des peuples, mais des armées. Un petit peuple pouvait avoir une grande armée. Avec la levée en masse, les communes flamandes tenaient tête au roi de France. Quelques milliers d'archers anglais abattaient notre chevalerie et pénétraient au cœur du royaume. Les Provinces-Unies se défendaient contre Philippe II, roi d'Espagne et des Indes, roi de Portugal, de Naples, seigneur de la Sardaigne, du Milanais, de la Franche-Comté, des Pays-Bas. Guillaume d'Orange se montrait aussi redoutable que François Ier. En 1793, la Convention opposait à l'Europe des forces égales ou supérieures à celles des souverains coalisés. Nous avons vu la Prusse, qui était de beaucoup la plus faible des grandes puissances par le territoire et la population, s'élever au premier rang par ses institutions militaires.

Aujourd'hui presque toutes les nations civilisées se copient ; partout on se met en mesure d'appeler toute la jeunesse sous les drapeaux. Les armes sont également perfectionnées ; la discipline est presque la même ; les officiers sortent pour ainsi dire de la même école. Toutes les troupes européennes sont braves, quand elles sont bien organisées et bien commandées. La Fortune doit donc être plus que jamais favorable aux gros bataillons, et ce sont les nations les plus considérables qui fourniront désormais les plus gros bataillons. Une différence d'un quart ou d'un cinquième peut encore être effacée par le talent et l'enthousiasme ; une différence de moitié serait alarmante. La richesse même ne suffit plus à balancer l'avantage du nombre ; nous l'avons vu en 1870. Il n'est plus si vrai que l'argent soit le nerf de la guerre. Les peuples modernes sont à peu près exempts des perpétuels embarras qui paralysaient les monarchies d'autrefois. Ceux qui se montrent forts trouvent assez de crédit. Il semble que l'empire russe fasse exception, et que la médiocrité de ses ressources financières diminue sa puissance. Mais, outre qu'en Russie les mouvements de troupes coûtent plus cher qu'ailleurs, grâce à l'immensité du territoire, l'ordre et la probité font défaut plutôt que l'or. Dans la guerre de 1877, les Turcs étaient bien plus pauvres, ce qui ne les a pas empêchés de faire une belle résistance.

Ce n'est pas seulement au point de vue de l'effectif des armées qu'il faut envisager la question de population. Toutes choses égales d'ailleurs, une nation plus nombreuse, si elle n'est en proie ni à l'ignorance, ni à la misère, fournira plus d'esprits distingués, actifs et entreprenants, plus d'écrivains, d'artistes, de savants, de politiques, de généraux. Plus le public est étendu, plus l'émulation est excitée. L'Écosse est moins peuplée, moins riche que la Hollande; cependant la première a produit bien plus d'hommes éminents dans les lettres; c'est qu'un poète, un historien, un philosophe écossais s'adressent au plus vaste public du monde. Il n'en est pas de même pour les arts, parce que les arts parlent une langue universelle.

La portion la plus active de la population est précisément celle qui forme surcroît. On l'a dit avec raison : la France manque de cadets. Ce sont les cadets qui font depuis deux siècles la fortune et la grandeur de l'Angleterre. La crainte de déchoir pousse aux entreprises hardies les jeunes gens nés dans l'aisance et menacés de la gêne. Il n'est pas bon que les hommes, en venant au monde, trouvent leur lit tout fait. C'est dans les familles nombreuses que fleurit l'esprit d'aventure. Là où les enfants abondent, il se forme sans cesse des essaims qui, pareils au printemps sacré des peuples barbares, vont au loin propager la race, le nom et la langue.

On dit souvent que c'est en multipliant les moyens de subsistance et les travaux à accomplir qu'on multiplie la population. Selon certains économistes, la richesse crée les hommes plus que les hommes ne créent la richesse. L'histoire ne justifie pas toujours cette opinion. L'Italie, maîtresse du monde, devenait déserte pendant qu'elle amassait les dépouilles de cent peuples vaincus. L'empire romain donnait la paix, facilitait le commerce; il eût dû faire pulluler le genre humain : il le décima, tandis que dans les forêts de la Germanie naissaient des nations pauvres et fécondes, qui allaient déborder sur l'univers civilisé, mais stérile. En Europe ce ne sont pas les peuples les plus riches et les plus industrieux qui s'accroissent le plus vite; nous ne le voyons que trop par notre propre exemple. Même en France les contrées où le chiffre des habitants grossit sans cesse ne sont pas celles qui offrent le plus de ressources : comparez le Finistère et les Côtes-du-Nord avec quelques-uns des départements où la terre est le mieux cultivée, où il y a le plus d'aisance.

Le mouvement de la population tient surtout à l'état des mœurs; l'immobilité n'est pas seulement une cause de faiblesse pour l'avenir ; c'est aussi une preuve de corruption pour le présent. Rien ne mérite davantage l'attention des hommes d'État prévoyants et des législateurs, si les lois peuvent quelque chose pour les mœurs.

Le malthusianisme pratique produit un double effet : la diminution du nombre des mariages, la diminution du nombre d'enfants que fournit chaque mariage. Dans l'un et l'autre cas, le mal vient, selon les optimistes, de l'excès d'une vertu ; c'est par trop de prévoyance, dit-on, que les hommes hésitent à se charger d'une famille, ou qu'ils enferment leur famille dans d'étroites limites. Dispensons-nous d'examiner où aboutit, dans l'application, une si scrupuleuse prudence.

On attribue souvent cette stérilité relative à notre code civil, qui ne permet pas de constituer des aînés et qui par là condamne à déchoir toute famille trop nombreuse. De très-respectables philosophes préconisent comme une panacée le retour à la liberté de tester. De part et d'autre on apporte dans la discussion de ce problème plus de préjugés que de raisons. Les admirateurs du code attachent les destinées de la Révolution française à la privation d'une liberté dont les Américains jouissent pleinement sans retourner à la barbarie. C'est faire peu d'honneur à nos pères de 89 que de subordonner leurs belles conquêtes à une restriction dont l'utilité n'a pas encore été sérieusement démontrée. Quant aux champions de la liberté de tester, ils oublient qu'à Rome les testaments étaient libres et fort en usage dans le temps que la race des Quirites allait s'éteignant. La loi des successions n'est ni si bienfaisante, ni si funeste qu'on le prétend. Elle est d'ailleurs assez conforme à nos habitudes ; combien de Français négligent de profiter même des facultés restreintes que leur laisse le Code civil, et de régler le partage de leurs biens !

On reste célibataire, parce que l'on place le bonheur dans l'indépendance, même égoïste, parce qu'on redoute les obligations, les charges et les soucis de l'état conjugal. Le mariage fait peur, parce qu'il a l'air

d'une servitude. Ce qui lui donne cet aspect redoutable,
c'est que les jours de l'homme isolé s'écoulent dans une
licence absolue. Ni les lois, ni les mœurs, ni les opinions ne lui interdisent les compensations illégitimes. Il vit loin du foyer, ou plutôt il n'a pas de
foyer. Il se jette dans la foule et s'amuse avec la foule.
Notre société rappelle à certains égards les cités où le
Grec dépensait sur la place publique toute l'activité
de son esprit et de son cœur. Chez nous, le mariage
est un brusque changement d'habitudes, une rupture
avec le passé, un saut dans l'inconnu. Jeune, on l'évite
parce qu'on veut jouir de sa jeunesse, ou parce qu'on
a besoin de se créer une position ; plus tard, parce
qu'on s'est accoutumé à ne dépendre que de soi, à ne
répondre que de soi, à ne penser qu'à soi. Cet éloi-
gnement augmente de génération en génération. Les
célibataires, de plus en plus nombreux, arrangent le
monde à leur profit et à leur gré. Les mariages tardifs
font les enfants orphelins de bonne heure, de bonne
heure lancés dans le tourbillon de la vie licencieuse,
détachés de la vie domestique. On passe volontiers de la
famille où l'on a été élevé à la famille qu'on va former ; ce qui nuit, c'est l'entre-deux. Or, tout tend à
agrandir l'entre-deux. Le collège commence la séparation ; puis viennent le service militaire, les longues
études avec leurs joyeuses interruptions. Dans certains
pays, l'étudiant vit en pension dans une famille ; chez
nous, il n'a que l'hôtel garni ou le logement de
garçon. Il en est de même pour les carrières non
libérales. Les grandes administrations et les grands
magasins sont des casernes où l'employé n'est plus
qu'un individu isolé ; que sont devenues ces modestes
boutiques où le commis s'asseyait à la table du patron, et trouvait à la fois, sous le toit de la maison

dont il était le serviteur, plus de contrainte et plus d'affection ?

Le jeune homme craint à la fois la responsabilité du mariage et la privation des libertés du célibat. La jeune fille, silencieuse, discrète, disons le mot, sournoise, effraye. Mieux elle est élevée, plus elle ressemble à un sphinx. Elle cache ses goûts, ses futures exigences, elle ne laisse pas deviner à quel prix celui qui lui donnera sa main la rendra heureuse et sera heureux par elle. Ses parents ont à cœur de ne la montrer que sous les dehors les plus élégants et les plus mondains. On se prendrait pour elle d'amour vrai, si on la voyait dans la simplicité de la vie intime ; au bal, elle peut jeter dans les sens un trouble fugitif, mais elle y apparaît comme une énigme menaçante. Là, elle ne suggère que l'idée d'un plaisir rapide et d'une lourde charge ; elle ne fait pas penser aux joies profondes, au bonheur paisible. Moquons-nous des peuples chez qui les jeunes filles sont libres, familières, hardies, des pays où l'on flirte. Mais on s'y marie.

Mais ces observations ne concernent que la moindre partie de la population. Dans les classes laborieuses, les célibataires ont moins à redouter l'inconnu. Attribuerons-nous leur abstention à la seule prévoyance et à la gêne ? En d'autres contrées, la gêne est plus grande, et les mariages sont plus nombreux. On ne voit pas que le progrès de l'aisance diminue le chiffre des réfractaires. Il est bien difficile de signaler avec certitude les causes du mal dont nous nous alarmons. On y parviendra peut-être quand la statistique de l'état civil sera depuis assez longtemps l'objet de l'attention qu'elle mérite. Ce précieux auxiliaire de la morale et de la politique ne nous fournit encore que des indications insuffisantes. On y supplée par des conjectures fondées sur des observations isolées, sur des inductions vraisemblables. Ce qui est certain, c'est que la proportion du chiffre des mariages à celui des habitants diminue chez nous, surtout depuis quelques années, avec une rapidité menaçante. Nous sommes sur la pente où glissa le monde romain.

Encore la rareté des mariages est-elle un moindre fléau que leur stérilité. Sur ce point, le doute n'est pas permis. C'est la prévoyance qui limite la fécondité des femmes, prévoyance presque toujours absurde et funeste, qui repose sur une fausse idée du bonheur, et qui mène à la violation continuelle des plus sages préceptes de la loi morale. Les parents craignent d'éparpiller leur héritage, comme s'ils devaient à leurs héritiers quelque chose de plus qu'une éducation qui leur permette de faire leur chemin. Il est vrai que cette prudence est en partie justifiée par la difficulté que les filles sans dot éprouvent à s'établir. Mais cette difficulté serait bien moindre si les jeunes gens étaient plus impatients de se créer une famille.

Les naissances sont plus rares dans les départements où la propriété est plus divisée. Il n'est aucun de nous qui n'ait constaté, dans le cercle de ses observations personnelles, combien la richesse nuit à la fécondité. La religion, quand elle est prise au sérieux, fait échec à cette parcimonie comme aux autres causes de stérilité. La Bretagne et la Normandie sont voisines. En Bretagne, malgré la médiocrité du sol et la densité déjà bien supérieure de la population, celle-ci s'accroît encore rapidement; elle diminue en Normandie. La Bretagne est catholique et relativement pauvre. Mais nous reviendrons sur ce sujet, bien plus grave sans doute que la plupart de ceux qui usurpent le temps et le zèle de nos hommes politiques, de nos législateurs et même de nos philosophes.

Quant à la fréquence des révolutions, quelques-uns de nos lecteurs s'étonneront que nous en parlions : « La dernière est faite », s'écrieront-ils. Nous nous associons à cette espérance ; mais les révolutions passées ont infligé à la France des maux dont elle se ressent encore, et, parmi les causes qui les ont produites, plusieurs, il faut bien l'avouer, sont toujours à l'œuvre.

On ne renverse pas un gouvernement, qu'il s'agisse d'une république ou d'une monarchie, sans bouleverser la vie d'une multitude de particuliers. La catastrophe coûte parfois beaucoup de sang ; une longue agitation la précède ou la suit. Les affaires s'interrompent, le commerce languit, les métiers cessent de battre. Tout ce qui tenait au pouvoir déchu, tombe soudain en disgrâce ; les fonctionnaires s'en vont ou sont chassés ; qu'on fasse table rase ou qu'on épure le personnel, qu'on exige un serment ou qu'on mette en suspicion les serviteurs du régime vaincu, le résultat est le même. Des milliers de citoyens perdent en un jour le fruit d'un long travail ; leur expérience et leur dévouement deviennent inutiles au pays. Si le dévouement ne manque jamais, l'expérience fait souvent défaut aux nouveaux venus, à moins qu'ils ne soient eux-mêmes les victimes de l'avant-dernière révolution. De là beaucoup de ruines privées et de malheurs publics. Après ces grandes secousses, les choses reprennent malaisément leur aplomb. Les passions déchaînées ne se trouvent point satisfaites ; les vainqueurs enivrés s'estiment trop peu vengés ou trop peu nantis. Les alliés dont on s'est servi veulent être payés ; les espérances déçues tournent en fureur. Il

faut à une nation qui vient de traverser une pareille
crise des années pour se rasseoir. Après la Convention,
on a l'anarchie du Directoire ; après les Cent jours,
la Terreur blanche et les folles entreprises de la Chambre introuvable ; après les journées de juillet, une
longue série d'émeutes ; après le 24 février, le 15 mai
et la bataille de juin. Le 2 décembre donna au pays
une tranquillité immédiate, parce que la force imposa
silence, on sait à quel prix ; mais il était clair qu'un
tel régime ne pouvait subsister bien longtemps, et
qu'il faudrait tôt ou tard recommencer le laborieux
apprentissage de toutes les libertés. Enfin nous n'a-
vons pas besoin de rappeler combien la troisième
république a été difficile à fonder.

Mais les ruines se réparent assez vite. Le commerce et
l'industrie ont de merveilleuses reprises ; les fonctionnaires nouveaux rajeunissent l'administration, interrompent la routine, font la chasse aux abus. La lutte
forme des hommes d'État. La baisse des valeurs nuit à
qui doit vendre, profite à qui peut acheter. Les révolutions sont la source de bien des fortunes, produisent
presque autant d'élévations que de chutes. Elles sont
pour la plupart justifiées ; un gouvernement qui se
laisse renverser a presque toujours mérité son destin.
Charles X avait fait les ordonnances ; Louis-Philippe
avait été sourd aux conseils de ses amis les plus
sincères et de ses serviteurs les plus clairvoyants ;
Napoléon III avait jeté la France dans une guerre
folle.

La plus funeste conséquence des révolutions trop
fréquentes, c'est que le pouvoir sans cesse menacé
songe moins à faire les affaires du pays qu'à se maintenir ; c'est qu'il tremble devant l'opinion publique,
et craint trop de déplaire, de même qu'il se propose

presque uniquement, non de rendre des services, mais
de gagner les cœurs.

Il semble qu'il en soit de même chez tous les peuples libres. Mais en Angleterre le parti qui est au pouvoir, s'il est sûr d'avoir raison, bravera le péril
d'une défaite électorale pour rester fidèle à son programme. C'est qu'il n'est point de défaite sans revanche. On cesse de plaire sans cesser de vivre. Ceux qui
voient de loin en appellent des électeurs mal informés
aux électeurs mieux informés. Quand les libéraux
s'aperçoivent que le pays est fatigué de leur activité
réformatrice, ils envisagent sans effroi le retour des
conservateurs; quand les conservateurs reconnaissent
que le pays veut plus de réformes qu'ils n'en peuvent
donner, ils se résignent à quitter la scène pour revenir au parterre, où ils attendent un nouveau revirement. En France, on a peur de l'opposition, parce que
le triomphe de l'opposition peut être une révolution.
Un changement de majorité risque d'entraîner un
changement de régime. Les vaincus du scrutin ne
sont pas sûrs de rester candidats au gouvernement :
qui sait s'ils ne seront pas proscrits ? Remonteront-ils
à la tribune, si la tribune est abattue ? Useront-ils de
la presse, si la presse est muselée? Attendront-ils
avec confiance les élections futures, si les élections
cessent d'être libres? Il faut donc rester en place
à tout prix, céder aux préjugés les moins raisonnables, s'ils sont puissants, et renoncer au seul moyen
qu'aient les partis de se retremper, c'est-à-dire à la
retraite.

D'autre part, les ennemis du gouvernement sont en
mesure de tout promettre, parce qu'ils ne craignent
pas d'être pris au mot. Ils signent des billets payables
au jour où leur créancier aura pieds et poings liés :

« Laissez-vous brider et seller, je vous mènerai en paradis. » Ainsi l'opposition est irresponsable; si elle séduit le suffrage universel, le mal est sans remède. Les hommes qui sont au pouvoir ne peuvent pas dire aux électeurs : « Si le programme de nos adversaires vous plaît, essayez-en. » Au lieu d'être les serviteurs de l'opinion, mais des serviteurs libres et qui mettent au besoin le marché à la main, ils sont ses esclaves ; car tout est perdu si elle se laisse égarer. Il faudra donc, pour l'empêcher de tomber aux mains de l'ennemi, s'égarer avec elle, lui donner des satisfactions qu'on sait mauvaises, la gâter. Les peuples oublient aisément les leçons qui datent de loin. Au bout de peu d'années, les Israélites affranchis regrettent les oignons d'Égypte. Tout régime se fortifie à mesure qu'il subsiste ; mais aussi l'on cesse de penser aux fautes qui ont fait tomber le régime précédent. Ainsi le temps, trop impartial, travaille à la fois pour les défenseurs et pour les ennemis de la Constitution ; il procure aux premiers les avantages de l'habitude, et aux seconds les bienfaits de l'oubli dont ils ont besoin pour offrir de nouveau leur panacée. N'en soyons point surpris ; jamais dynastie ne s'écroula plus honteusement que les Stuarts en 1688. Cependant, il fallut soixante ans d'exil, de sottise, d'alliance avec l'étranger, pour leur ôter toute chance de retour. L'étude de l'histoire nous amène à cette conclusion inquiétante : il faut un demi-siècle pour qu'un gouvernement ait toute la puissance que donne la tradition ; il suffit parfois de quinze ans, même de dix ans, pour que les partisans d'un gouvernement déchu, s'ils sont habiles, aient fait amnistier leurs pires folies, et donné le change sur leurs pires défauts.

Contre la propagande sans frein et sans responsabilité de ce qu'on appelle les anciens partis, le pouvoir doit lutter en prodiguant les bienfaits sensibles. Or les bienfaits les plus réels ne sont pas toujours les plus sensibles. La sécurité, comme la santé, s'apprécie de moins en moins à mesure qu'on en jouit. Au lendemain de nos désastres, on pouvait tout obtenir de la nation ; dix ans après, les sacrifices nécessaires commencent à lui sembler pesants. Après avoir demandé avant tout qu'on accrût ses forces, elle pourrait souhaiter qu'on allégeât ses charges. Si nous n'y prenons garde, il peut arriver que des charlatans ou des rêveurs s'engagent à procurer cet allégement sans compromettre la défense du pays ; il peut arriver que beaucoup d'électeurs peu éclairés prennent au sérieux cette promesse, et que le gouvernement se croie obligé de choisir entre sa popularité et la solidité de notre état militaire. En pareil cas, nous nous persuadons aisément que notre chute serait pour le pays le plus grand des maux, et nous prêtons l'oreille aux avis timides, aux solutions moyennes, aux capitulations que l'amour-propre suggère au patriotisme assoupi.

C'est par là que la mobilité des institutions nous peut mettre en péril. Nous ne craignons pas que l'étranger profite directement de nos divisions, qu'un ennemi en armes trouve chez nous des amis ; nous ne craignons pas la trahison ; nous craignons qu'on n'essaie de mettre le désarmement à la mode. On n'en est pas encore là. Mais les partisans du service court nous font peur ; leur thèse est si séduisante qu'elle doit être dangereuse. Plus d'un législateur s'y pourrait rallier sans conviction, par esprit de parti ou pour l'amour du pouvoir, afin de ne pas permettre aux révolutionnaires de droite ou de gauche d'exploiter avec succès un tel moyen de popularité.

Ce n'est pas seulement aux yeux des croyants que le progrès du scepticisme religieux et moral est un grave sujet d'inquiétude. Le christianisme perd du terrain dans notre pays ; il en perd plus en réalité qu'en apparence. Les classes dirigeantes semblent bien plus attachées à l'Église qu'elles ne l'étaient il y a cent ans, il y a cinquante ans. Mais c'est surtout une conversion politique, et nous ne considérons ici la foi que comme une force morale. Quant au peuple, qui est la majorité, qui de plus en plus fait la loi, il va toujours s'éloignant des anciennes croyances. Le zèle même que la société aristocratique déploie pour la restauration du catholicisme pousse la démocratie dans la voie de l'incrédulité. Le fossé se creuse et s'élargit. D'une part on surcharge la liste des dogmes qu'il faut admettre, des superstitions qu'il faut respecter ; de l'autre on remplace la critique par la négation absolue. Le catholicisme libéral et la religion naturelle, qui sont comme le centre droit et le centre gauche des opinions sur Dieu et sur la destinée humaine, sont discrédités. On ne voit plus de milieu entre le oui et le non, un oui qui n'ose rien examiner, un non qui ne daigne rien conserver.

Nous marchons ainsi vers un état de civilisation où les préceptes de la morale ne dériveraient plus leur autorité de la promulgation divine ni de l'attente d'un jugement futur. La vie devenant à elle-même son propre but, la mort serait le plus grand des maux ; les seuls sacrifices raisonnables seraient ceux dont on pourrait être payé, et la loi générale de l'humanité ne serait que l'égoïsme bien entendu. Les esprits amoureux d'une logique étroite et raide s'em-

pressent d'affirmer que le triomphe définitif du posi-
tivisme supprimera sur la terre le dévouement et
toutes les vertus que le calcul ne soutient pas. C'est
aller bien vite. Notre conduite n'est pas réglée comme
une entreprise industrielle par la comparaison arithmétique des recettes et des dépenses. Les instincts
transmis par l'hérédité, les habitudes d'action et de
pensée imposées par l'éducation, la pression de l'opinion générale, peuvent l'emporter sur les motifs
égoïstes. La société sera toujours intéressée à ce
que l'homme soit bon ; elle s'efforcera de l'élever non
pour lui, mais pour elle ; rien ne prouve qu'elle n'y
puisse parvenir.

On peut même prétendre que les croyances influent
peu sur les mœurs, que la théorie et la pratique sont
presque entièrement distinctes. On ferait remarquer
que, dans l'antiquité, la crainte des dieux était un
sentiment assez faible, que les idées des Grecs et des
Romains sur la vie future étaient trop vagues pour
dominer les actes de la vie terrestre. On dirait que la
bravoure et le patriotisme, par exemple, sont des
vertus indépendantes, dont le progrès et la décadence ne se lient nullèment aux oscillations de la foi
religieuse. On ajouterait que les Barbares ont écrasé
les Romains, non parce que les premiers mouraient
dans l'attente des joies du Walhalla, mais parce que
les seconds s'étaient corrompus tout en devenant
moins sceptiques : l'établissement du christianisme,
qui rendait la mort presque désirable, ne releva point
le courage romain ; les légions de Théodose ne valaient pas celles de César. On citerait enfin les soldats
de la Révolution, qui se battaient si bien pour
la liberté, et qui ne pensaient guère à Dieu et
au paradis. Avec une poignée d'indifférents et de

libres-penseurs, Championnet dispersait l'armée na-
politaine où régnait la foi la plus ardente et la plus
sincère.

Mais ce ne sont pas là des arguments sans réplique.
Ce grand problème enferme bien des inconnues. Les
variations de la moralité sont si lentes, que les causes
peuvent être séparées des effets par plusieurs générations. Il y a des maladies organiques dont l'origine
remonte aux années où la santé ne laissait deviner
aucune atteinte. Dans le corps social, les institutions
politiques et les institutions religieuses exercent leur
influence bien longtemps après que les premières ont
été renversées et les secondes discréditées. Les grandes
masses se refroidissent insensiblement quand le foyer
qui les échauffait s'est éteint. Le centre est encore
brûlant quand déjà la surface est glacée , mais, si la
source de la chaleur est tarie, le froid suit une marche
fatale. Sommes-nous bien sûrs que la religion ne soit
pas une source de chaleur morale, que la croyance
en Dieu ne soit pas le soleil des âmes? Cette force
s'est, qu'on nous passe le mot, incorporée et emma-
gasinée dans les mœurs par l'éducation et l'hérédité,
comme la flamme du soleil matériel dans la houille.
Mais peu à peu la réserve s'use; l'épuisement final est
certain.

Nous l'avons déjà fait remarquer; l'intelligence
gouverne le monde de loin, mais elle le gouverne. Les
idées font bien des détours avant de se transformer
en actes. Entre nos doctrines et notre conduite, il y a
souvent des siècles de distance. Ce sont peut-être
nos arrière-neveux qui vivront comme nous pensons.
Nous sommes encore les enfants de l'Évangile : de
quoi sommes-nous les pères?

Il est des vertus que le rationalisme et le matéria-

lisme n'affaiblissent pas, qu'ils fortifient au contraire,
si tant est qu'une vertu puisse être fortifiée par des
théories qui n'échauffent pas le cœur. On aura toujours plus de motifs pour bien diriger son existence,
pour chercher et mériter l'approbation de ses semblables. Mais cette approbation deviendrait plus tiède
le jour où tout le monde serait amené à ne voir dans
le dévouement qu'une sublime folie, où l'héroïsme
serait aux yeux de la foule comme aux yeux des sages
une espèce d'imprudence et de prodigalité, où chacun
craindrait d'être dupe. Ce jour-là n'arrivera-t-il pas,
quand on saura que la loi morale est souvent insol-
vable, que le devoir ne paie pas tous les sacrifices
qu'on lui fait, que la mort est une suprême faillite?
Peu à peu, des hauteurs de la philosophie et de la
science, cette désolante conviction descendrait dans
les âmes, affaiblissant les instincts généreux, para-
lysant l'éducation sociale, flétrissant une à une toutes
les fleurs de la vie humaine. Les froids et ternes discours de Phocion étaient la hache de l'éloquence de
Démosthène; la raison calculatrice serait la hache du
sentiment moral. Quelle terrible guerre civile que
celle qui mettrait, sans conciliation possible, l'intelligence aux prises avec le cœur!

Ce n'est pas un plaidoyer en faveur de la religion,
en faveur de la noble et consolante doctrine de l'immortalité de l'âme. A quoi bon plaider la beauté ou
l'utilité d'une doctrine? On ne croit pas à ce qu'on
aime parce qu'on l'aime. La mélancolie des regrets
ne ressuscite pas la foi. D'ailleurs l'objet de ce livre
n'est pas d'étudier les rapports si compliqués qui
forment entre les idées et la conduite des hommes
et des peuples mille liens délicats et presque invi-
sibles. Nous voulons simplement indiquer les rai-

sons qui nous portent à redouter une décadence.

Malgré tout, nous ne croyons pas à la décadence. Ce siècle est un siècle de transition. Nous voyons bien ce qui s'en va ; nous voyons mal ce qui vient. Mais rien ne nous autorise à diffamer l'avenir, parce qu'il sort lentement des nuages de l'heure présente. Il est vrai que jusqu'ici les philosophes contemporains semblent avoir médiocrement réussi dans leurs tentatives pour constituer ce qu'on appelle la morale indépendante. On a vu, dans une discussion mémorable sur l'enseignement public, les hommes d'État les plus éclairés flotter entre des théories contraires, n'osant ni écarter ni proclamer l'origine divine et la sanction future de la loi du devoir. Mais toute société porte en elle-même un principe de vie que ne saurait atteindre la découverte de la vérité, quelle qu'elle soit. La recherche de la science est souvent pénible, mais la science ne peut nuire ; le progrès ne peut être funeste. Quelque opinion que l'humanité embrasse sur le lendemain de la mort, la lutte pour l'existence et la rivalité des peuples maintiendront, élèveront le niveau de la vertu, en donnant la victoire aux plus vertueux. Les lois qui assurent la conservation et le développement des espèces ne sont pas des opinions, ce sont des forces. Ce n'est sans doute pas pour obéir à Dieu ni pour gagner le ciel que les abeilles meurent pour leur reine, et les fourmis pour leur tribu.

Ceux qui disent que la morale purement humaine est logiquement égoïste, se placent encore au point de vue de ces philosophes attardés qui s'obstinent à raisonner sur un homme abstrait, sortant à la fois adulte et nu des mains de la nature, comme la statue qu'imaginait Condillac. Or l'homme sort du sein de la femme avec les instincts héréditaires qui l'ont fait

maître du monde ; l'éducation fortifie dans les âmes
les sentiments dont la domination est utile à la
société. La vertu se transmet et s'enseigne. Il ne tient
qu'à nous de perfectionner nos méthodes d'éducation :
il ne tient qu'à nous d'être bons et d'avoir des fils
meilleurs. S'il en est ainsi, nous gagnerons la bataille
de la vie ; sinon, non.

CHAPITRE VIII

LES FORCES MILITAIRES

Le lecteur attend peut-être un parallèle des forces militaires de la France et de l'Allemagne. Mais nous n'avons ni le droit ni le désir d'empiéter sur la compétence des hommes du métier. Rien de plus trompeur que les chiffres qu'on trouve çà et là dans les journaux et même dans les documents officiels. Il est facile de comparer les effectifs entretenus sous le drapeau. Mais ce n'est que le noyau de l'armée. Quelle est la valeur réelle des réserves instruites et non instruites? De quelles ressources chaque puissance dispose-t-elle pour mobiliser et pour encadrer les hommes que la loi mettrait à la disposition de la patrie en danger? Ce sont là des questions infiniment complexes, que les généraux les plus expérimentés n'abordent qu'avec hésitation, tant il est malaisé d'y répondre avec précision, tant il entre, dans les données du problème, d'éléments peu appréciables et de quantités inconnues. Il ne faut pas se fier aux assertions des gouvernements, qui tantôt s'efforcent d'inspirer la confiance et font étalage d'optimisme, tantôt cherchent à faire accepter de nouveaux sacrifices, et donnent par système dans une modestie plus louable que sincère. Les faits et les observations qu'on porte à la tribune sont arrangés pour servir d'arguments. Il en est presque toujours de même des calculs des publicistes.

Nous ne pouvons donc qu'effleurer ce grave sujet, moins pour le traiter que pour en signaler l'importance. Peu de gens savent au juste quelles sont nos forces et quelles sont celles de nos voisins. Mais tout bon Français doit se rappeler sans cesse que l'organisation de l'armée intéresse la sécurité nationale; tout bon Français doit travailler, dans la mesure de ses moyens, à nous donner des législateurs et des gouvernants assez clairvoyants pour bien juger de notre situation militaire, assez fermes pour l'améliorer à tout prix, si elle a besoin d'être améliorée.

On peut dire que les deux peuples ont rivalisé de zèle, l'un parce qu'il voyait le danger, l'autre parce qu'il était entre les mains d'un roi soldat parfaitement servi. Des deux côtés des Vosges on a travaillé sans relâche, sans reculer devant aucun effort, devant aucun sacrifice. Quel doit être le résultat de cette émulation, à ne voir les choses que de loin, non en juge, mais comme un témoin ému, qui observe et qui essaye de deviner?

La population de l'empire d'Allemagne est supérieure à celle de la République française de sept millions d'âmes environ. Si l'on prélève de part et d'autre une dîme égale sur la population, nos rivaux ont l'avantage du nombre. Ils ont craint de le perdre, parce que chez nous les citoyens étaient libérés de toute obligation à quarante ans, chez eux à trente-deux ans. Mais une loi récemment votée par le Reichstag organise le landsturm, recule l'âge de la libération, et rétablit la supériorité numérique de nos émules.

On a dit souvent que la cavalerie allemande valait

mieux que la nôtre. Notre fantassin est sans doute
excellent, mais on se plaint chez nous de ce qu'il y a
trop de non-valeurs, et de ce que la compagnie d'in-
fanterie, sur le pied de paix, est par son effectif au-
dessous de ce qu'elle devrait être pour l'instruction
des soldats et des officiers, comme pour l'encadre-
ment des réserves qu'on aurait à mobiliser.

Le service maritime, l'occupation des colonies et
surtout de l'Algérie, distraient une partie de nos
forces. En cas de guerre, nous aurions peut-être à redouter pour nos possessions africaines une insurrection
arabe ou l'hostilité du Maroc. En 1870 nos ennemis
n'ont pu susciter à temps une diversion de ce côté. Ils
ont probablement songé à combler cette lacune.

L'organisation purement régionale de l'armée allemande, outre qu'elle établit un lien plus permanent
entre les hommes et les cadres, permettrait sans
doute une mobilisation un peu plus prompte. Il y a lieu
de croire que les chemins de fer allemands ont été,
plus que les nôtres, construits au gré des stratégistes.
Cette supériorité aiderait nos ennemis à prendre l'offensive et leur donnerait une avance dont la valeur,
qu'on s'exagère peut-être, passe pour considérable.

Notre capitale est peu éloignée de la frontière. La
France peut être envahie et atteinte au cœur beaucoup plus vite que l'Allemagne. Celle-ci est couverte
par les Vosges d'abord, par le Rhin ensuite. Il faudrait remporter toute une série de victoires, prendre
ou masquer bien des forteresses, franchir bien des obstacles naturels et artificiels, pour frapper la monarchie prussienne dans ses œuvres vives. Même avant que
M. de Bismarck se vantât d'emporter les clefs de
notre maison, la route de Paris était à la fois plus
courte et plus unie que la route de Berlin. Il nous

semble cependant qu'à bien lire l'histoire, on se persuade que l'issue des guerres dépend plus des hommes
que des pierres, des fleuves et des montagnes.

Nous ne parlons pas du trésor de guerre allemand.
La Banque de France, avec ses caves pleines et son
crédit éprouvé, offre à notre gouvernement des ressources qu'on peut nous envier. Pour tout ce qui regarde l'argent, nous avons le dessus. Les cinq milliards ne nous ont pas tant appauvris que nous ne
soyons encore beaucoup plus riches que nos rivaux.

Mais ils ont d'autres avantages. Il faut donc,
pour que les armes soient au moins égales, que nos
soldats ou nos généraux vaillent mieux. Si nous parvenons pour un instant à bannir de notre esprit le
préjugé naturel qui nous fait croire que nous sommes
le premier peuple du monde, quel motif valable nous
autorise à nous estimer supérieurs?

Les Allemands sont en moyenne plus grands et plus
gros que les Français; on ne peut guère les supposer
moins forts. Ils sont habitués à se contenter d'une
nourriture grossière; leur genre de vie ne les amollit
point. Sont-ils moins braves? A cet égard, presque
tous les peuples d'Europe sont égaux. Les armées diffèrent surtout par l'organisation, l'instruction, l'entraînement physique, l'enthousiasme. Or, nous avons
eu beaucoup à faire pour réorganiser notre état militaire. Le souvenir de succès récents accroît sans doute
la confiance des Allemands. Dira-t-on que le citoyen
d'une république doit se battre mieux que le sujet
d'une monarchie? Attendons, pour en juger, que la
démocratie ait porté tous ses fruits. Ce n'est pas la
forme du gouvernement qui change les caractères,
c'est l'éducation. Ne nous laissons pas tromper par
l'histoire des luttes de la Révolution. En 1793, nous

avons eu de grands hommes de guerre, l'unité dans
le commandement, et même le nombre, en face d'ennemis divisés et de chefs au moins médiocres. Nous
nous battions alors pour des libertés fraîchement conquises, et nous avions plus de patriotisme que nos
adversaires.

Possédons-nous, du moins, des généraux plus habiles, des cadres plus solides, des soldats mieux exercés ? Les hommes restent chez nous un peu plus
longtemps sous le drapeau, mais aussi la première
portion du contingent est moins nombreuse. Le recrutement des officiers semble plus difficile dans un pays
où les familles riches s'interdisent le luxe des cadets ;
le recrutement des sous-officiers, dans un pays où les
emplois civils abondent, et fournissent largement aux
besoins de la population à demi instruite.

Quant aux généraux, les grands hommes sont rares ;
le génie n'entre guère dans les calculs. Il faut le craindre chez l'ennemi, n'y point compter chez soi. Les
hommes de talent sont plus faciles à trouver. Encore faut-il les discerner et les mettre à leur place.
En Allemagne, les officiers ne sont pas distraits par
la politique, ne sont pas poussés ou retardés par leurs
opinions. Il n'est pas impossible, en dépit des préjugés, qu'on parvienne dans une monarchie par le mérite, et dans une république par l'intrigue et l'art de
flatter. Prenons garde que les passions hostiles ne
détournent de l'armée des jeunes gens qui y brille-
raient, et que les passions gouvernementales ne mettent au premier rang des hommes de second ordre.

Sans doute, il y a dans notre âme un je ne sais quoi
qui nous dit que nous valons mieux qu'autrui, que
nous sommes capables d'un effort plus raide, que
nous avons plus d'élan, plus de ressources dans l'es-

prit. Après tout, les Français sont toujours les Français. Mais de l'autre côté du Rhin, on pense aussi que les Allemands sont toujours les Allemands. Chaque peuple a son orgueil, et même sa vanité. On ne va pas au combat sans l'espoir de vaincre, et les deux adversaires se promettent des lauriers. L'un des deux se trompe pourtant, et il nous est arrivé de nous tromper.

La balance est peut-être égale; ne ferons-nous rien pour charger notre plateau?

Nous avons exposé avec une entière sincérité, dans cette partie de notre œuvre, les principaux motifs de crainte et d'espérance. Tout pesé, l'espérance l'emporte, pourvu que nous ne nous laissions ni flatter ni endormir. La nation française a son sort entre les mains; elle est assez éclairée pour comprendre son intérêt, assez libre pour faire son devoir. Un grand effort est nécessaire pour réparer les désastres passés, pour en éviter de nouveaux. Nous avons tous notre part de responsabilité. Les classes dirigeantes surtout ont plus à faire depuis qu'elles ne possèdent plus le pouvoir par privilège. Elles ont à maintenir ou à reconquérir leur influence; elles ont à instruire le souverain, à le conseiller et à le persuader. Aujourd'hui plus que jamais, on peut dire à chacun de nous: « Si tu ne t'occupes pas de la politique, la politique s'occupera de toi. » Avant 1870, on tenait déjà ce langage; mais il ne s'agissait guère que de liberté et d'autorité, que d'économie et de profusion. Maintenant, c'est notre sécurité qui est en jeu, c'est notre indépendance, c'est la patrie.

LIVRE IV

L'EFFORT NECESSAIRE

LIVRE IV

L'EFFORT NÉCESSAIRE

CHAPITRE I

L'ÉDUCATION MILITAIRE

Ainsi nous ne pouvons nous flatter d'avoir dépassé nos rivaux, qui furent nos vainqueurs en 1870, qui peuvent redevenir nos ennemis. Nous avons fait un effort, mais ils ne sont pas restés inactifs. C'est en vain que nous les imiterons ; ils ont tout au moins l'avantage du nombre, sans parler de la confiance que donne le succès. Il faut donc inventer quelque moyen de rétablir l'équilibre ou, s'il est rétabli, de faire pencher la balance de notre côté. Car il serait bien imprudent de compter sur une paix éternelle ; oserions-nous répondre de la modération d'autrui ? Qu'il nous suffise de répondre de notre sagesse. De l'autre côté du Rhin, on nous appelle encore l'ennemi héréditaire ; une jeunesse chaque jour plus nombreuse est élevée dans la pensée d'une guerre nouvelle. Un gouvernement habile et puissant profite de la défiance que nous inspirons pour imposer de lourds sacrifices à un peuple qui finira par souhaiter impatiemment qu'on le délivre de cette obsession, par demander le règlement définitif de l'éternel procès.

Tout ce que fera l'Allemagne pour garder sa supériorité, nous le ferons pour la rejoindre ; tout ce que nous ferons, elle le fera, si son budget le lui permet. Quand l'émulation est à ce point excitée, toute invention est vite divulguée, tout perfectionnement entre sans retard dans le domaine commun. Aujourd'hui la guerre se prépare à ciel ouvert ; c'est à peine si les plans de campagne demeurent secrets ; le reste tombe sous les yeux des attachés militaires, court les journaux et les revues, fait le tour de l'Europe en quelques mois. Il est aisé de dire : « Nous travaillerons davantage ; nous aurons plus d'ardeur. Les Français sont naturellement plus braves et plus intelligents ; l'amour de la liberté exaltera leur courage ; nous n'avons qu'à réveiller dans tous les cœurs le souvenir des exploits de nos pères. » On en dit tout juste autant à Berlin. Cette confiance, égale de part et d'autre, ressemble à celle des joueurs qui comptent sur la Fortune. Le hasard entre dans tous les calculs ; chacun imagine à son gré la valeur et le sens de cette force inconnue. Rien de mieux quand l'épée est hors du fourreau : l'espérance est alors la première des vertus. Mais, pendant la paix, il faut peser et mesurer les chances avec un sang-froid modeste. Au feu, on doit regarder la Fortune comme une alliée ; dans le cabinet, on doit la tenir pour neutre, sinon pour ennemie, sous peine de se jeter dans les aventures, ou de s'y laisser pousser.

Ne nous flattons pas trop d'emprunter un surcroît d'énergie à la justice de notre cause ; nous ne serions peut-être pas les seuls, car il est bien rare qu'un peuple s'avoue qu'il a tort. Autrefois une nation assaillie se levait contre une armée assaillante, et le sentiment faisait des miracles. Maintenant, de part et d'autre, l'armée c'est la nation; les réserves que fournissait jadis l'indignation populaire sont embrigadées et toutes prêtes dans la main des gouvernements. Plus de levées en masse qui noient l'envahisseur comme un torrent déchaîné, plus de paysans qui décrochent leur vieux fusil, plus de volontaires que l'appel de la patrie en danger pousse à flots sous les étendards; ce que pourrait donner l'enthousiasme ou le désespoir, la loi l'a prévu, l'a pris d'avance.

Il en était de même dans l'antiquité, en Grèce et à Rome. Nous l'avons déjà fait remarquer : à beaucoup d'égards, l'Europe contemporaine nous rappelle ces âges lointains. Il nous semble qu'on gagnerait à relire Thucydide et Plutarque, Polybe et Tite-Live. Peut-être est-ce en regardant de ce côté que nous trouverons la solution du problème, la méthode qui nous rendrait l'avantage, le procédé nouveau qui nous ferait faire un pas décisif, comme fit la Prusse lorsqu'elle inventa le service obligatoire.

Les anciens, en effet, ont su porter au plus haut point la force militaire d'une population restreinte. Jamais on n'a tiré de si peu d'hommes tant de soldats. Telle ville improvisait en trois jours une armée que Philippe II, roi d'Espagne et des Indes, n'aurait pu mettre sur pied en trois mois, une armée équipée, exercée, entraînée, aussi pleine de vétérans que les plus fameuses troupes des temps modernes. Les Romains ont conquis le monde sans cesser d'être les citoyens d'une simple commune. Au temps de César, on faisait encore des lois sur le Forum, et le peuple qui régnait des colonnes d'Hercule aux bords de l'Euphrate tenait sur une place publique; un orateur l'avait sous la main. Athènes, qui luttait contre le grand roi, qui fondait un empire maritime, qui entreprenait la conquête de la Sicile, Athènes était la capitale d'un petit canton rocheux et maigre.

La source de cette puissance, c'est l'éducation de la jeunesse. Ce n'est que par un nouveau système d'éducation que la France peut conquérir la sécurité, et reprendre le premier rang parmi les puissances militaires.

Les anciens estimaient que l'enfant appartient à l'État. Cette maxime n'était point partout mise en pratique aussi rigoureusement qu'à Sparte, mais partout elle était au fond des esprits ; les philosophes l'admettaient sans difficulté. Quand tout citoyen est soldat, la République a le droit de veiller à ce que tous les soldats futurs soient de bonne heure préparés au plus important de leurs devoirs. Sans doute il est dangereux, injuste et tyrannique de supprimer la famille et d'anéantir l'autorité des parents. Les Lacédémoniens, qui vivaient comme une garnison en pays ennemi, ne nous offrent pas un exemple qui nous puisse tenter. Platon dans sa *République*, Xénophon dans son roman de la *Cyropédie*, aboutissent à de choquants excès ; le premier nous présente l'image d'un couvent, le second l'image d'une caserne d'enfants de troupe. D'ailleurs ils prétendaient faire des sages ; nous ne parlons ici que de faire des soldats ; nous nous occupons seulement de l'éducation militaire.

Elle ne saurait commencer trop tôt ; elle ne doit jamais être interrompue. De bonne heure, les jeunes Grecs étaient rompus aux jeux du gymnase ; le saut, la course, la lutte, le disque, le javelot composaient, sous le nom de pentathle, un ensemble d'exercices qui développaient tous les muscles. Joignez-y l'équitation pour les riches, la natation pour tous. L'État laissait aux particuliers le soin de faire enseigner la lecture, l'écriture, la géométrie, la musique. Mais à Athènes, tandis que l'instruction intellectuelle était libre, l'éducation du corps était surveillée par les magistrats ; la République ouvrait et entretenait des gymnases. L'adolescent qui se faisait inscrire sur le registre des citoyens était un soldat complet. Il en fut sans doute de même chez tous les peuples qui se rendirent fameux par leur valeur, chez les anciens Germains, comme chez les sauvages de l'Amérique du Nord. On dit que les Crétois obligeaient les enfants à gagner leur repas en touchant le but avec une flèche, les Baléares, en atteignant leur nourriture avec une pierre. Ainsi se formaient là les premiers archers, ici les premiers frondeurs du monde. Au moyen-âge, quand l'état militaire était le privilège d'une classe, les jeunes nobles recevaient une éducation spéciale, à la fois morale et physique ; ils servaient de bonne heure comme pages, puis comme écuyers, avant d'aspirer aux honneurs de la chevalerie. Alors les rejetons de chacune des castes étaient élevés en vue de leur destinée. Le fils du vilain gardait les oies ou les vaches ; le fils de l'artisan entrait en apprentissage ; le fils du bourgeois apprenait le droit ou le commerce ; le futur clerc pâlissait sur les livres et passait dans l'ombre du cloître ses plus belles années.

Il est étrange qu'on en soit venu à prendre des hommes de vingt ans pour en faire des soldats sans les y avoir préparés, qu'on ait attendu l'âge adulte pour inculquer aux guerriers les premiers éléments du métier de la guerre. Si l'on adopta cette singulière méthode, ce ne fut point par un choix raisonné. L'éducation générale était presque entièrement délaissée; là où elle florissait, c'était le clergé qui en avait la direction, et il ne songeait qu'à l'esprit. Ce ne fut que peu à peu que les gouvernements se décidèrent à prendre des recrues dans la masse de la population, à former des milices par le tirage au sort; le service militaire restait toujours une exception, une vocation spéciale ou une nécessité douloureuse ; on ne pouvait élever les générations nouvelles en vue de ce qu'on regardait comme un fléau. Les soldats passant sous les drapeaux une grande partie de leur existence, on ne craignait pas de perdre un an ou deux à les instruire. Enfin les princes se défiaient de la multitude, et n'auraient pu supporter l'idée d'un peuple de réservistes et de vétérans. Pendant des siècles les hommes d'État monarchiques n'ont compté pour la sécurité des trônes que sur l'impuissance des sujets.

Il n'en est plus ainsi : l'instruction générale est organisée; le service est universel; il est de courte durée; les hommes politiques ne considèrent plus les peuples comme des troupeaux qu'il faut tenir dans la crainte et dans la faiblesse pour les tondre sans péril. Mais, si les causes ont disparu, l'effet subsiste; on continue d'appeler au régiment des hommes faits auxquels on n'a rien appris de ce qu'ils doivent savoir pour se battre. On attend encore que l'intelligence soit moins ouverte à l'enseignement, que les articulations soient moins souples, que le caractère soit formé, pour plier les conscrits à la discipline, pour les habituer à la manœuvre, pour leur infliger, à grand renfort de punitions, une instruction qui eût été pour eux, quelques années plus tôt, un amusement.

Le jour approche où l'absurdité de cette pratique

sautera aux yeux. On cherchera seulement à se rendre compte des motifs qui auront aveuglé si longtemps les gouvernements et les législateurs. On remarquera que les conservateurs ont souvent méconnu l'utilité de l'instruction publique, que les révolutionnaires ont caressé l'utopie de la paix perpétuelle, que les uns ont voulu maintenir entre l'armée et la nation un fossé aussi profond que possible, que les autres se sont fait un dogme de l'improvisation. D'un côté le culte de la routine, de l'autre une foi implicite dans la puissance du sentiment. A droite on ne veut rien changer, à gauche on prétend se passer de l'habitude, de la discipline, de l'entraînement. Ici on ne jure que par Carnot, là que par Louvois.

Pour instruire l'homme fait, il faut le nourrir, le loger, l'habiller aux frais de l'État. On prive la société d'un ouvrier, la famille de son soutien. Pour instruire l'enfant, on ne fait que couper sa journée de travail mental par de salutaires exercices physiques; on utilise au profit de la patrie une partie du temps que les écoliers donnent à d'autres jeux.

Quand l'État a besoin d'un marin, il le prend sur la côte. Dès ses plus tendres années, l'enfant a été bercé par le fruit des flots. La mer a rempli de son spectacle superbe et changeant les yeux du futur matelot. Il la craint moins qu'il ne l'aime; elle lui a peut-être pris son père, mais elle nourrit sans s'épuiser tout le peuple qui vit près d'elle et sur elle. Calme ou terrible, avare ou prodigue, elle attire celui qui lui appartiendra. Elle le caresse et l'appelle de ses vagues souriantes; elle porte comme dans ses bras ce petit nageur qui s'y joue; elle donne ensuite au jeune mousse, à l'apprenti pêcheur, des leçons de patience, de courage, de sang-froid. Le jour où il faudra monter sur un navire de guerre, l'inscrit sera encore chez lui. Les manœuvres ne l'étonnent pas ; la tempête ne l'effraye pas ; il est rompu à l'obéissance comme au péril ; il est habitué à servir et à se dévouer comme un membre qui se sauve ou périt avec le corps, et qui exécute aveuglément les volontés de la tête. A la place de ce nourrisson de la mer, mettez un pâtre arraché à son troupeau, un laboureur qui ne connaît que la plaine, un citadin élevé dans la fumée de l'usine, combien faudra-t-il de temps et de souffrances pour en faire un médiocre matelot?

Ce qui serait absurde pour la flotte, nous le faisons pour l'armée. Nous prenons un jeune homme neuf, non dégrossi ; nous le jetons dans les rangs, comme une victime de la loi qu'il apprend soudain à connaître et peut-être à maudire. Nous ne l'avons pas exercé, et nous lui disons : « Sois adroit. » Nous ne l'avons pas endurci et nous lui disons : « Sois fort. » Nous ne l'avons pas plié à la disciplïne, et nous lui disons : « Sois docile. » S'il plie sous le faix, s'il bronche sous le harnais nouveau, s'il regimbe sous l'aiguillon inaccoutumé, on le punit. On ne l'a point dressé, on le dompte. Nous avons plus de prévoyance et d'humanité pour nos poulains que pour nos enfants.

Résumons en quelques mots l'éducation qu'on acquiert sous les drapeaux. Ce seront, si vous voulez, l'instruction proprement dite, école du soldat, école de peloton, l'usage des armes, la discipline, l'entraînement matériel et moral, c'est-à-dire l'habitude de supporter la fatigue, les privations et les ennuis de la vie commune ; enfin l'esprit militaire et l'esprit de corps. Dans presque toutes ces parties du dressage du soldat, l'enfance et l'adolescence peuvent devancer l'âge adulte.

Nul ne contestera que l'école du soldat, l'école de peloton, l'école de tirailleurs puissent s'enseigner à l'école primaire ou au collège ; l'expérience, si incomplète qu'elle soit, a prononcé. Un bataillon d'enfants de douze ans évoluera presque comme de vieilles troupes ; les élèves s'y appliqueront avec joie. Rien ne repose mieux des labeurs de l'esprit. Outre que cet âge a un goût naturel pour le mouvement et l'exercice physique, c'est de tous les jeux celui qui donne le mieux l'idée de la vie virile. Or, pour l'homme comme pour les animaux, le jeu est l'imitation du travail à venir. La petite fille aime à tailler et à coudre les robes de sa poupée, joue à la ménagère et à la mère de famille ; le jeune garçon joue au soldat et à l'officier. A trois ans, on lui donne des cavaliers de plomb et un fusil de bois. Mais, à dix ans, on le cloue sur un banc ; on ne lui laisse plus que des récréations insuffisantes, ou bien on le lâche dans les champs et dans les rues. Ceux qui ont une tendance à s'assoupir, ceux que leurs nerfs ne poussent pas à s'ébattre, s'adonnent à des distractions sédentaires et laissent leurs muscles s'atrophier. Il y a bien quelques leçons de gymnastique, leçons utiles sans doute, mais rares et trop peu obligatoires. Elles consistaient surtout, autrefois du moins, en tours de force que chacun essayait successivement, et qui tendaient plutôt à ébaucher de pitoyables gymnastes qu'à développer les forces physiques par un exercice régulier et continu. Sans doute on fait mieux maintenant, mais dans combien d'écoles ? Sur cent jeunes Français, y en a-t-il dix qui aient suivi utilement un bon cours de gymnastique ? Les autorités locales s'intéressent-elles partout à cette partie essentielle de l'éducation? Les parents en connaissent-ils l'importance? A-t-on assez de maîtres?

Imposez par la loi l'instruction militaire à toute l'enfance masculine; les familles en seront charmées, car elles auront à la fois le sentiment de ce qui est dû à la patrie et l'espoir de voir abréger plus tard le séjour à la caserne. L'enfant y prendra un plaisir extrême; les hygiénistes applaudiront. On ne manquera pas d'anciens officiers et sous-officiers pour commander ces jeunes bataillons, en attendant que les instituteurs soient mieux préparés à cette partie de leur tâche. Le dimanche, à la campagne comme à la ville, il y aura des revues, des promenades, des manœuvres en public; ce spectacle relèvera tous les cœurs et les remplira d'une saine fierté, d'une joyeuse espérance. Au sortir de l'école primaire, les adolescents sauront à merveille marcher au pas, s'aligner, défiler, se mettre en bataille ou en ordre de marche, se disperser ou se rallier. Ce seront au moins quelques semaines gagnées sur le régiment. Ils n'auront pas, le jour où ils endosseront l'uniforme, l'ennui d'être traités on sait comment par un sergent instructeur ; ils ne seront pas humiliés par des reproches adressés à leur gaucherie d'un ton qui rend plus gauche ; ils n'auront pas à subir ces premières punitions qui sont si cruelles, parce qu'elles n'atteignent ni la mauvaise volonté ni la désobéissance, mais la maladresse, le manque d'habitude, les fautes involontaires d'un esprit qui comprend mal ce qu'on lui explique mal, d'un corps qui manque de souplesse.

Pour l'usage des armes, les anciens en faisaient une partie essentielle de l'éducation. Chez nous on attend que l'homme ait vingt ans pour lui faire tirer sa première cartouche. Encore se voit-on obligé d'observer à cet égard la plus stricte économie; la poudre coûte cher. Les grandes manœuvres habituent le soldat au bruit. Mais aussi on l'habitue à faire parler la poudre machinalement, au hasard. Interrogeons ceux qui savent. Est-il vrai que sur le champ de bataille les combattants tirent devant eux, à la hâte, en l'air, avec une précipitation nerveuse qui les rend plus maladroits qu'un collégien à sa première journée de chasse? Ne pourrait-on remédier à ce gaspillage en apprenant aux hommes à viser, à se servir de leur arme avec intelligence, comme des chasseurs émérites ou des duellistes résolus? Est-ce qu'un jeune homme qui aurait commencé à tirer à la cible à douze ans, et qui se serait sans cesse entretenu la main, n'aurait pas à la fois plus de sang-froid et d'adresse, ne tuerait pas plus d'ennemis? Il s'agit ici d'une lourde dépense. Nous le savons; mais le seul avantage incontesté que nous possédions sur nos rivaux, c'est que nous sommes plus riches. Nous n'avons pas reculé, au lendemain du paiement de la rançon, devant les charges que nous imposait la nécessité de reconstituer nos frontières; reculerions-nous devant une dépense qui doublerait la force de notre armée? Le plus sûr rempart d'une nation, a-t-on dit, ce sont des poitrines humaines. Cela était vrai surtout quand on se battait poitrine contre poitrine. Maintenant, le plus sûr rempart, ce sont des fusils tenus d'une main ferme, dirigés par un œil exercé.

La promptitude avec laquelle on charge rend le gaspillage plus naturel. Quand il fallait dix fois plus de temps pour lancer une balle, le soldat tenait sans doute davantage à ne point la perdre. On devait tirer plus posément quand on était contraint de tirer plus lentement. Avec nos machines perfectionnées, on lâche le plomb à tour de bras. En serait-il de même si chaque combattant avait l'habitude de se proposer un but et de l'atteindre? Il est vrai qu'on vise malaisément, tant est large le champ de tir des armes modernes. Mais l'adresse acquise est toujours utile; l'accroissement de la distance laisse subsister la supériorité du chasseur habile sur l'étourdi qui jette sa poudre aux nuages.

Il faudrait donc mener à la cible les futurs soldats; il faudrait aussi que les réservistes et les territoriaux s'entretinssent la main plus souvent que ne le permettent les appels institués par la loi actuelle. De là, la nécessité des tirs communaux sur tout le territoire. Ce ne seraient pas seulement quelques amateurs volontaires qui s'y amuseraient. Mais, d'un bout de la France à l'autre, les adolescents et les hommes faits prendraient part à des joûtes fréquentes et réglées. Les premiers seraient, aussi bien que les seconds, inscrits sur les registres du recrutement. L'obligation de l'instruction militaire les suivrait au sortir de l'école. Chaque bourg ou chaque canton formerait des bataillons d'âge différent, qu'on rassemblerait à date fixe, certains dimanches ou tous les dimanches. L'éphèbe continuerait ainsi son apprentissage jusqu'à l'heure où le régiment le recevrait. A mesure qu'il prendrait des forces, on mettrait davantage ses forces à l'épreuve par des promenades plus longues, par une gymnastique plus rude. Au lieu des fusils légers qui sont comme le jouet de l'enfance, le vélite de dix-huit ans porterait l'arme des soldats, mettrait sac au dos. Deux ou trois fois l'an il serait appelé pour plusieurs jours, et il aurait, lui aussi, ses grandes manœuvres. On l'habituerait aux marches forcées,

aux gardes de nuit, aux privations de la petite guerre,
aux vivres de campagne. Ce serait encore pour lui
une récréation, car il serait entouré de ses camarades,
mais une récréation plus austère, qui commencerait
à le familiariser avec l'idée du devoir militaire et
l'image du péril.

Les hommes du métier et les hygiénistes dicteront
au législateur les règles de cet entraînement de la
jeunesse. Ainsi préparé, le conscrit ne sera pas comme
aujourd'hui transporté soudain de la douce tiédeur du
foyer domestique dans l'atmosphère inclémente de
la caserne. Aussi aura-t-il plus de santé, de vigueur
et de bonne humeur. Il ne sera pas effaré, dépaysé,
désespéré par les punitions, les durs propos, les apos-
trophes humiliantes. Le séjour au régiment sera pour
lui un épisode prévu et bien amené du drame de la
vie. Il y viendra exercer un métier appris de longue
main, remplir une tâche déjà essayée.

L'origine des mots enseigne souvent la logique des
idées. Discipline est un mot latin qui veut dire éducation. La docilité, comme le reste, doit beaucoup à
l'habitude. Celui qui arrive au régiment voit dans ses
chefs des maîtres terribles, peut-être des tyrans. Créez
l'apprentissage du métier militaire ; le jeune homme
reconnaîtra dans l'officier le continuateur de ceux qui
ont formé son enfance. Il aura commencé par obéir
avec joie à l'instituteur, au gymnasiarque qui l'amu-
sait en le faisant marcher et manœuvrer, puis au
vieux sergent et au capitaine en retraite qui com-
mandaient le peloton des éphèbes de la commune, le
bataillon des vélites du canton. Aussi l'obéissance lui
est-elle plus facile. Dès le début tous les commande-
ments lui sont familiers. Il est agile et leste ; il sait
faire l'exercice, manier son fusil ; il sait aussi sup-

porter la fatigue, veiller, monter la garde, passer à jeun l'heure des repas, faire bonne mine aux petits ennuis de cette vie dont les hasards et les privations ont donné lieu au proverbe populaire : « A la guerre comme à la guerre ! » Il ne s'étonne point d'avoir des camarades qui ne sont point de son monde ; riche, il est sans dédain ; pauvre, sans envie. Déjà au village il a appris l'égalité devant la règle, le devoir et la peine. Ce n'est pas la première fois qu'il coudoie dans le rang ceux qu'il ne coudoie guère dans la vie.

Si la frontière est menacée, le conscrit d'hier est déjà prêt à se battre. S'il faut affronter l'ennemi, il a confiance dans son arme, dans la sûreté de son coup d'œil ; il ne tirera pas à l'aventure le jour où vous le mettrez en face d'une cible vivante. La guerre ne le prend pas au dépourvu ; depuis bien des années on l'y prépare. Quand l'instituteur lui disait nos gloires et nos revers, nos douleurs et nos dangers, ce n'était pas un récit banal, une leçon en l'air, puisque la classe d'histoire nationale alternait avec l'école de peloton, et l'enseignement civique avec l'enseignement militaire. Quand il avait douze ans, on lui racontait Metz, Sedan, Paris, Le Mans, et on lui apprenait déjà à faire mieux que ses malheureux aînés. Quand il avait seize ans, le 14 juillet, à la fête des drapeaux, on ne lui faisait pas tirer des pétards dans les jambes des passants, mais on le menait au stand tirer de vraies balles ; on lui apprenait ainsi que les trois couleurs ne sont pas un simple décor à parer les maisons et les rues, mais l'emblème de la patrie qu'il faut défendre et pour laquelle on meurt ; on lui apprenait que la *Marseillaise* n'est pas une chanson à boire, et que ceux qui l'entonnent promettent tout leur sang à la France.

Les idées que nous venons d'exprimer eussent semblé chimériques il y a quinze ans. Aujourd'hui elles n'ont plus rien qui surprenne. Elles sont déjà mises en pratique çà et là. En Lorraine, on élève la jeunesse dans la pensée de la guerre future ; à Paris, on va former des bataillons d'écoliers. Mais on ne peut se contenter de ce que donne l'initiative privée ou locale. On a proclamé l'obligation du service militaire, puis l'obligation de l'instruction civile ; il reste à tirer de ces deux prémisses leur conclusion logique : l'obligation de l'instruction militaire pour les enfants. On applaudit au zèle des populations patriotes. Mais le zèle ne suffit pas. Quand il s'agit de la sécurité du pays, on peut exiger de tous ce que font quelques-uns ; le législateur peut obliger toute la France à suivre l'exemple de Nancy ou de Paris. S'il faut pour cela grossir le budget, nous avons de l'argent ; s'il faut créer des institutions nouvelles, on les créera.

CHAPITRE II

Supposons accomplies les réformes dont nous avons essayé de démontrer l'utilité ; supposons que les pouvoirs publics aient non-seulement proclamé, mais organisé l'instruction militaire obligatoire, et transportons-nous par la pensée en 1891, dans une France où rien ne soit négligé de ce qui peut accroître la force et garantir la sécurité du pays.

Quand l'enfant mâle atteint l'âge de sept ans, il est inscrit sur la liste des futurs électeurs et des futurs soldats. La loi fixe dès lors d'une façon plus précise les obligations du père de famille. Le jeune Français doit être mis en état de remplir tous ses devoirs. On s'occupe à la fois de son esprit et de son corps. Le jour où il entre pour la première fois dans une école, un médecin désigné pour cet office l'examine comme un conscrit, l'ausculte, s'enquiert de sa santé. Bien des infirmités qui seraient incurables à vingt ans peuvent être vaincues si on les combat de bonne heure. Il suffit peut-être de quelques remèdes donnés à temps, d'exercices réglés par l'art ; peut-être aussi faut-il ménager des organes délicats que l'âge fortifiera. Les parents sont avertis des périls à redouter, de l'hygiène à suivre. La commission scolaire de la commune, d'accord avec l'instituteur et le médecin, veille à ce que les prescriptions de la science soient observées. Au besoin le budget de l'instruction publique ou le budget municipal pourvoit aux dépenses spéciales qu'exigerait le traitement d'une maladie, le développement d'un corps frêle. Rien n'est indifférent à l'État de ce qui contribue à grossir ou à diminuer le chiffre de ses défenseurs.

L'instruction donnée dans les écoles publiques n'est pas seulement intellectuelle ; elle est aussi morale. Mais ce n'est pas sur un catéchisme que l'on compte pour faire naître et grandir dans ces âmes tendres le sentiment du devoir et l'amour de la patrie. Les exhortations trop directes produisent peu d'effet. Le dévouement s'inspire et ne se commande pas. On n'apprend pas le patriotisme comme l'arithmétique ; l'éducation civique ne sera jamais un simple article de programme. Même quand le maître trouve l'occasion de s'adresser au cœur de l'enfant, il le fait sans que son intention éclate aux yeux, avec réserve et avec discrétion, et plutôt pour donner cours à ses propres sentiments que pour obéir aux règlements. Rien dans son langage ne sent la prédication, la préparation laborieuse, l'accomplissement d'une tâche imposée. Les plus jeunes esprits sont merveilleusement prompts à deviner la banalité, à se défier des formules pompeuses.

Pour faire aimer la France, il faut surtout la faire connaître. La géographie et l'histoire nationales ont enfin pris dans l'enseignement primaire la place qui leur convient. La première n'est pas une sèche nomenclature de divisions administratives, mais le tableau vivant et coloré des différentes parties de notre pays. L'enfant ne doit pas se représenter notre

territoire comme une planche coupée en petits com-
partiments, semée de petits points qui sont les villes,
rayée de lignes sinueuses qui sont les fleuves et les
rivières. Il faut que son imagination aide sa mémoire, que son esprit voyage gaiement de province
en province. S'il est né dans un pays de plaines,
on lui décrira les montagne et la mer ; s'il ne connaît que la campagne, on lui parlera des cités. Rien
ne sera négligé pour que cette étude le charme et
l'amuse, pour qu'il prenne plaisir à savoir ce que
c'est que cette France où la destinée l'a fait naître.
Il là chérira d'autant plus que ce nom sacré éveillera en lui plus d'idées agréables et diverses. La
bibliothèque de l'école complètera les leçons de la
classe. On n'oubliera point les colonies, surtout cette
Algérie qui est une nouvelle France, l'espoir de
l'ancienne et l'une des principales sources de notre
prospérité à venir, le théâtre de tant. d'exploits,
l'objet de tant d'efforts, et comme un dernier-né
donné à cette nation pour la consoler de ses pertes
du siècle dernier.

L'histoire a plus d'importance encore. Elle met en
relief les défauts de l'ancien régime, les vices et les
faiblesses des rois. Mais elle ne tend pas à faire croire
qu'avant 89 nos aïeux étaient un troupeau d'esclaves.
Elle prouve au contraire que sous tous les gouvernements, à travers toutes les crises, un être vivant et
immortel, le peuple français, subsiste, lutte, souffre.
On se garde bien de le présenter comme une sorte de
missionnaire voué à un perpétuel donquichottisme.
Car cela n'est pas vrai ; nous n'avons inventé ni la Renaissance, ni la Réforme, ni la liberté politique, ni les
droits de l'homme. C'est d'ailleurs là un sujet de vanité plutôt que d'émulation. Ce sont des citoyens

actifs et entreprenants, ce sont de braves soldats que doit former l'école primaire, non des apôtres. La lecture des journaux ne développera que trop le chauvinisme intellectuel. Mais on donne aux écoliers une idée juste et haute du rôle que nos pères ont joué dans le monde; on les charme du récit de toutes nos épopées militaires. Pour cela on ne se borne pas à leur raconter l'histoire de nos rois : la nation a été si souvent grande sans eux et malgré eux! C'est ainsi qu'au xi⁰ siècle, tandis que les Henri et les Philippe croupissent dans leur étroit domaine, des Français conquièrent l'Angleterre, fondent le Portugal, chassent les Grecs de l'Italie méridionale, les Sarrasins de la Sicile, débordent sur l'Orient. Pendant nos guerres civiles, des héros que notre ingratitude laisse dans l'obscurité essayent de créer des colonies en Floride, au Brésil. Que nous reste-t-il des guerres que Louis XIV soutint pendant les trente dernières années de son règne? Un Bourbon sur le trône d'Espagne. Mais à cette époque les flibustiers s'établissaient à Saint-Domingue; alors commençait la découverte des deux tiers de l'Amérique du Nord par les intrépides voyageurs du Canada; rien de plus grand, de plus beau, de plus fortifiant que l'histoire de cette branche aujourd'hui détachée du peuple français. Dupleix, Bussy, Labourdonnais, valent bien les Fleury et les Choiseul. Il faut qu'on sache que le monde est plein de notre souvenir, que nos pères ont semé de leurs os bien des rivages où notre drapeau ne flotte plus, qu'il nous a manqué seulement de meilleurs princes, de meilleurs ministres, ou la liberté, pour tenir dans l'univers la place que les Anglo-Saxons y ont conquise à nos dépens. C'est ainsi que nos jeunes compatriotes s'habitueront à avoir foi en cet esprit d'entreprise et d'aventure qui nous vient également des Gaulois, des Francs et des Normands, et qui n'est pas encore éteint chez nous, quoi qu'aient fait les gouvernants, quoi qu'en disent les pessimistes. Notre humilité sur ce point est aussi peu fondée que l'orgueil de nous croire nés pour éclairer le genre humain par notre exemple et pour l'entraîner par notre éloquence.

La Révolution et l'Empire tiennent une large place dans l'enseignement de l'histoire nationale. Le maître y évite avec soin la déclamation et l'exagération. Il montre que nous avons vaincu la coalition par un grand effort merveilleusement dirigé, non pas seulement par cette sorte d'élan sentimental que nous représente la légende, et dont le souvenir trompeur nous a bien plus nui que servi dans nos récents désastres. En racontant les campagnes de l'Empire, on s'applique à être juste pour tous ; l'hommage rendu à la grande armée, si digne de ce titre superbe, n'empêche pas d'admirer la ténacité anglaise, le patriotisme espagnol, russe et allemand. Mais on ne manque pas d'étaler les défaillances de la Prusse après Iéna ; cet exemple est une consolation et une espérance ; il montre de quels abîmes un peuple se relève par le travail et l'enthousiasme.

Nous-mêmes, nous avons eu d'étranges vicissitudes. Ainsi la guerre de Cent-Ans, si touchante par elle-même, est féconde en leçons utiles. La jeunesse française fera toujours ses délices du récit de cette lutte dramatique. Qui de nous ne se souvient de l'émotion que lui causèrent le siège de Calais, les succès de Charles V, les exploits de Duguesclin, le dévouement de Jeanne d'Arc ? Et, sans remonter si haut, quelle distance de Rosbach à Jemmapes ! quelle décadence et quelle renaissance !

Comme les auteurs de livres scolaires, l'instituteur comprend que sa tâche est de faire aimer la France, non par des phrases ni par de pompeux récits qui fardent la vérité, mais en racontant notre histoire nationale comme une biographie pleine de péripéties, pleine de gloires et de douleurs. Au premier plan apparaît toujours ce personnage dominant, la patrie. Ce n'est pas tant la conviction qu'il faut produire dans les âmes que l'émotion, car les hommes obéissent plus à la sensibilité qu'à l'intelligence. Tout ce que plus tard les jeunes gens liront, entendront et verront, fortifiera en eux l'amour de la liberté. Nulle part aussi bien qu'à l'école, on ne leur apprendra à chérir la France. Aussi travaille-t-on plus encore à développer en eux le patriotisme qu'à former leurs opinions politiques.

Pour compléter et féconder l'éducation civique, il faut une littérature populaire. Nous n'entendons point par là une littérature qui ne s'adresse qu'au peuple, mais une littérature qui s'adresse à tous. Jusqu'ici nos plus grands écrivains, héritiers d'une tradition savante, disciples des Grecs et des Romains, n'ont pu être entièrement goûtés que du petit nombre. La Fontaine et Molière font presque seuls exception. Mais leur vocabulaire a un peu vieilli, et ils vivaient dans un siècle bien différent du nôtre. Dans une République éprise des souvenirs d'Athènes, on doit se rappeler que les poètes et les historiens athéniens écrivaient pour tous les citoyens ; les savetiers autant que les financiers contribuaient à donner la gloire. Les Allemands ont formé pour les plus modestes écoles et pour les plus humbles foyers des recueils de chants et de poésies qui nous manquent, et que peut-être nous ne saurions comment remplir. La

Marseillaise ne suffit pas ; encore est-elle ignorée de la plupart de ceux qui l'entonnent, et qui n'en savent que le premier couplet. En 1891, on s'applique à combler cette lacune. Les poètes ne se contentent plus d'un public délicat et restreint ; les historiens se piquent, comme les orateurs, de parler de la France à tous les Français, et le succès couronne les efforts des écrivains qui cherchent à retremper la langue plutôt qu'à la raffiner. Les belles-lettres elles-mêmes doivent se plier à la démocratie, et les plus fins critiques ont prouvé qu'elles y gagnaient.

Mais ce n'est pas, on le sait bien, par des leçons écrites ou orales que se forme une jeunesse militaire. Le jour où il entre à l'école, l'enfant y trouve l'image de l'ordre et de la discipline. L'instituteur, s'il est jeune, est un ancien sous-officier. Il n'aura pas à prêcher sur ce texte étrange : « Défendre son pays est un honneur auquel je me suis soustrait. » Les écoles normales étaient jadis un refuge contre la conscription ; maintenant leurs élèves forment de véritables compagnies d'élite ; la gymnastique surtout y est cultivée avec zèle.

Les commissions scolaires qu'élisent les habitants de chaque commune comptent toujours parmi leurs membres d'anciens militaires. L'officier en retraite s'intéresse vivement aux exercices des écoliers. Il porte envie à ses successeurs, qui n'auront plus à dégrossir d'ignorants conscrits. Il prête à l'instituteur l'appui de son autorité, de ses conseils, et son concours le plus actif : il prend plaisir à commander, à passer de petites revues, à distribuer l'éloge et le blâme. Ceux qui ont donné au drapeau le printemps et l'été de leur vie ne se désintéressent pas de la sécurité et de la grandeur du pays parce qu'ils ont acquis le droit au repos. Quoiqu'ils aient payé leur dette, ils veulent encore rendre des services. Volontiers le passé aide à former l'avenir. Le zèle pour l'éducation des enfants est la plus belle parure de la vieillesse. Ceux qui ont connu les humiliations de la défaite et de la captivité, et que leur âge condamne à ne point jouer leur rôle dans le drame de la revanche, se consolent en pensant qu'ils contribuent à en former les acteurs.

Pendant les premières années d'étude, on se borne à apprendre aux enfants à marcher au pas, à s'aligner, à exécuter les mouvements les plus simples. Le maître de gymnastique évite les tours de force violents; il ne s'agit pas de former des clowns. Il suit les avis des plus sages hygiénistes, avis consignés dans une brochure partout répandue, et qui fait autorité. Les élèves se disputent entre eux le prix de la course et du saut. Il va sans dire que l'école est saine, claire, bien aérée, entourée à la ville de cours et de préaux, à la campagne de jardins. L'après-midi du jeudi est consacré à une promenade. Le dimanche, quand le temps le permet, les enfants font l'exercice sur la place publique, sous les yeux des parents. Plusieurs fois chaque année, les diverses écoles d'une ville, ou les écoles de plusieurs villages voisins, concourent ensemble pour le prix d'instruction militaire. Une commission de vétérans juge les concurrents, donne les places, apprécie les progrès de chaque compagnie. L'émulation s'empare ainsi des familles elles-mêmes. On ne voudrait pas appartenir à une commune dont les habitants auraient la réputation d'être lourds, gauches et mous.

A partir d'un âge déterminé par la loi ou le règlement, les enfants reçoivent des fusils. Chaque école

possède un petit arsenal confié à la garde de l'instituteur, mais les élèves sont aussi responsables de
leurs armes; on leur apprend à les soigner, à les dé-
monter, à les nettoyer; la négligence sur ce point est
considérée comme une faute grave. L'acquisition
d'une si grande masse de fusils scolaires a coûté assez
cher à l'État; mais l'entretien est pour le budget municipal une charge assez légère. Une dépense permanente qu'on supporte pourtant avec résignation,
c'est l'achat des cartouches pour le tir, car, dès que le
futur soldat sait manier son fusil, il apprend à s'en
servir. Il n'y a point de commune qui n'ait un stand.
Si l'instituteur ne peut s'acquitter de cette tâche,
c'est un ancien militaire qui préside aux exercices de
tir. Quand un enfant fait preuve d'une extrême maladresse, on en recherche la cause; peut-être la méde-
cine saura-t-elle y remédier. Les concours sont fréquents. Il y a des prix pour les jeunes gens du même
âge; il y en a pour les jeunes gens de tout âge. Point
de grande fête religieuse, nationale ou patronale, que
ne rehaussent ces joûtes; la France n'envie plus rien
à la Suisse.

On ne laisse pas plus ignorer aux enfants les obligations que leur impose la loi du recrutement, ni les
règles du service, les devoirs du soldat, que les bases
de la constitution, les droits et les fonctions du citoyen. D'ailleurs l'école est à beaucoup d'égards une
image du régiment, image adoucie, adaptée à des
âmes tendres et à des corps faibles. Les récompenses
et les châtiments ont souvent un caractère militaire;
il y a des grades, l'ordre du jour, le peloton de puni-
tion, dans les promenades. Le sentiment du respect est cultivé de bonne heure; l'instituteur joint
à l'autorité que lui donnent son âge, son instruction,

la délégation des familles, celle qu'il tient de la loi. Il n'est pas seulement le maître, il est le chef. Il ne se borne pas à enseigner, il commande.

Quand l'enfant sort de l'école, il a appris du métier militaire tout ce que l'on en peut apprendre sans fatigue. Mais, s'il est déjà instruit, il n'est nullement entraîné. On n'a pu ni l'habituer, ni même le préparer aux longues marches, aux durs labeurs, aux privations que le soldat doit supporter sans perdre ses forces ni même sa gaieté. Il n'est pas encore bon tireur; il n'a manié qu'une arme légère, qu'un fusil en miniature; le vrai fusil de guerre ne lui est pas familier. Six ou sept années s'écouleront entre la fin des études primaires et l'entrée au régiment. C'est de quoi oublier beaucoup. Pendant ce trop long intervalle, notre élève guerrier va perdre les habitudes qu'on lui a données; ses membres assouplis par la gymnastique se raidiront dans l'attitude que lui imposera un métier sédentaire, ou prendront dans une usine le pli d'un mouvement machinal. Instruire n'est pas tout, il faut entretenir l'instruction. Il en est de même pour le cœur, pour l'esprit, pour le corps.

L'adolescence est un âge glissant. C'est pendant cette période de la vie que les caractères se forment ou se dépravent. Jusqu'au sortir de l'école, l'enfant, plus docile, est l'objet d'une sollicitude plus active. L'État veille à ce que les parents fassent leur devoir, en même temps qu'il les décharge d'une partie de leur devoir. Va-t-il retirer à la fois au futur citoyen ses leçons, sa protection et sa surveillance? Souffrira-t-il que son œuvre soit défaite par la négligence ou la fatalité? Si le principe du laissez-faire n'est pas applicable aux Français de sept à douze ans, sera-t-il inviolable de douze à vingt? Si l'on exige que l'homme soit pourvu d'une instruction élémentaire, ne peut-on exiger qu'il soit pourvu d'un métier? On lui a fait apprendre à lire, à écrire, à compter; ne tiendra-t-on pas à ce qu'il apprenne aussi à travailler?

Certes, la question est grave; car, une fois qu'il n'a plus affaire à l'instituteur, l'enfant n'offre plus de prise, si ce n'est comme élève soldat. Aussi le législateur a-t-il longtemps hésité. Enfin il a pris un parti. Il a étendu sur l'adolescent la main de l'État. Il a institué pour les futurs défenseurs de la patrie des exercices périodiques et obligatoires, de treize à vingt ans; il a pris sous sa surveillance l'achèvement de leur éducation. Du jour où l'enfant a été inscrit sur les listes civiques jusqu'au jour où l'homme mûr sera libéré de l'impôt du sang, l'État ne doit pas le perdre de vue.

Les exercices militaires conduisent par degrés des jeux de l'école aux travaux du régiment. Tous les dimanches, au moins pendant la belle saison, les éphèbes de chaque commune sont convoqués sur la place publique, d'où on les mène au champ de tir et au gymnase. Les promenades deviennent plus longues et au besoin plus fatigantes. A partir de dix-huit ans, nos vélites sont soumis à un véritable entraînement; on leur fait porter le sac et le fusil des troupes. Pendant ces deux dernières années, les périodes d'exercice vont jusqu'à huit jours. La discipline est presque aussi rigoureuse que sous le drapeau; les marches prolongées, les nuits passées sous la tente ou en plein air, l'existence en commun, l'imitation des grandes manœuvres, tout reproduit l'image de la vie militaire. En cas d'invasion, on trouverait là une réserve de deux classes entières.

Pour assurer l'exécution de la loi, il a fallu de nouveaux rouages, de nouveaux pouvoirs. Les écoliers obéissaient à l'instituteur, secondé par la commission scolaire. L'adolescent relève d'une double autorité. Son instruction militaire est dirigée par les officiers de l'armée territoriale, auxquels sont soumis des adjudants et des sous-officiers communaux, qui appartiennent également à l'armée territoriale. Hors des rangs, le futur citoyen n'est pas pour cela livré au hasard : la puissance paternelle est à la fois soutenue et contenue par la puissance publique. Dans chaque commune, le suffrage universel désigne un conseil des anciens. Le maire en est le président désigné ; l'instituteur, le sous-officier instructeur, les officiers ou adjudants de l'armée territoriale qui résident dans la commune, en font partie de droit. Les autres membres sont des pères de famille choisis au scrutin parmi ceux dont les fils ont accompli régulièrement tous leurs devoirs envers la France. Ce conseil est chargé de présider à l'achèvement de l'éducation.

Les adolescents doivent faire l'apprentissage d'un métier ; le conseil des anciens s'assure qu'ils ne sont ni livrés au vagabondage et à l'oisiveté, ni condamnés à des travaux trop fatigants pour leur âge, ni exploités par des chefs d'industrie dans des emplois qui arrêtent le développement de leur corps ou de leur intelligence. L'immoralité dans les ateliers est réprimée par des amendes infligées au chef d'industrie ou à ses collaborateurs responsables.

L'adolescent doit suivre des cours de perfectionnement, lire des livres dont il donnera l'analyse. A cet égard on tient compte des lieux, des besoins et des moyens. L'instruction complémentaire est plus développée à la ville qu'à la campagne, où les travaux agricoles laissent si peu de loisirs.

La surveillance des anciens s'étend sur les débits de boissons. Ils président aux fêtes publiques. Une des attributions les plus importantes de cette magistrature consiste à assurer le respect de l'autorité paternelle.

Les anciens peuvent infliger aux délinquants les peines de la réprimande en conseil, de la réprimande publique, le dimanche à l'heure des exercices, de l'affichage sur le mur de la maison commune. Pour juger les délits plus graves, un tribunal de famille est institué au chef-lieu de canton. Il est présidé par le juge de paix, et comprend un délégué de chaque conseil des anciens. Devant ce tribunal comparaissent les chefs d'atelier accusés d'avoir négligé leurs devoirs envers les apprentis et les jeunes ouvriers ; les parents responsables des délits ou des manquements de leurs enfants ; les adolescents qui ont commis une des fautes prévues par la loi qui règle les devoirs de leur âge, ceux qui se sont soustraits à l'autorité paternelle. Contre les parents ou les chefs d'atelier, le tribunal de famille ne peut prononcer que des condamnations à l'amende. Le taux de l'amende varie en raison composée de la nature et de la gravité du délit, de la fortune du délinquant. Aux adolescents on ne peut infliger ni une amende, puisqu'ils ne possèdent pas, ni la prison, qui est, surtout pour leur âge, une école de perversité. Le coupable est d'abord averti, et placé en conséquence sous la surveillance de ses parents, du maire, des anciens. S'il se montre incorrigible, s'il tombe dans le vagabondage, s'il commet des attentats à la propriété, s'il vit en dehors de la famille sans pouvoir rendre compte de ses moyens d'existence, s'il se révolte contre l'autorité paternelle, il peut être envoyé dans une colonie agricole en

France ou en Algérie. Lorsque les tribunaux correctionnels auront prononcé une peine contre un adolescent, il sera de droit cité devant le tribunal de famille, qui statuera sur les moyens à employer pour son amélioration:

Si le conseil des anciens ou le tribunal de famille négligent leurs devoirs, les maires, les juges de paix, les procureurs de la République peuvent saisir les tribunaux correctionnels. Les conseils négligents seront dissous et soumis à la réélection. Si deux dissolutions se succèdent, à moins de deux ans d'intervalle, les attributions du conseil ou du tribunal dissous seront confiées pour un temps à une commission de discipline composée d'officiers et de sous-officiers en retraite, et nommée par le lieutenant-colonel de l'armée territoriale. On n'oublie jamais que la surveillance exercée sur les adolescents a pour objet principal d'assurer la défense du pays.

CHAPITRE III

Dans le rêve que nous venons d'ébaucher, la loi
tient une large place, plus large qu'on n'a coutume
de la lui faire dans les systèmes modernes de politique et de gouvernement. Aussi dira-t-on que tout
ce plan est chimérique, que la législation ne saurait
suppléer aux mœurs, que le progrès consiste à restreindre de plus en plus le domaine des pouvoirs
publics, à élargir celui de la libre initiative, et qu'enfin
une démocratie n'est capable ni d'un effort si vigoureux, ni d'un dessein si suivi. Examinons ces objec-
tions.

L'impuissance des lois contre les mœurs est une
thèse banale, un lieu commun, un axiome reçu dans
presque tous les esprits. Il faut pourtant se défier des
prétendues vérités qui flattent nos passions, nos vices,
nos penchants. Or la maxime dont nous parlons
flatte étrangement notre paresse ; aussi n'est-elle
peut-être pas si vraie qu'on le dit et qu'on le croit.
Peut-être est-elle juste aussi fondée que celle-ci :
« On ne remonte pas le courant. » Cela dépend de la
violence du courant, de la force des rameurs, de leur
persévérance, de leur accord, et aussi du sentiment
qu'ils ont du péril. Il est agréable de se laisser aller,

de regarder fuir les rives et de glisser au fil de l'eau. Mais, si l'on entrevoit un gouffre, si l'on entend le bruit d'une cataracte, la peur soudain réveille les bras engourdis, retrempe les nerfs et fait des miracles. Or il nous semble que, du point où notre histoire nous a conduits, le gouffre s'aperçoit; il nous semble que le moment est venu de craindre, et qu'un peuple menacé comme nous le sommes doit bander ses nerfs et sa volonté dans un effort unanime et violent.

Les nations qui ont eu des mœurs sévères ont presque toujours eu des lois non moins sévères. Si les lois ne ressuscitent pas la vertu, on a cru du moins qu'elles aidaient à la conserver. Mais on a vu des classes entières se réformer, des institutions se relever. Le clergé français, au xviiie siècle, était assurément plus corrompu, moins instruit, moins actif, moins croyant que de nos jours. La noblesse actuelle, en dépit de certains désordres, vaut mieux que celle de la Régence; la bourgeoisie parisienne vaut mieux en 1881 que sous le Directoire. Les Italiens d'aujourd'hui ressemblent-ils à ceux du xvie siècle? Il n'est donc pas prouvé que la corruption et la décadence soient sans remèdes. L'exemple de Rome, si souvent allégué, n'est pas un argument irréfutable. Car les Romains de l'empire ne redoutaient point de rivaux; ils avaient peu de luttes à soutenir, et leur gouvernement était détestable; le despotisme faisait souvent du despote un monstre.

Il n'est donc pas certain que la réformation des mœurs soit chose impossible. Ceux qui la rêvent ont le droit de rêver aux moyens de l'accomplir. Les uns vantent la puissance de la religion et la croient seule efficace; les autres comptent davantage sur les leçons du malheur et les avertissements de la Fortune. Beaucoup n'attendent le progrès que de l'initiative libre et spontanée des citoyens ; quelques-uns, comme nos pères de la Révolution, accordent une grande valeur aux lois et aux institutions. Toutes ces forces ne peuvent-elles se combiner avec harmonie? La crainte de Dieu agira sur les fidèles, et même sur les incrédules, par une émulation qui sera féconde si la lutte est loyale. Ce ne sont pas les leçons du malheur qui nous manquent. Les lois, dans une démocratie, sont le résultat de la volonté générale ; c'est un moyen qu'emploie le peuple pour rendre durables les effets d'une résolution qui aurait pu n'être que passagère. On a dit du Dieu Créateur qu'il a ordonné une fois, et qu'il obéit toujours. S'il trouve des législateurs et des magistrats dignes de leur tâche, le peuple ordonne un jour et obéit longtemps. Les institutions et les lois ne suppléent pas à l'effort, mais le prolongent, le rendent efficace, aident même à le renouveler.

Avant la guerre, le service obligatoire effrayait le gouvernement et les Chambres ; aujourd'hui la multitude l'accepte avec une parfaite résignation. Elle ne recule devant aucun sacrifice, elle ne repousse aucune contrainte, quand le danger est évident, quand la nécessité d'un sacrifice et d'une contrainte est bien démontrée. On fera pour la défense morale ce qu'on a fait pour la défense matérielle, le jour où tout le monde comprendra que la décadence des mœurs multiplie les chances d'invasion.

Quant à la seconde objection, elle est fondée sur une idée généreuse, qui résisterait peut-être mal à une critique sévère. Nous avons longtemps admis en principe que le progrès politique se confond avec l'accroissement de la liberté et la diminution des fonctions du pouvoir. Mais il serait peu sage d'appli-

quer sans examen à un peuple du continent européen
une maxime qui a cours chez les Américains et les
Anglais. Les premiers n'ont pas besoin d'armée ; pour
les seconds, leur flotte suffit à leur sécurité. Comme
la population de la Grande-Bretagne grossit rapidement, et que l'armée britannique est peu nombreuse,
on ne craint point, dans cet heureux pays, de manquer d'hommes. Il n'y a chez nos voisins d'outre-
Manche ni anciens partis, ni partis révolutionnaires ;
l'initiative des individus et des corporations s'y exerce
depuis des siècles sans entraves et sans interruption ;
les œuvres d'utilité commune durent et foisonnent.
Toutefois, là où l'initiative des particuliers n'atteint
pas le but, l'État se décide à intervenir. On commence
à penser que la bataille de la vie fait un peu trop de
morts, de blessés et de misérables. La doctrine de
la protection sociale, si vigoureusement combattue
par les plus illustres Anglais, gagne pourtant du terrain en Angleterre. Le gouvernement tend à élargir
son domaine, et l'opinion l'y pousse.

Nous accorderons volontiers que la contrainte
morale vaut infiniment mieux, quand elle suffit, que
la contrainte matérielle. Mais suffit-elle? Si la famille
est assez bien constituée, l'autorité paternelle assez
forte et assez éclairée pour que l'éducation de la
jeunesse soit excellente sans que le pouvoir s'en mêle,
gardez-vous de recourir aux lois et aux magistrats.
En sommes-nous là? Est-ce que le laisser-faire légal
n'aboutit pas trop souvent à une négligence funeste?
Est-ce que tous les parents ont le loisir de surveiller
leurs enfants en gagnant le pain quotidien? Est-ce
qu'on n'a pas reconnu la nécessité d'imposer un
minimum d'instruction? Ne peut-on, sans violer
aucun principe, grossir ce minimum, étendre jusqu'à

un âge plus avancé la sollicitude régulière des pouvoirs publics?

Le premier devoir de l'État, c'est la défense du territoire. Ses autres fonctions ont pour objet le bien-être du peuple; celle-là a pour objet l'existence du peuple. Vivre importe plus que bien vivre. La plus essentielle des libertés, c'est de n'être pas conquis. Les champions les plus scrupuleux du système libéral s'inclinent devant les exigences de la discipline militaire; ils ne trouvent pas mauvais que le soldat soit soumis à des règles strictes et minutieuses. Les anarchistes même et les nihilistes ne refusent rien au pouvoir en cas d'invasion. Faut-il attendre, pour faire face au péril, que le salut de la patrie soit compromis? Il s'agit de savoir si les nations du continent n'ont pas à combattre pour la vie, si chaque pays n'est pas un camp.

Le progrès de la civilisation ne consiste pas tant à restreindre le rôle du gouvernement qu'à le mieux déterminer. Sous saint Louis, on perçait d'un fer chaud la langue des blasphémateurs, mais il n'y avait pas de conseil de salubrité qui prît des mesures pour gêner la circulation des maladies contagieuses; on arrêtait le péché, on laissait passer la peste. Les anciens règlements fixaient la longueur et la largeur des pièces d'étoffe que tissaient les artisans; on tenait moins à ce que les enfants fussent instruits. Les sujets du sultan sont à beaucoup d'égards les plus libres des hommes, car l'autorité ne s'inquiète guère de leurs actions; la Turquie est-elle pour cela plus civilisée que la France?

Si nous demandons que l'État tienne la jeunesse dans sa main, c'est uniquement au nom de la sécurité nationale. Nous ne croyons pas qu'il ait mission de sauver les âmes par charité, ni de faire régner la vertu par philanthropie; mais il a mission de sauver notre indépendance.

On dit que la démocratie est incapable d'un effort énergique et soutenu. Pour l'énergie, nous avons déjà remarqué qu'un peuple qui se gouverne lui-même en peut déployer autant ou plus qu'un peuple gouverné par un homme ou dominé par une classe. Les petites cités de la Grèce ont fait des prodiges. Rome ne perdait rien de sa vigueur à mesure que les plébéiens conquéraient l'égalité. Les communes de Flandre tinrent en échec des rois; les cantons suisses, des empereurs.

Dans les temps modernes, deux grands exemples montrent ce que peut la multitude, quand elle est animée d'une passion vive et d'un patriotisme résolu. La Convention fit tête contre l'Europe coalisée, malgré l'émigration des officiers, malgré la guerre civile, au milieu d'un bouleversement social qui semblait avoir détruit tout moyen de résistance. Nous avons vu les États-Unis, qui n'avaient point d'armée, se couper en deux nations militaires. Le Nord et le Sud ont également forcé notre admiration.

Ce que prouvent les faits, la raison l'indique. Un prince ou un sénat craindrait de trop demander, de dépasser la limite; dans la démocratie, c'est le même peuple qui exige un effort et qui le fait, qui marque le but et qui y marche, qui veut et qui agit. Une nation démocratique sait qu'elle combat pour elle-même, qu'elle est en cause ou en péril. Entre elle et la patrie, il n'y a pas un gouvernement indépendant qui s'interpose, qui prenne pour lui ou sur qui l'on rejette la responsabilité des fautes et la honte des défaites. Ajoutons que sous le régime populaire l'émulation est plus forte ; chaque citoyen pèse sur son voisin, le surveille, l'empêche de se dérober à son devoir ; on s'entraîne réciproquement. Le lâche et l'é-goïste n'ont point de refuge.

Il est vrai qu'en 1870 cet élan ne fut pas irrésisti-ble. Mais aussi l'inégalité était devenue par trop fla-grante. L'armée de Sedan était prise, et l'armée de Metz bloquée ; on n'avait plus ni cadres ni armes. La démocratie est entrée en ligne trop tard. Les chefs militaires manquaient de confiance, et les chefs civils ont parfois manqué d'énergie. Car les premiers croyaient tout perdu ; les seconds ne se sentaient pas soutenus par l'espérance. Le malheur nous accablait à force de nous surprendre. Si l'on veut constater combien la volonté d'un peuple peut faire de mira-cles, il faut relire l'histoire de notre première révo-lution. Les déclamations qui nous choquent ont été l'expression d'un sentiment vrai dans son exaltation ; les fureurs qui nous révoltent ont été les tressaille-ments d'une fièvre qui triplait les forces de la France. Le comité de salut public a été bien plus puissant que Louis XIV. Napoléon lui-même, avec son gou-vernement absolu, avec son administration parfaite, avec sa gloire et son génie, n'eût jamais obtenu de la nation ce qu'en obtinrent les conventionnels.

Nous avons bien sous les yeux le spectacle d'une monarchie qui a su organiser l'Allemagne et la por-ter au plus haut point d'énergie. Mais il a fallu pour cela une race pliée de longue date à l'obéissance, un souverain modèle, un grand homme d'État secondé par des collaborateurs dignes de lui. Il a fallu des circonstances inouïes, l'élan d'un peuple dispersé qui veut arriver à l'unité, la patience et la fermeté d'un peuple pauvre chez qui l'instruction est fort répandue, et enfin des adversaires incapables autant qu'imprudents; toutes les faveurs de la Fortune. D'ailleurs on connaît la force offensive de l'empire germanique; on ne connaît pas sa force défensive. On sait comment il pousse ses succès; on ignore comment il supporterait la défaite. Ce n'est après tout qu'une exception, et nous ne prétendons pas établir une règle absolue.

On accorde sans trop de peine qu'une démocratie est capable d'un effort vigoureux, mais on conteste qu'elle soit capable d'un effort continu. Or, pour bien faire la guerre, il faut maintenant l'avoir bien préparée. La fièvre ne dispense plus de ces sacrifices répétés et réguliers qu'impose seule la prévoyance : cette vertu n'est-elle pas le propre des hommes d'État, le privilège des classes politiques et dirigeantes ? La multitude a ses heures d'enthousiasme, mais l'enthousiasme n'est qu'un accès. La paix une fois rétablie, les flatteurs et les utopistes affirment qu'elle sera éternelle, et ils se font croire : comment résister à cette commode illusion, à d'agréables sophismes, sans le secours d'une philosophie solide et d'une connaissance approfondie de l'histoire ? On aurait besoin de suite dans les idées, de constance dans les plans, et la démocratie est naturellement capricieuse. Elle prend vite en dégoût les hommes qui exigent trop d'elle ; elle aime à changer de moyens, de procédés, d'instruments, même quand elle ne change pas de but. Que vaudraient maintenant les républiques de l'antiquité, les communes de Flandre ou de Hollande, contre un État solidement organisé, gouverné par une volonté immuable ? Pour dompter cette Grèce si fière et si belliqueuse, il n'a fallu à la Macédoine qu'un roi.

Ainsi parlent les pessimistes; voyons ce qu'on peut leur répondre.

Remarquons d'abord que la démocratie française n'est point niveleuse. Elle renferme dans son ample sein des classes conservatrices qui peuvent maintenir des traditions, garder le dépôt d'une pensée politique, défendre contre les caprices du présent les droits du passé et de l'avenir. Si le suffrage universel échappe à l'influence de cette aristocratie naturelle pour tomber sous la domination des politiciens, ce sera par la faute des hommes qui ont tant de moyens d'action, et qui les dépensent à essayer de barrer le courant au lieu de le diriger. Malgré l'imprudente résistance qu'une grande partie des classes dirigeantes a opposée au nouveau régime, le peuple français n'est pas encore prêt à subir le joug des démagogues de profession. Il tient toujours à trouver ou à supposer, chez ses représentants et ses chefs, des lumières, une compétence, une supériorité réelle que les courtisans de la foule auront de la peine à simuler. Quoi qu'on en dise, les charlatans n'ont la partie belle que quand on leur quitte la place.

Nous vivons sous le régime parlementaire, et un gouvernement parlementaire n'est jamais si instable qu'on le prétend. Les majorités s'organisent, adoptent un programme à peu près fixe, des chefs éprouvés, des habitudes d'esprit et d'action. Hors les temps de révolution, et nous ne faisons pas ici l'apologie de la démocratie révolutionnaire, les Assemblées qui se suivent se ressemblent fort, et les crises électorales ne mettent en question qu'un assez petit nombre de maximes et de tendances. Il y a des idées et des passions nationales qui sont communes à tous les partis sérieux, et qui survivent à leurs batailles périodiques, quels que soient le vainqueur et le vaincu.

Entre la tradition, qui devient aisément la routine, et l'esprit d'innovation, qui peut dégénérer en folle inquiétude, il y a partout une lutte éternelle; chaque peuple s'approche ou s'éloigne perpétuellement du point précis où ces deux forces sont dans un juste équilibre, où les abus succombent sans que les institutions utiles soient déracinées. Il ne semble pas que jusqu'ici notre démocratie soit tombée dans l'excès de la mobilité. La tradition en toutes choses est défendue chez nous non-seulement par les classes conservatrices de la société, mais par des corps puissants et vivaces. La législation et la jurisprudence sont confiées à une magistrature dont on changera l'esprit politique plus facilement encore que l'esprit juridique. L'armée et la marine, avec leur hiérarchie, leurs règles d'avancement, leur unité d'instruction, résisteraient à plus d'une tempête. L'administration marche dans notre pays même quand tout paraît devoir s'arrêter. L'Université propage sans cesse des notions, des sentiments et des goûts qui varient bien lentement. A force de ne voir que la partie mobile de la vie publique, objet des discours de tribune et des articles de journal, on oublie tout ce qu'il y a, derrière ce décor roulant, d'activité tranquille, de labeur persistant, de développement régulier. On oublie combien, à côté de l'arène politique, il y a de travailleurs qui creusent leur sillon tout droit sans se retourner au bruit ni s'émouvoir du vent qui souffle.

Nous avons dit plus haut en quoi les leçons de la Fortune avaient été mal comprises; nous avons énuméré les causes qui affaiblissent la salutaire impression de nos désastres. Cette impression subsiste pourtant : elle est encore assez forte pour que la France républicaine pense autant aux deuils d'hier, aux périls de demain, qu'y penserait une monarchie. Nous ne sommes pas encore las des sacrifices que nous nous sommes imposés ; le budget de la guerre ne se marchande pas encore ; le service obligatoire entre de plus en plus dans les mœurs. Si l'opinion publique est portée à réclamer un moins long séjour sous les drapeaux, c'est en s'appuyant sur l'exemple de l'Allemagne. On ne demande point cet allégement sans admettre la compensation d'une éducation plus militaire. Les législateurs et les hommes d'État obtiendraient aisément, en échange d'une concession sur la durée du service, que la population se prêtât de bon cœur à la réforme de l'éducation.

C'est en agissant sur la jeunesse que l'on achèvera de fixer et d'affermir le sentiment qui s'est emparé de nous dans nos revers. Le principal objet de tout citoyen qui a mission de façonner les générations futures doit être de leur transmettre la passion patriotique dont nous avons été saisis. Rien n'y servira plus que l'instruction militaire donnée aux enfants et aux adolescents. De bonne heure l'idée du devoir civique prendra possession de leurs âmes : ils comprendront la grandeur de leur patrie et la gravité du péril en voyant tout ce qu'on exige d'eux au nom de la patrie, tout ce qu'on accomplit de travaux pour écarter le péril. Nous aimons ce qui nous coûte, et le devoir auquel on nous a matériellement préparés nous trouve moralement prêts. Quand tous les électeurs seront des soldats exercés, conservant un agréable souvenir de leurs premiers exercices, on n'aura pas à craindre que la démocratie prête l'oreille aux flatteurs qui lui conseilleraient de désarmer la France.

Aujourd'hui encore le régiment laisse dans les esprits un assez triste souvenir. Il n'en sera peut-être pas ainsi quand les conscrits n'arriveront plus à la caserne avec cette gaucherie et cette ignorance qui les condamnent à un si pénible apprentissage. Leurs rapports avec les chefs seront moins tendus, sans que le respect et l'obéissance soient pour cela relâchés. Tocqueville estime que dans les armées démocratiques la discipline doit être moins sévère. Il suffit qu'elle soit moins revêche. Les soldats, plus éclairés, seront moins punis, tandis qu'ils comprendront mieux la nécessité d'une règle. Les sous-officiers, mieux traités, mieux payés, plus considérés, montreront moins de rudesse, et n'éprouveront plus le besoin de se venger de leurs misères sur leurs inférieurs. Les officiers se rendront de jour en jour mieux compte de ce qu'ils ont à faire pour entretenir chez les hommes un patriotisme que ne puissent plus corrompre le dégoût et l'horreur de la vie de caserne.

Car la vie de caserne doit changer d'aspect dans une démocratie militaire. Quand les conscrits n'auront plus à apprendre les éléments du métier, ils ne seront retenus sous les drapeaux que pour remplir un service public et subir un dernier entraînement. Il leur restera plus de loisir pour perfectionner leur instruction civile. Les sous-officiers se rendront capables des emplois que la loi et la coutume leur réserveront de plus en plus. Ceux qui ne seront pas destinés aux chemins de fer, aux postes et télégraphes, à l'enseignement, se prépareront au commerce, à l'industrie, à l'agriculture. Peut-être aussi les simples soldats trouveront-ils le moyen d'achever l'apprentissage de leur profession. Ce sujet est sans doute trop neuf et trop vaste pour que nous l'abordions ici. Mais il nous semble que, le jour où l'école sera le vestibule de la caserne, la caserne deviendra aisément la continuation de l'école.

Il importe en effet que le développement de nos institutions militaires ne nuise pas aux progrès de l'industrie. On se plaît à opposer les sociétés industrielles et les sociétés militaires comme deux types non-seulement distincts, mais contraires ; un illustre philosophe de notre temps fait, de cette opposition même, un des dogmes de la science politique. Mais la réalité a plus de souplesse que la doctrine, et la nécessité concilie bien des contradictions apparentes. Sous le régime du service septennal et de la séparation absolue de l'armée et du peuple, la défense nationale paraissait gaspiller bien des forces utiles. On ne parlait que de bras enlevés à la charrue, que d'intelligences condamnées à l'oisiveté ou à la stérile et mécanique activité des camps et des casernes ; on regrettait à la fois les hommes et les millions que dévoraient la guerre et son budget. Pour les millions, c'est à coup sûr une perte, mais les frais d'assurance ne sont jamais trop lourds quand ils sont nécessaires. Quant aux hommes, ils ne sont point tant sacrifiés. La vie militaire peut être une bonne préparation à la vie civile. On n'en travaillera que mieux quand le sentiment du péril aura rendu plus forte, plus saine, plus complète l'éducation de la jeunesse, quand tout le monde reconnaîtra que préparer la guerre et faire des hommes, c'est la même chose. En fait, nos efforts pour reconstituer la défense du territoire, après des désastres ruineux, ne paraissent pas avoir beaucoup ralenti notre activité industrielle. On peut affirmer que jamais le service militaire ne coûtera aux générations nouvelles aussi cher que la débauche. Au premier abord il semble que, toutes choses égales d'ailleurs, un peuple qui n'a point de frontières à garder doive vaincre, sur le champ de bataille de la production, un peuple qui consacre à son armée tant de trésors et de travaux. Mais cette réserve, « toutes choses égales d'ailleurs, » ne trouve guère son application dans la réalité. Ce n'est pas le lieu d'examiner si les vertus guerrières ne sont pas utiles dans toute lutte pour l'existence, sans excepter les luttes pacifiques. Constatons seulement qu'aujourd'hui les États-Unis seuls jouissent pleinement d'une paix sans péril et d'une sûreté sans frais. En Europe, nous avons tous nos charges. La Belgique ne se fie pas à sa neutralité ; l'Angleterre a sa marine, ses colonies, son influence à maintenir, une armée peu nombreuse, mais qui coûte cher, et les dettes contractées dans les guerres d'autrefois. L'Allemagne nous craint presque autant qu'elle nous fait peur, aussi gênée que nous par la paix armée.

Ceux qui pensent qu'il est plus facile à un État monarchique et aristocratique qu'à une pure démocratie de se donner une forte organisation militaire, cèdent sans trop de peine sur les soldats, mais ils se rabattent sur les officiers. Ils font remarquer que les officiers ont besoin d'être soutenus dans leurs efforts par l'espoir d'un assez prompt avancement. Un souverain peut conserver un chef d'état-major permanent qui distingue les jeunes gens d'élite, les suive et les pousse dans leur carrière. La démocratie, au contraire, si nous en croyons Tocqueville, tend à rendre l'avancement uniforme, à faire prédominer l'ancienneté, qui plaît aux hommes médiocres, mais qui éteint le zèle, décourage et éloigne les talents. D'autre part le métier militaire, n'étant jamais un moyen de parvenir à la fortune, a peu d'attrait dans une société où, faute d'une aristocratie de naissance et de cour, c'est surtout la fortune qui classe les hommes et qui donne à l'amour-propre les satisfactions les plus recherchées. De là la rareté des vocations, la décadence intellectuelle et sociale du corps d'officiers, et par suite un rapide affaiblissement de l'armée.

Voilà l'objection dans toute sa force. Elle n'est pas méprisable, mais elle n'est pas péremptoire et ne s'applique pas à la France aussi bien qu'aux États-Unis. Il y a chez nous des riches et des nobles, et ce n'est pas l'aristocratie qui nous fait défaut ; tant que l'oisiveté ne sera pas tout-à-fait à la mode, les vocations continueront d'abonder parmi les jeunes gens qui n'ont pas leur fortune à faire. Elles ne manqueront pas non plus parmi les classes peu aisées, si l'opinion sait honorer l'épaulette. C'est une question de mœurs, et nos mœurs actuelles sont encore rassurantes à cet égard. Pour qu'il en fût autrement, il faudrait que la nation cessât de s'intéresser à son armée ; avant que nous ayons changé de caractère, nous aurons sans doute changé de situation, et notre patrie sera perdue ou sauvée. Il ne semble pas que l'amour des distinctions extérieures, des titres qui grossissent le nom, des costumes, des galons et des rubans, soit près de s'éteindre chez aucun peuple de langue latine.

Quant à l'avantage qu'auraient les monarchies de préparer la guerre avec plus de suite, de mieux discerner et de mieux récompenser les talents, nous aurions tort de prendre pour une règle générale l'exemple de telle monarchie contemporaine dont la Fortune a largement récompensé le mérite. Les gouvernements personnels ont leurs caprices ; nous ne voyons pas que sous Louis XV les généraux aient été mieux choisis que sous la première République. Il est bon qu'une armée ait un chef permanent, qui sache distinguer les bons officiers de tous grades. Mais cet homme rare est un don du ciel ; où il existe, il se fait sa place ; où il n'existe pas, la volonté du prince ne suffit pas à le créer. Une erreur du souverain peut livrer pour vingt ans toute une armée à la domination des gens médiocres. Peut-être aussi trouvera-t-on chez nous quelque remède ou quelque palliatif contre l'instabilité ministérielle en ce qui regarde l'armée et la marine.

Ce ne sont donc pas des mots vides de sens que ceux-ci : « La France peut et doit être une démocratie militaire. » Un grand peuple a toujours en soi de quoi vivre, de quoi résister, de quoi lutter. Ce ne sont pas les ressources qui lui font parfois défaut, mais la volonté de les mettre en œuvre. Ce n'est pas non plus la forme de son gouvernement qui peut l'affaiblir, si cette forme est naturelle, si elle répond aux mœurs et aux conditions présentes, si elle sort des entrailles de la société. Une société profondément monarchique serait affaiblie par une constitution démocratique, et réciproquement. Mais, quand la constitution n'est autre chose que le tempérament même de la nation, elle développe l'énergie nationale, loin de la restreindre.

Quant à la volonté, nous l'aurons si nous avons une claire vue des dangers qui nous menacent. L'illusion seule entretient la mollesse. Les individus peuvent apercevoir le péril et s'y laisser aller, mais non les peuples. La volonté d'un peuple est une moyenne ; pour que la France se refusât aux sacrifices nécessaires, il faudrait que la moyenne du caractère français fût tombée bien bas. Quels que soient nos défauts, nous sommes encore laborieux et courageux. Il y a chez nous des paresseux incapables d'un rude effort, mais la paresse n'est pas un vice national. Nous supportons sans broncher le poids d'un lourd budget; nous avons accepté sans murmure les charges de la nouvelle loi de recrutement. Tout ce qu'on nous demandera au nom de la patrie, nous le donnerons de bon cœur, pourvu que nous sachions que c'est bien de la patrie qu'il s'agit.

Nous ne pouvons nous faire illusion que sur la gravité du péril ou sur nos propres forces; nous n'avons à craindre qu'une fausse sécurité ou un amour-propre excessif. En ce qui regarde les choses de la guerre, ce n'est plus par la vanité que nous péchons. Le rêve de la paix perpétuelle, de la République universelle, est plus à redouter. Le meilleur remède contre cette séduction, c'est la connaissance de l'état réel des esprits au dehors. Faisons en sorte que chez nous la multitude soit de jour en jour mieux informée de ce qu'on fait, de ce qu'on dit et de ce qu'on pense au-delà de nos frontières. Héritier du pouvoir que possédaient les souverains et les aristocraties, le suffrage universel hérite de leur responsabilité. Quand l'opinion est reine, une reine qui gouverne sans tuteur ni Mentor, il faut qu'elle soit la science.

CHAPITRE IV

Nous devons parler encore de la stagnation de la population, car c'est le plus grave de tous les périls, le péril de l'avenir. L'infécondité est un fléau dont les effets sont aussi sûrs que lents. Nous perdrons à la longue la bataille de la vie, si nous ne parvenons à déraciner le mal qui nous ronge. Nous serons un jour à moitié désarmés contre l'invasion, et tout-à-fait désarmés contre l'infiltration; la paix nous coûtera presque autant que la guerre. Dans la guerre nous risquerons de perdre du territoire; dans la paix nous ne manquerons pas de perdre insensiblement du terrain. Déjà nous voyons affluer dans le Midi, dans le Nord, à Paris, les ouvriers italiens, espagnols, belges, les commis et les artisans allemands. Ce mouvement deviendra plus rapide à mesure que croîtra la différence de densité entre la population de notre pays et celle des pays voisins. La frontière est une muraille que l'on force parfois à coups de canon; quand le canon se tait, c'est une grille qui laisse passer les courants.

Il y aurait un livre à écrire sur ce sujet, le plus intéressant et le plus utile des livres. Celui-là rendrait à la France un service sans prix, qui parviendrait à créer une agitation profonde autour de cette grande question, à semer dans le public une inquiétude légitime. Si nous avions un juste sentiment de ce péril, si la statistique nous émouvait comme elle devrait nous émouvoir, c'est-à-dire presque autant que le souvenir de nos récents désastres, on chercherait des remèdes ; on en trouverait sans doute, et on les appliquerait à tout prix. Déjà quelques économistes ont poussé un cri d'alarme qui n'a eu que peu de retentissement. On dit : « La population n'augmente plus guère ; la population va rester stationnaire, va diminuer ; c'est un grand malheur ; mais qu'y faire ? » Et l'on n'y pense plus.

Cette indifférence tient à des causes diverses. On ne croit pas assez au danger ; on le croit trop éloigné ; on estime qu'il n'y a point de remèdes, ou que, s'il y en a, l'application en serait trop pénible.

Si nous avons réussi à montrer combien a grandi dans les luttes modernes l'importance de la population, combien la race germanique est poussée par sa fécondité à déborder sur les pays voisins, si nous n'avons pas en vain rappelé l'histoire de l'empire romain, il est superflu d'insister sur la réalité du danger. Un jour peut venir où un petit peuple de quarante millions d'âmes, riche et dépourvu de frontières naturelles, excitera sans cesse toutes les convoitises de ses gros voisins. Nous avons cru faire beaucoup en établissant le service obligatoire. Mais les Allemands nous avaient devancés, et chaque année le service obligatoire leur donne une armée plus nombreuse ; sommes-nous sûrs de faire chaque année assez de progrès pour maintenir au moins l'équilibre, pour compenser par une supériorité croissante de courage et de talent l'infériorité croissante du nombre ? Ce serait le comble de la présomption.

S'agit-il d'un lointain avenir ? Il en est de certains périls comme de l'orage qu'il faut fuir quand on le prévoit, car on ne sait avec quelle vitesse ils se rapprocheront. La population de l'Allemagne double régulièrement en une cinquantaine d'années ; avant cinquante ans, les Teutons essayeront par un effort désespéré de faire éclater leurs frontières trop étroites ; malheur à nous, si nous ne pouvons contenir cette masse par une masse aussi compacte ! Ce n'est pas la politique qui doit nous avertir, c'est la mécanique. Ceux d'entre nous qui sont assez jeunes pour espérer encore de vivre un quart de siècle verront peut-être où mène la prévoyance égoïste qui nous rend stériles. Ils comprendront alors qu'il est parfois plus sage de faire beaucoup d'enfants pour défendre le patrimoine commun, que d'en faire peu pour éviter le morcellement des patrimoines privés. L'économie est une grande vertu, mais, quand elle va jusqu'à restreindre la fécondité, cette vertu devient un vice, sans parler des vices accessoires. Épargner n'est pas tout : les indemnités de guerre peuvent être la confiscation, au profit des vainqueurs, de l'épargne passée et future des vaincus.

On dit que les lois sont impuissantes contre les mœurs, surtout en pareille matière, et que le mouvement de la population échappe à l'action des pouvoirs publics. Tout le monde connaît la tentative d'Auguste, ses lois et leur impuissance. Mais l'impuissance du législateur ne prouve pas toujours que le but où il vise soit impossible à atteindre : a-t-il trouvé, a-t-il suivi la meilleure voie ? Auguste punissait le célibat ; on ne voit pas qu'il ait sérieusement encouragé la fécondité. Il n'y avait sans doute d'autre moyen qu'une loi agraire assez radicale pour mettre la terre d'Italie aux mains du peuple, pour briser en petits fragments les immenses domaines des riches. Mais Auguste était un conservateur, esprit sage et peu hardi, sceptique ami de la religion, prêchant administrativement les bonnes mœurs et donnant l'exemple des mauvaises, d'ailleurs plus occupé d'établir son pouvoir que de restaurer les vertus romaines, dont la renaissance eût ébranlé son pouvoir. De tels réformateurs peuvent ralentir pour un temps les effets visibles de la décadence, mais ils en fortifient les causes profondes.

Mais avons-nous des remèdes à proposer? Celui qui insiste sur la gravité du péril a cependant le droit d'ignorer les moyens de l'écarter. Celui qui avertit n'est pas forcé de conseiller. La statistique de l'état civil, cette science nouvelle qu'on appelle la démographie, n'a pas encore été poussée assez loin pour offrir une base solide aux prescriptions des médecins du corps social. Hasardons cependant quelques vues ; il n'importe guère qu'on les accueille bien ou mal, pourvu qu'un si grave sujet s'empare des esprits, pourvu qu'on y pense.

On peut combattre le célibat par l'impôt. Rien de plus juste ; quand il sera reconnu que tout citoyen valide doit à la patrie le tribut de l'argent, du sang et de la chair, ses écus, son bras et des enfants, l'impôt sur le célibat sera une taxe de remplacement. Mais cette taxe ne sera jamais qu'un modeste palliatif. Si elle est très-lourde, c'est une tyrannie à laquelle on se soustraira par l'émigration ; si elle est supportable, elle ne vaincra pas la résistance des réfractaires.

Peut-on rendre le célibat moins commode en rendant la débauche moins facile ? Nous posons la question sans la résoudre : elle est trop vaste. Remarquons en passant que la France attend encore une loi sur la séduction et sur° la recherche de la paternité, que l'interdiction du divorce et le régime de la séparation introduisent au sein même du mariage une sorte de célibat forcé, et enfin que les formalités du mariage, dans notre pays, semblent faites pour en éloigner les indécis. En Angleterre et en Amérique, la législation est moins favorable aux séducteurs, moins exigeante pour qui veut contracter des liens honorables.

Mais laissons de côté la rareté des mariages, et parlons de la rareté des enfants qui naissent de chaque couple. Ici nous avons à lutter non plus contre la débauche proprement dite, mais contre la prévoyance. On n'agira guère sur les ménages riches pour les contraindre à laisser beaucoup d'héritiers. Sur ce point le temps travaille pour nous. Peu à peu la réduction du taux de l'intérêt et l'accroissement continu des salaires et profits de tout genre diminuent le rôle du capital, grandissent celui du travail. En Amérique un père croit faire assez pour ses fils s'il leur fournit une bonne éducation et un léger viatique à leur début dans les affaires, ce qu'on appelle là-bas *un beau départ*. Mais nous n'en sommes pas là. C'est surtout la nécessité de doter les filles qui rend chez nous les familles aisées si peu fécondes. Après tout, cela les regarde. Les places vides trouvent toujours qui les remplisse. L'aristocratie se recrute dans la bourgeoisie, la bourgeoisie dans le peuple. Il suffit de faciliter l'instruction à tous les degrés pour hâter ce mouvement salutaire. N'ayant pas autant de cadets que les Anglais, nous aurons plus de parvenus : est-ce un mal ? La stérilité des riches ne nuit guère à la sécurité nationale. Pour avoir le nombre, pour mettre en ligne autant de centaines de mille hommes que l'exigera la situation de l'Europe, c'est à la foule qu'il faut s'adresser, c'est aux petits et aux pauvres.

Dans ces humbles régions le mal est encore tenu en échec, mais il fait des progrès déjà rapides, qui bientôt vont s'accélérer. Dans les villes, la cherté des loyers et la cherté de la vie rend les enfants à charge; le mauvais air, la petitesse des logements, l'allaitement mercenaire, qui est si souvent un assassinat impuni, multiplient la mortalité; n'oublions pas l'alcoolisme, la fréquence des relations illégitimes, les rigueurs du chômage. Il faudrait bien des réformes, peut-être impossibles à mettre en pratique, pour combattre efficacement les causes de stérilité dans la population des grandes villes. Dans l'état actuel de notre civilisation, l'industrie use plus d'hommes qu'elle n'en fait naître.

La campagne vaut mieux; la terre est toujours une mère féconde. Mais là même il y a des dangers à signaler, une contagion à craindre. Plus il y a de paysans propriétaires, plus on redoute de diviser à l'infini les héritages. D'ailleurs nos lois et notre procédure rendent le partage coûteux pour les riches, ruineux pour les petits. Dans les contrées où la religion a conservé tout son empire, comme en Bretagne, la population s'accroît encore; ailleurs elle tend à rester stagnante; çà et là elle diminue, et les causes de diminution sont chaque jour plus fortes. Pour qu'un ménage s'impose la gêne d'une famille nombreuse, il faut le plus souvent qu'il y trouve son profit. Avouons-le: la procréation des enfants n'est pas toujours inspirée par le devoir; c'est souvent l'effet d'un calcul. Dans beaucoup de régions, l'enfant rapporte plus qu'il ne coûte. Il est nourri grossièrement, vêtu plus grossièrement encore. De bonne heure il gagne sa vie, garde les oies ou les vaches, aide aux menus travaux des champs, remplit à l'usine un office bien payé, qui exige des bras assidus plutôt que vigoureux.

Les réformes législatives les plus utiles, les plus humaines, les plus nécessaires, altèrent chaque jour les éléments de ce calcul. L'instruction obligatoire retarde l'heure où l'enfant commence à rendre des services; la loi sur les manufactures le protège contre l'avidité des parents. Le moment approche où les paysans et les ouvriers trouveront trop peu de compensations pour les charges de la paternité, tandis que les mœurs et les croyances les obligeront de moins en moins à laisser faire la nature et la volonté de Dieu, tandis que les petits propriétaires, sans cesse plus nombreux, redouteront davantage le morcellement de leur modeste patrimoine.

La population est arrivée chez nous à l'état stationnaire, ou peut s'en faut; elle approche rapidement de l'état rétrograde, résultant à la fois de notre condition morale et de notre condition économique. Or une nation qui décroîtra, au milieu de l'Europe si féconde, est condamnée à de prompts désastres. Allons-nous recommencer l'histoire des derniers siècles de l'empire romain? Les Germains sont encore à nos portes, le Rhin est déjà franchi. Regardons le péril en face; sondons l'abîme vers lequel nous glissons; raidissons-nous sur la pente. Le salut est à ce prix.

La gravité du fléau, l'imminence du danger peuvent seules nous décider à émettre un avis qui semblera paradoxal. Il faudrait allouer une pension annuelle assez considérable, cent francs par exemple, pour tout enfant âgé de moins de quinze ans, au-dessus de trois enfants. On ferait ainsi monter rapidement le chiffre des naissances dans les contrées où la vie est simple et peu coûteuse, où la race est bonne. « Chose monstrueuse et contraire à la nature ! » vont s'écrier les moralistes. « Dépense folle ! » diront les économistes. « Chimère socialiste ! » ajouteront les politiques.

Nous ne tenons pas à ce système, et nous le proposons timidement ; mais il nous paraît fort soutenable. Si c'est rendre service au pays que d'élever des enfants, pourquoi ce service ne serait-il pas l'objet d'une prime, aussi bien que la construction d'un navire ? Les Chambres viennent de voter, pour encourager les armateurs, une loi tout aussi socialiste, qu'on n'a même pas combattue au Sénat. Or tous les arguments invoqués dans cette circonstance peuvent être appelés à notre secours. On a dit qu'il fallait que la France se procurât à tout prix des marins. Il lui faut aussi des soldats. On a poussé des cris d'effroi en constatant que notre flotte de commerce n'augmente pas, tandis que celle des nations rivales se développe rapidement ; pour la population la comparaison est aussi peu flatteuse, et bien plus alarmante. Est-ce que les chiffres n'ont d'éloquence qu'en matière commerciale ? On allègue qu'il faut dédommager les armateurs des impôts trop lourds. Pourquoi ne pas dédommager les parents des pertes que leur infligent l'instruction obligatoire et la loi sur le travail des mineurs ? Il ne s'agit ici que d'aider la nature, en la délivrant des entraves de la civilisation, car la nature est féconde, c'est la civilisation qui stérilise, non qu'elle soit mauvaise en elle-même, mais parce qu'elle est boiteuse, parce qu'elle dérange trop souvent l'équilibre des charges et des ressources, parce qu'elle donne des primes à l'égoïsme, parce qu'elle encourage le mépris de certains devoirs. Pour ce qui regarde la dépense, quand on met si facilement en équilibre un budget de trois milliards, on est en état de tout payer. Nous ne serons pas bien misérables parce que nous interromprons le dégrèvement des taxes, et nous regagnerons bien vite par notre activité l'argent ainsi employé ; une jeunesse nombreuse est une richesse qui en vaut une autre. Il n'y a qu'une bonne politique, c'est celle qui sauve l'indépendance nationale dans le présent et dans l'avenir.

Au reste, si vous êtes d'accord avec nous sur le péril de la dépopulation, cherchez et trouvez mieux.

A ce surcroît de travailleurs il faudra procurer du travail, car il ne s'agit pas de développer le paupérisme, et d'encombrer la France d'oisifs. Mais chez nous le travail ne manque guère ; aussi les travailleurs viennent-ils du dehors. Dites-nous combien nous occupons d'ouvriers belges, italiens, espagnols, combien d'employés suisses et allemands ; dites-nous s'il est vrai que l'agriculture manque de bras.

Au besoin on émigrera. Ayons des colonies et mettons-les en œuvre. Un homme qui émigre dans de bonnes conditions, non-seulement gagne sa vie, mais assure à un de ses concitoyens, resté au pays natal, le moyen de gagner la sienne. L'émigration utile enrichit et peuple, autant qu'elle l'agrandit, le pays d'où elle sort.

Il ne faut pas s'arrêter à l'exemple de l'Espagne, qu'on dit avoir été appauvrie par l'émigration aux Indes. Cette opinion, qui a cours comme un axiome, n'est qu'un préjugé sans fondement. L'Espagne a été ruinée par un despotisme bête et une superstition croupissante. Si les Indes lui avaient fait du tort, cela prouverait seulement qu'une tyrannie imbécile tourne tout en poison. Quand on a lu l'admirable chapitre de Buckle sur l'Espagne, on n'a pas besoin, pour expliquer sa décadence, d'accuser l'Amérique : les rois et les moines suffisent.

Quand nous perdîmes le Canada, ce n'était, pour Voltaire, que quelques arpents de neige. Aujourd'hui c'est un immense empire dont le climat nous conviendrait à merveille ; les soixante mille Français que nous y laissâmes en 1760 sont devenus une jeune nation de plus d'un million d'âmes, non moins attachée à la langue et au souvenir de la mère-patrie que fidèle à la domination anglaise. Cette perte est irréparable, mais l'Algérie est à nos portes. C'est encore un beau domaine, surtout si nous nous hâtons assez pour y joindre le Soudan occidental. Jusqu'ici notre labeur en Algérie a été rude et coûteux ; la moisson arrive. Il en sera de même pour l'Afrique centrale, si nous avons le courage d'avancer, de dépenser, de combattre au besoin, si nous fermons l'oreille à certains économistes qui ne savent pas étendre leurs calculs au-delà d'une courte période, comme aux scrupuleux qui veulent que nous laissions les Anglais tout prendre, pour contempler avec orgueil nos mains vides.

Depuis quelques années nous redevenons entreprenants. On dit encore trop souvent que nous ne savons pas coloniser. A l'appui de ce préjugé banal et trompeur, on allègue la lenteur de nos progrès en Algérie, et les merveilles des colonies anglaises. Mais l'Angleterre a des possessions qu'elle exploite, comme l'Inde, et qu'elle ne colonise nullement ; immenses troupeaux faciles à paître et à tondre. Elle a aussi des possessions qu'elle a trouvées vides, comme l'Australie ; on n'a même pas la peine de les conquérir, et la terre n'y coûte rien. L'Algérie tient le milieu entre ces extrêmes ; elle n'est pas, comme l'Inde, malsaine et surchargée d'habitants ; le climat y est bon et l'on peut s'y établir ; mais une population guerrière a rendu la conquête difficile, et la terre n'est ni vacante, ni fertile sans travail.

Interrogeons notre histoire : que nous manque-t-il ? Les Canadiens-Français ont été les plus hardis explorateurs du monde ; ils ont multiplié avec une rapidité que nulle autre race n'a jamais égalée. Saint-Domingue était au XVIIIe siècle ce que Cuba est au XIXe, la plus belle plantation de l'univers. Sommes-nous dépourvus de persévérance ? La conquête de l'Algérie aurait lassé d'autres peuples. Pour les capitaux, nous en avons tant que nous les semons à tous les vents ; nous les avons prodigués, usuriers naïfs, à tous les emprunteurs véreux. Deux choses seulement risquent de nous faire défaut : la confiance en nous-mêmes, car nous tombons parfois en pareille matière dans une modestie qui va jusqu'à l'hypocondrie, et la promptitude, car il n'y a plus de temps à perdre, dans un siècle où les Européens se ruent sur le monde barbare, sans qu'il y ait de quoi contenter tous les appétits. Les millions que nous dépenserons aujourd'hui pour arriver au Niger valent peut-être des milliards. Un empire est le prix de la course.

CHAPITRE V

En arrivant au terme de cette longue étude, nous craignons qu'on ne nous reproche d'avoir été trop sincère. Le lecteur français est habitué à la flatterie; les écrivains qui ne se piquent pas d'optimisme prennent soin de caresser au moins les préjugés de leur public. S'ils ne voient pas tout en rose, c'est qu'ils servent l'opposition, et chatouillent par leurs sombres prophéties les rancunes d'un parti détrôné. On ne trouve guère de juste milieu entre l'enthousiasme des satisfaits et la misanthropie des mécontents. Ceux-ci ne sont pas tant occupés à chercher des remèdes pour le mal qu'ils découvrent, qu'à découvrir des maux pour faire passer le remède qu'ils vantent. Les docteurs Tant-Pis sont pour la plupart des vendeurs d'orviétan politique, social ou religieux, et leurs ordonnances ont l'air d'être dictées ou par l'intérêt ou par la passion.

On rendra cette justice à l'auteur de ce livre, qu'il n'a point sacrifié à l'esprit de parti; il espère s'être tenu à égale distance de la béatitude où se plongent volontiers les amis du pouvoir, et de l'aigreur par laquelle les vaincus se vengent du pays qui les repousse. S'il s'est parfois montré un peu rude dans ses jugements sur ses concitoyens, c'est qu'il croit que les vérités les moins agréables ne sont pas les moins utiles. Il faut bien que quelqu'un se charge de les dire. Aucun peuple ne manque de panégyristes; ce sont plutôt les censeurs qui font défaut. Assez de gens nous bercent; qui nous éveillera si l'heure est venue de secouer une langueur funeste? Pour se faire entendre, il faut élever la voix.

On se souvient de la sensation que produisit, trois ans avant la guerre, le livre du général Trochu : *l'Armée française en* 1867. Cet avertissement fit beaucoup de bruit, mais peu d'effet; on réfuta avec succès les assertions de cet alarmiste importun; on l'accusa même de manquer de patriotisme. Il fallut que nos malheurs, en montrant qu'il avait été prophète, fissent de lui un demi-dieu. On le porta aux nues trois ans trop tard; on l'en a bien vite laissé retomber. Il n'est malheureusement plus nécessaire d'apprendre aux Français qu'un bail fait avec la victoire doit être souvent renouvelé : ils ne pèchent plus par excès de vanité militaire; mais la vanité civile est restée à peu près intacte. Une autre illusion a pris la place de celle qui nous a fait tant de mal. Nous ne nous croyons plus invincibles, mais nous nous flattons de n'être jamais attaqués; nous ne comptons plus sur les miracles de la valeur française, mais la plupart d'entre nous ajoutent une foi implicite aux garanties de la prudence. Nous oublions que pour conserver la paix il faut être deux, et que pour provoquer la guerre il suffit d'un querelleur. Jusqu'en 1871, cette sécurité était à peu près fondée. Elle ne l'est plus.

Aussi n'est-ce plus l'armée qui a besoin d'être avertie, mais la nation. Nos généraux et nos officiers

savent assez qu'il faut travailler; le pays ne sait peut-
être pas assez qu'il faut craindre.

Quelques lecteurs jugeront que nous avons dit trop
peu de bien de la France, et trop peu de mal de l'Allemagne. Mais nous n'avions pas à plaider une cause
devant l'histoire, ce tribunal qui se laisse si souvent
tromper ou séduire, qui ne punit que des noms et
qui ne dédommage que des ombres. D'ailleurs nous
ne croyons pas que le patriotisme moderne doive con-
sister à s'exagérer le mérite, à se dissimuler les défauts de la nation dont on fait partie. Quand les
sujets n'avaient qu'à obéir, on pouvait sans péril
nourrir leur amour-propre; il suffisait alors que les
hommes d'État fussent exempts d'illusions. Aujour-
d'hui le suffrage universel est roi : il doit connaître la
vérité tout entière, et le chauvinisme des écrivains est
presque aussi coupable que l'adulation des courtisans d'autrefois. Si nous n'y prenons garde, on es-
sayera de faire de nous un Louis XIV collectif, un
Peuple-Soleil.

Nous fera-t-on un crime de ce qu'il n'y a pas dans
notre livre un seul cri de haine contre nos vainqueurs? Nous l'avouons franchement : la haine est à
nos yeux une passion stérile et bavarde, parfois dangereuse, jamais utile. Le plus sincère patriotisme
n'est pas celui qui se retrempe dans la déclamation
et qui se gorge de phrases. Le salut de la France,
l'intérêt de la France, la grandeur de la France, voilà
notre seul objet : le reste du monde ne nous touche
qu'autant qu'il touche la France. Reprocherons-nous
à nos voisins d'aimer leur pays comme nous aimons
le nôtre? Il y a peu de dignité, quand on veut la paix,
à faire la guerre en paroles. Et quand même on voudrait la guerre? Les héros d'Homère s'injuriaient

avant d'en venir aux mains; aujourd'hui deux hommes qui vont se battre à mort se saluent; ils paraîtraient méprisables s'ils échangeaient seulement une épigramme. Il nous semble que le moment est venu pour les peuples d'imiter cette réserve. Quand les sujets se jetaient réciproquement à la tête les insultes et les imputations les plus violentes, les souverains restaient froidement polis, ce qui ne les empêchait pas de se faire au besoin le plus de mal possible. Maintenant nous sommes tous souverains.

Dira-t-on qu'il faut toujours étaler une superbe confiance, de peur d'affaiblir dans les âmes le ressort du courage, de peur de porter atteinte à l'esprit guerrier de la race française? Mais il faudrait montrer quels services nous a rendus ce prétendu esprit guerrier. Il a poussé nos gouvernements à se jeter dans les aventures; il ne nous a ni sauvés ni soutenus à l'heure du péril. Pour défendre la patrie, le sentiment du devoir suffit; s'il fait défaut, rien n'y supplée. Or nous aurons d'autant plus le sentiment du devoir que nous nous serons davantage appliqués à prévoir toutes les chances, que nous aurons posé sur l'avenir un regard plus profond et plus viril. Est-ce que, pour faire de bons marins, on essaye de prouver que la mer est toujours belle, et que l'histoire des naufrages est un amas de fables?

Enfin on dira peut-être qu'il ne faut point parler si haut devant l'étranger. Mais l'étranger nous connaît mieux que nous ne nous connaissons nous-mêmes. Aurions-nous la prétention de l'intimider ou de le séduire par notre sécurité? Les Allemands ne pensent pas ainsi; leurs chefs ne chantent par pour nous endormir les douceurs de la paix perpétuelle, n'affichent pas pour nous terrifier la certitude de nous battre sans

peine. Voici comment s'exprime en janvier 1881 une
feuille spéciale qui passe pour officieuse, la *Semaine
militaire* de Berlin :

Qu'elle vienne de l'Est ou de l'Ouest, ou des deux côtés à
la fois, une lutte terrible se prépare pour nous, une lutte
pour l'existence de la nation, une lutte à mort, dans laquelle
chaque nerf, chaque fibre devra se tendre à son maximum,
combat gigantesque et de longue durée, dans lequel nous
n'avons pas à compter sur des succès, comme en 1866 et 1870,
mais plutôt sur de rudes coups, sur de sensibles revers, peut-
être. C'est alors qu'on verra de quel prix, de quel poids à
la guerre sont les éléments moraux et l'énergie de la volonté. Puissions-nous, en un jour de détresse, n'avoir pas à
faire en vain appel à l'esprit de l'armée !

Nous n'avons pas à copier en toutes choses les
Prussiens; mais nous pouvons du moins apprendre
d'eux un art qu'ils ont jusqu'ici merveilleusement
pratiqué : l'art d'être prêt.

Dans nos jugements sur la France actuelle, comme
dans nos prévisions sur l'avenir, on a pu remarquer
des hésitations, des incertitudes ; on a pu trouver des
lacunes dans nos conclusions. Ce livre n'est pas une
thèse ; le but sera atteint si nos lecteurs se donnent
la peine de penser aux problèmes que nous agitons.
Les bons écrits ne sont pas seulement ceux qui dé-
montrent le plus de vérités, mais ceux qui suggèrent
le plus de réflexions et d'idées. Il est des matières où
le doute est permis, où il est inévitable ; on n'a ni le
moyen ni même le droit de deviner un avenir qui dépend du libre-arbitre de tous et de chacun. On ne
peut que tracer les voies diverses, et marquer où elles
conduisent ; les hommes d'État, les législateurs, les
peuples choisissent.

Ce que nous avons essayé de prouver, c'est que

rien n'est perdu, mais que rien n'est assuré. Après 1871, la France a fait un effort. On a réorganisé l'armée, institué le service obligatoire, construit des forteresses et rempli les magasins. Est-ce assez pour nous mettre à l'abri du péril? Peut-être. Mais ce peut-être n'est pas un oreiller sur lequel doive s'endormir un bon citoyen.

Il faut donc un nouvel effort, pour acquérir une sécurité aussi pleine et aussi légitime que le comportent les choses humaines. Jusqu'ici nous avons suivi nos rivaux; on dit que nous les avons atteints; on dit aussi le contraire. Mais il faudrait les dépasser. Si nous faisons toujours comme eux, rien ne prouve que nous arrivions jamais à faire mieux qu'eux.

Deux sentiments également forts nous donneront l'énergie dont nous avons besoin : le patriotisme et la crainte. Le patriotisme ne se prêche guère. Ceux qui ne se sentent pas amputés dans leur chair par la diminution de leur pays, ceux à qui il ne manque rien le lendemain du jour où la France est démembrée, ceux-là ne seront touchés d'aucune homélie. Les autres n'ont pas besoin qu'on réveille une flamme toujours allumée dans leur cœur.

Mais la crainte est ressentie même par les âmes froides ; elle peut être inspirée par une démonstration. Un nouveau désastre infligerait à tout le corps de la nation une telle blessure, qu'aucun organe ne serait dispensé d'en souffrir. Ce serait pour les riches un appauvrissement durable, pour les petits une misère cruelle. Ce serait une malédiction héréditaire sur toutes les générations de notre sang. Nous sommes arrivés à une de ces périodes critiques où les lois de la concurrence vitale et de la sélection s'appliquent brutalement aux peuples. Il s'agit de savoir si nous

tomberons dans une condition inférieure, au rang des
vaincus à perpétuité qui traînent sur le sol natal une
vie sans honneur, sans sécurité, sans espérance, ou
qui colportent dans tous les pays du monde leurs regrets stériles, leurs plaintes sans écho, leur rancune
impuissante. Il nous restera toujours des terres à
labourer ; nous pourrons toujours bâtir, filer et tisser,
cultiver les arts, les sciences et les lettres. Oui, quel
que soit notre destin, nos enfants feront tout cela,
mais, si nous sommes encore écrasés, ils le feront
avec un boulet au pied, et sous le bâton.

Vantons très-haut la civilisation, mais sachons-le
bien : l'Europe est devenue trop petite, et les forts man-
geront les faibles. Si nous ne sommes forts, toute la
prudence du monde ne nous garantira guère plus que
la douceur de l'agneau qui se désaltérait dans le courant d'une onde pure. Car l'homme est un loup pour
l'homme ; ce qui n'est plus vrai des individus l'est encore des peuples. Interrogez là-dessus le plus heureux
et le plus puissant des hommes d'État contemporains.

On connaît le mot de Vauvenargues : « La guerre
n'est pas si onéreuse que la servitude. » Ajoutons
ceci : de quelque prix qu'on achète la force, elle coûte
moins que la faiblesse.

FIN.

TABLE

LIVRE IV

L'EFFORT NÉCESSAIRE

Paris. — Typ. G. Chamerot, 19, rue des Saints-Pères. — 10607